U0868075

职业教育改革创新示范教材

Qiche Weixiu Jichu

汽车维修基础

（第二版）

周德新　谢　平　主　　编
朱福顺　丁偕瑾　吕学前　副　主　编
朱　军　丛书总主审

人民交通出版社股份有限公司
China Communications Press Co.,Ltd.

内 容 提 要

本书是职业教育改革创新示范教材之一，其主要内容包括：汽车概论、汽车发动机基础知识、汽车底盘基础知识、汽车电气设备基础知识、汽车维修安全常识、汽车维修工具和量具的使用、汽车维修常用设备的使用以及汽车维修企业实务。

本书可作为职业院校汽车运用与维修专业的教材，也可供汽车驾驶、汽车维修、汽车营销及相关技术人员参考阅读。

图书在版编目(CIP)数据

汽车维修基础／周德新，谢平主编. —2 版. —北京：人民交通出版社股份有限公司，2016. 4

ISBN 978-7-114-12870-7

Ⅰ. ①汽… Ⅱ. ①周… ②谢… Ⅲ. ①汽车—车辆修理—职业教育—教材 Ⅳ. ①U472. 4

中国版本图书馆 CIP 数据核字(2016)第 048122 号

职业教育改革创新示范教材

书　　名：**汽车维修基础**(第二版)

著 作 者：周德新　谢　平

责任编辑：翁志新　郭　跃

出版发行：人民交通出版社股份有限公司

地　　址：(100011)北京市朝阳区安定门外外馆斜街 3 号

网　　址：http://www.ccpress.com.cn

销售电话：(010)59757973

总 经 销：人民交通出版社股份有限公司发行部

经　　销：各地新华书店

印　　刷：北京市密东印刷有限公司

开　　本：787 × 1092　1/16

印　　张：11. 75

字　　数：208 千

版　　次：2011 年 5 月　第 1 版

2016 年 4 月　第 2 版

印　　次：2020 年 7 月　第 2 版第 3 次印刷　总第 6 次印刷

书　　号：ISBN 978-7-114-12870-7

定　　价：27. 00 元

职业教育改革创新示范教材编委会

（排名不分先后）

主　　任：刘建平（广州市交通运输职业学校）
杨丽萍（深圳市第二职业技术学校）

副 主 任：黄关山（珠海城市职业技术学院）　周志伟（深圳市宝安职业技术学校）
邱今胜（深圳信息职业技术学院）　朱小东（中山市沙溪理工学校）
侯文胜（佛山市顺德区中等专业学校）　韩彦明（佛山市华材职业技术学校）
庞柳军（广州市交通运输职业学校）　程和勋（中山市中等专业学校）
冯　津（广州合赢教学设备有限公司）　邱先贵（广东文舟图书发行有限公司）

委　　员：谢伟钢、孟婕、曾艳（深圳市龙岗职业技术学校）
李博成（深圳市宝安职业技术学校）
罗雷鸣、陈根元、马征（惠州工业科技学校）
邱勇胜、何向东（清远市职业技术学校）
刘武英、陈德磊、阮威雄、江珠（阳江市第一职业技术学校）
苏小举（珠海理工职业技术学校）
陈凡主（中山市沙溪理工学校）
刘小兵（广东省轻工高级职业技术学校）
许志丹、谭智男、陈东海、任丽（佛山市华材职业技术学校）
孙永江、李爱民（珠海市斗门区第三中等职业学校）
欧阳可良、马涛（佛山市顺德区中等专业学校）
周德新、张水珍（河源理工学校）
谢立梁（广州市番禺工贸职业技术学校）
范海飞、闫勇（广东省普宁职业技术学校）
温巧玉（广州市白云行知职业技术学校）
李维东、冯永亮、巫益平（佛山市顺德区郑敬怡职业技术学校）
王远明、郑新强（东莞理工学校）
程树青（惠州商业学校）
高灵聪（广州市信息工程职业学校）
黄宇林、邓津海（广东省理工职业技术学校）
张江生（湛江机电学校）
任家扬（中山市中等专业学校）
邹胜聪（深圳市第二职业技术学校）

丛书总主审：朱　军

第二版前言

PREFACE TO THE SECOND EDITION

"十二五"期间,人民交通出版社以职教专家、行业专家、学校教师、出版社编辑"四结合"的模式开发出了"职业教育改革创新示范教材",受到广大职业院校师生的欢迎。

随着职业教育教学改革的不断深入,学校对课程、教材的内容与形式提出了更高的要求。《教育部关于深化职业教育教学改革全面提高人才培养质量的若干意见》(教职成[2015]6号)中提出:对接最新职业标准、行业标准和岗位规范,紧贴岗位实际工作过程,调整课程结构,更新课程内容,深化多种模式的课程改革。要普及推广项目教学、案例教学、情景教学、工作过程导向教学,广泛运用启发式、探究式、讨论式、参与式教学,充分激发学生的学习兴趣和积极性。根据文件精神,人民交通出版社组织专家和主编老师,对已出版的"职业教育改革创新示范教材"进行了全面修订,对个别不能完全适应学校教学的教材进行了重新整合,并增加了几种学校急需教材,更新了教材内容,并对教材中的错漏之处进行了修正。

《汽车维修基础》是其中一本,此次修订工作主要做了如下修改:更正了第一版中的错误之处;删除了陈旧的知识点;更新了相关技术标准和法规;对文字的表述进行了调整和修改,使之更加准确和规范。同时,配套的电子课件也进行了修订。

本书由河源理工学校周德新、河源市高级技工学校谢平担任主编,朱福顺、丁佶瑾、吕学前担任副主编,参加编写的还有张立新、何向东、陈德磊、黄宜坤、徐毅、杨艳芬。

职业教育改革创新示范教材编委会

2016年1月

第一版前言 PREFACE

《国家中长期教育改革和发展规划纲要(2010—2020年)》中提出:大力发展职业教育,把职业教育纳入经济社会发展和产业发展规划,把提高质量作为重点;以服务为宗旨,以就业为导向,推进教育教学改革。实行工学结合、校企合作、顶岗实习的人才培养模式;满足人民群众接受职业教育的需求,满足经济社会对高素质劳动者和技能型人才的需要。

职业教育的发展已作为国家当前教育发展的战略重点之一,但目前学校所使用的教材普遍存在以下几个方面的问题:

(1)学生反映难理解,教师反映不好教;

(2)企业反映脱离实际,与他们的需求距离很大;

(3)不适应新一轮教学改革的需要,汽车车身修复、汽车商务、汽车美容与装潢等专业教材急缺;

(4)立体化程度不够,教学资源质量不高,教学方式相对落后。

针对以上问题,结合人民交通出版社汽车类专业教材的出版优势,我们开发了《职业教育改革创新示范教材》。本套教材以"积极探索教学改革思路,充分考虑区域性特点,提升学生职业素质"的指导思想,采用职教专家、行业一线专家、学校教师、出版社编辑"四结合"的编写模式。教材内容的特点是:准确体现职业教育特点(以工作岗位所需的知识和技能为出发点);理论内容"必需、够用";实训内容贴合工作一线实际;选图讲究,易懂易学。

该套教材将先进的教学内容、教学方法与教学手段有效地结合起来,形成课本、课件(部分课程配)和习题集(部分课程配)三位一体的立体教学模式。

本书由河源理工学校周德新、河源市高级技工学校谢平担任主编,由清远市职业技术学校何向东、阳江市第一职业技术学校陈德磊担任副主编,参加编写的还有黄宜坤、徐毅、吴志远、李培军、杨艳芬、曲妍。

限于编者的经历和水平,书中难免有不妥或错误之处,敬请广大读者批评指正,提出修改意见和建议,以便再版修订时改正。

职业教育改革创新示范教材编委会

2011年5月

目录 CONTENTS

第一章 Chapter 1

汽车概论

知识目标

1. 掌握汽车的定义；
2. 了解汽车的分类方法；
3. 掌握汽车总体构造；
4. 熟悉汽车行驶原理。

一 汽车的分类及型号

1 汽车的分类

汽车是指由动力驱动，具有4个或4个以上车轮的非轨道承载的车辆，主要用于载运人员或货物、牵引载运人员或货物的车辆以及特殊用途的车辆。汽车按用途可分为乘用车和商用车。

(1)乘用车。乘用车是指在其设计和技术特性上主要用于载运乘客及其随身行李和临时物品的汽车，包括驾驶人座位在内最多不超过9个座位，它也可以牵引一辆挂车。

(2)商用车。商用车是指在设计和技术特性上用于运送人员和货物的汽车，并且可以牵引挂车(乘用车不包括在内)。

乘用车和商用车的详细分类如图 1-1 所示。

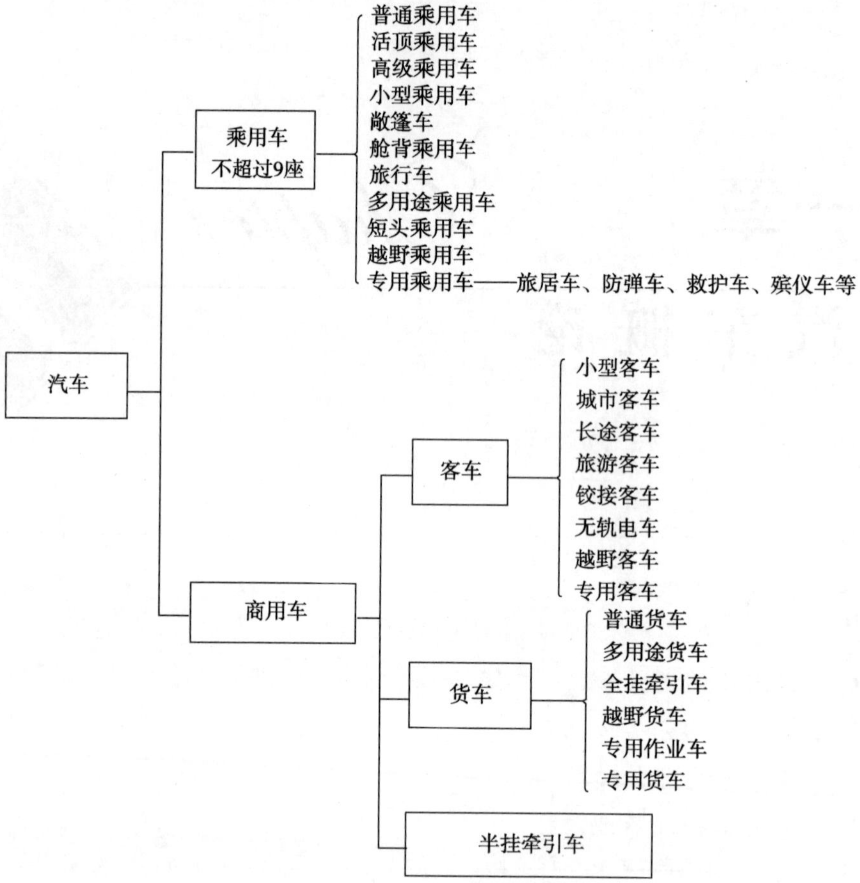

图 1-1 汽车类型

2 车辆识别代号(VIN)的含义

车辆识别代号 VIN,也称 17 位编码,是国际上通行的标识机动车辆的代码,是制造厂给每一辆车指定的一组字码,一车一码,具有在世界范围内对一辆车的唯一识别性。

GB 16735—2004《道路车辆 车辆识别代号(VIN)》规定了车辆识别代号由世界制造厂识别代号(WMI)、车辆说明部分(VDS)、车辆指示部分(VIS)三部分组成,共 17 位字码,如图 1-2 所示。

(1)世界制造厂识别代号(WMI)。世界制造厂识别代号(WMI)是车辆识别代号(VIN)的第一部分,用以标识车辆的制造厂。当此代号被指定给某个车辆制造厂时，就能作为该厂的识别标志，世界制造厂识别代号在与 VIN 代号的其余部分一起使用时，足以保证 30 年之内在世界范围内制造的所有车辆的 VIN 代号具有唯一性。

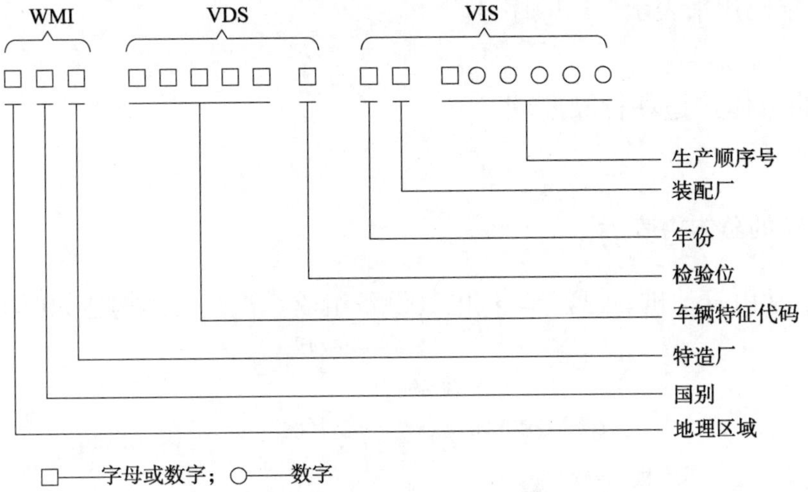

图 1-2 车辆识别代号(VIN)示意图

WMI 代号的第一位字码是由国际代理机构分配的、用以标明一个地理区域的一个字母或数字字码，国际代理机构已经根据预期的需要为某一个地理区域分配了几个字码。例如：1 ~ 5 是北美；S ~ Z 是欧洲；J ~ R 是亚洲等。

WMI 代号的第二位字码是由国际代理机构分配的、用以标明一个特定地区内的一个国家的一个字母或数字字码，国际代理机构已经根据预期的需要为某一个国家分配了几个字码。WMI 代号应通过第一位和第二位字码的组合保证国家识别标志的唯一性。

WMI 代号和第三位字码是由国家机构指定的、用以标明某个特定的制造厂的一个字母或数字字码，WMI 代号应通过第一位、第二位、第三位字码的组合保证制造厂识别标志的唯一性。

如：LFV——一汽 - 大众汽车有限公司、LSG——上海通用汽车有限公司、JHM——日本本田技研工业股份有限公司、WDB——德国戴姆勒 - 奔驰公司、WBA——德国宝马汽车公司、KMH——韩国现代汽车公司等。

(2)车辆说明部分(VDS)。车辆说明部分(VDS)是车辆识别代号(VIN)的第二部分，由 6 位字码组成，应能识别车辆的一般特性，其代码及顺序由车辆制造厂决定。

(3)车辆指示部分(VIS)。车辆指示部分(VIS)是车辆识别代号(VIN)的第三部分，由 8 位字码组成，其最后 4 位字码应是数字。车辆指示部分第 1 位字码一般指示车辆生产年份，用阿拉伯数字 1 ~ 9 和大写的罗马字母 A ~ Z(不包括字母 I、O、Q、U、

Z)表示,30 年循环一次。2014 年代码为 E,2015 年代码为 F,以此类推。

VIS 的第二位字码应代表装配厂,若无装配厂,制造厂可规定其他内容。VIS 的第 3 ~8 位字码用来表示生产顺序号。

二 汽车的总体构造和行驶原理

1 汽车的总体构造

汽车通常由发动机、底盘、车身、电气设备组成。汽车总体构造如图 1-3 所示。

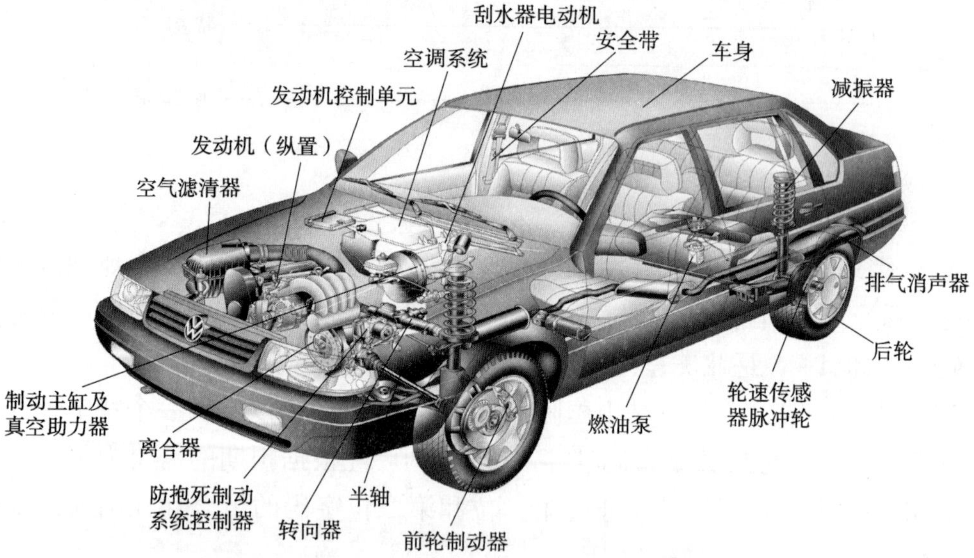

图 1-3　桑塔纳 2000GSi 型乘用车整车透视图

(1)发动机(图 1-4)。发动机是汽车的动力源,其功用是使供入其中的燃料燃烧而发出动力。现代汽车发动机主要采用的是往复活塞式内燃机,它一般由曲柄连杆机构、配气机构、燃料供给系统、冷却系统、润滑系统、点火系统(汽油发动机采用,柴油机没有)和起动系统等组成。

(2)底盘(图 1-5)。底盘的功用是支承、安装汽车发动机及其各部件、总成,形成汽车的整体造型,并接受发动机的动力,使汽车产生运动,保证正常行驶。底盘由传动系统、行驶系统、转向系统和制动系统组成。

(3)电气设备。电气设备包括发动机电气设备(蓄电池、充电系统、起动系统和发动机点火系统)、照明与信号系统、组合仪表与报警装置、刮水器和洗涤器系统、空调系统以及音响、安全气囊等。在现代汽车上,汽车电子化、智能化的程度也越来越高。现代汽车电子控制已从单一项目的控制,发展到多项内容复合的集中控制,逐渐形成一个整车电子控制。

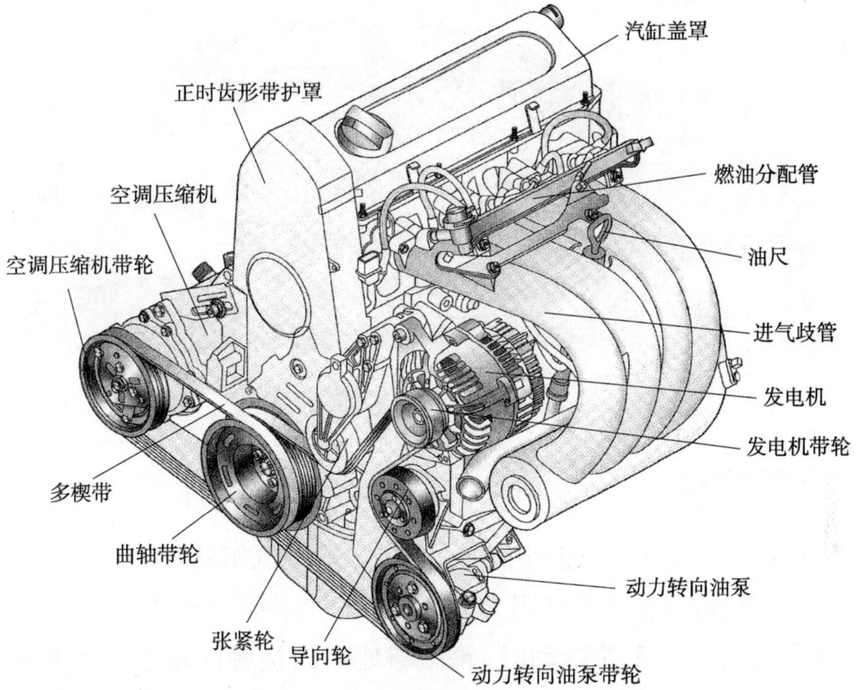

图 1-4 桑塔纳 2000GSi 型乘用车 AJR 发动机

图 1-5 乘用车底盘

(4)车身(图 1-6)。车身是驾驶人工作的场所,也是装载乘客和货物的场所。汽车车身不仅要为驾驶人提供方便的操作条件、为乘客提供舒适安全的环境或保证货物完好无损,还要求其外形精致,给人以美的享受。

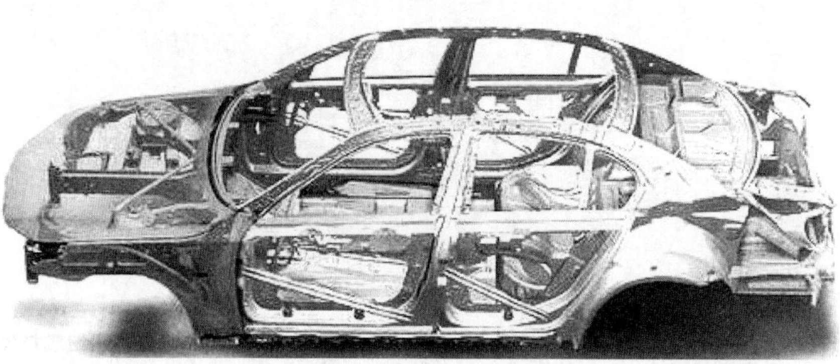

图1-6　乘用车车身

2 汽车行驶原理

(1)汽车的行驶阻力。要想使汽车行驶,必须对汽车施加一个驱动力以克服各种阻力。汽车行驶阻力包括滚动阻力、空气阻力、上坡阻力和加速阻力。

①滚动阻力(F_f)。车轮滚动时,轮胎与地面的接触区域会产生轮胎与支承路面的变形(当弹性轮胎在硬路面上滚动时,轮胎的变形是主要的),由此而引起的地面对轮胎的阻力,就是滚动阻力。滚动阻力等于滚动阻力系数与车轮负荷的乘积。

②空气阻力(F_w)。汽车直线行驶时受到的空气作用在行驶方向上的分力称为空气阻力 F_w。空气阻力与汽车的形状、汽车正面投影面积有关,特别是空气阻力的大小与汽车和空气的相对速度的平方成正比,当汽车高速行驶时,空气阻力的数值将显著增加。

③上坡阻力(F_i)。当汽车上坡时,汽车重力沿坡道的分力表现为汽车上坡阻力。

④加速阻力(F_j)。汽车加速行驶时,需要克服其质量加速运动的惯性力,也就是加速阻力。

(2)汽车的驱动力。为克服上述阻力,汽车必须有足够的驱动力。汽车驱动力的产生原理如图1-7所示。发动机经由传动系统在驱动轮上施加一个驱动力矩 M_t,力图使驱动轮旋转。在 M_t 作用下,在驱动轮和路面接触处对路面施加一个圆周力 F_0,其方向与汽车行驶方向相反,大小为

$$F_0 = \frac{M_t}{R}$$

式中：F_0——驱动轮对路面施加的圆周力，N；

M_t——驱动力矩，N·m；

R——驱动车轮的滚动半径，m。

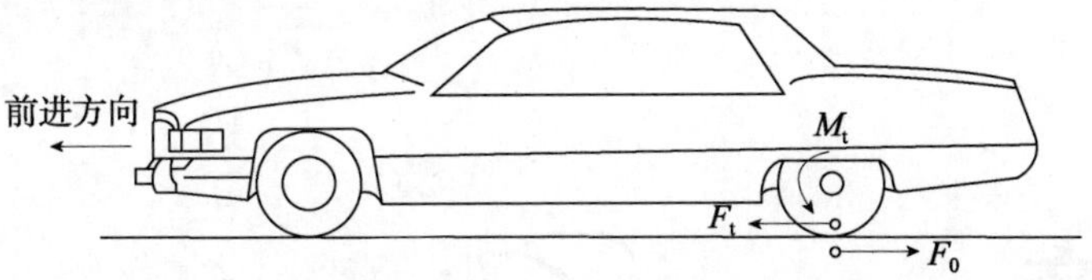

图 1-7 汽车驱动力的产生原理

由于车轮与路面的附着作用，在车轮向路面施加力 F_0 的同时，路面会对车轮施加一个大小相等、方向相反的反作用力 F_t，F_t 就是汽车行驶的驱动力（又称汽车牵引力）。

第二章 Chapter 2

汽车发动机基础知识

知识目标

1. 掌握发动机的基本工作原理；
2. 掌握曲柄连杆机构的功用和组成以及各部件的作用；
3. 掌握配气机构的功用和组成以及各部件的作用；
4. 掌握汽油机燃料供给系统的功用和组成以及各部件的作用；
5. 掌握冷却系统的功用和组成以及各部件的作用；
6. 掌握润滑系统的功用和组成以及各部件的作用。

第一节 发动机的基本工作原理

一 发动机的概念

发动机是将某一种形式的能量转换为机械能的机器，它是汽车的心脏，是汽车的动力源。汽车发动机一般是将液体燃料或气体燃料和空气混合后直接输入机器内部燃烧产生热能，热能再转变为机械能，因此又称内燃机。现代汽车用发动机应用最广、数量最多的是水冷式四冲程往复活塞式内燃机。常见的车用发动机有汽油发动机和柴油发动机两种。

二 单缸发动机的结构及常用术语

单缸四冲程汽油机的基本结构如图2-1所示。汽缸体内圆柱形腔体称为汽缸,内装有活塞,活塞通过活塞销、连杆与曲轴相连接。活塞在汽缸内作往复直线运动,通过连杆推动曲轴作旋转运动。在汽缸盖上装有进、排气门,通过凸轮轴控制进、排气门开启和关闭,实现向汽缸内充入新鲜可燃混合气并将燃烧后的废气排出汽缸。

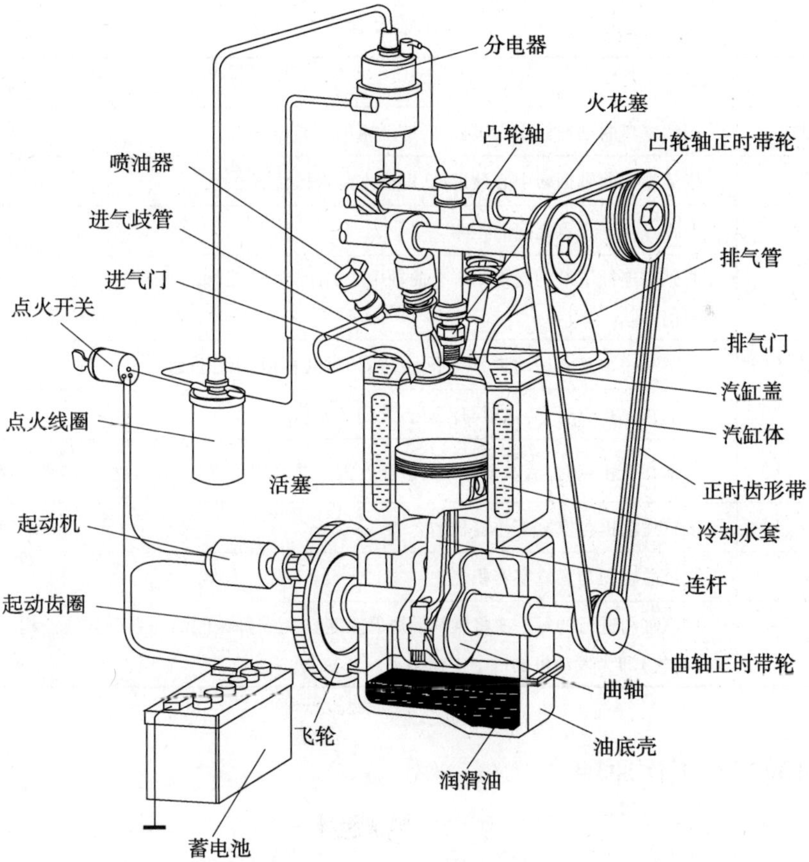

图2-1 单缸四冲程汽油机结构示意图

发动机基本术语如图2-2所示,基本术语及含义见表2-1。

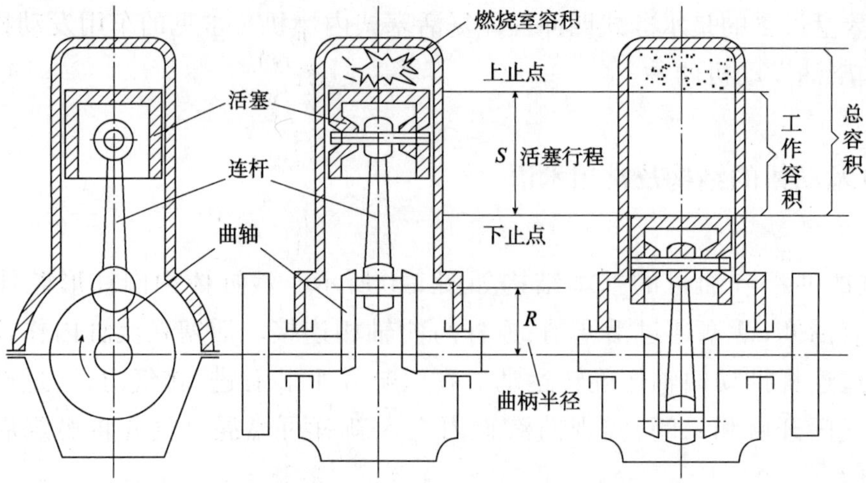

图 2-2　发动机基本术语

基本术语及含义　　表 2-1

基本术语	含　义
上止点	指活塞离曲轴回转中心最远处,即活塞的最高位置
下止点	指活塞离曲轴回转中心最近处,即活塞的最低位置
活塞行程 S	上止点与下止点之间的距离
曲柄半径 R	曲轴与连杆下端的连接中心至曲轴中心的距离(即曲轴的回转半径);活塞行程为曲柄半径的两倍,即 $S=2R$
汽缸工作容积 V_h(L)	活塞从一个止点运动到另一个止点所扫过的容积,也称汽缸排量
燃烧室容积 V_c(L)	活塞在上止点时,活塞顶与汽缸盖之间的容积
汽缸总容积 V_a(L)	活塞在下止点时,活塞顶上方的容积。汽缸总容积是汽缸工作容积与燃烧室容积之和
发动机排量 V_L(L)	多缸发动机各汽缸工作容积的总和
压缩比 ε	汽缸总容积与燃烧室容积之比
工作循环	在汽缸内进行的每一次将燃料燃烧的热能转变成机械能的一系列连续过程(进气、压缩、做功、排气)即为发动机的一个工作循环

三 发动机的基本工作原理

1 四冲程汽油机的工作原理

四冲程汽油机每一个工作循环包括 4 个活塞行程,即进气行程、压缩行程、做功行程和排气行程,如图 2-3 所示。

(1)进气行程。在进气行程中,活塞在曲轴和连杆的带动下由上止点向下止点运行,这时进气门开启,排气门关闭。在活塞由上止点向下止点运动过程中,由于活塞上方汽缸容积逐渐增大,形成一定的真空度,这样,可燃混合气通过进气门被吸入汽缸,直到活塞到达下止点时,进气行程结束。

(2)压缩行程。活塞在曲轴和连杆的带动下由下止点向上止点运动,此时进、排气门处于关闭状态。由于活塞上方汽缸容积逐渐减小,进入汽缸内的可燃混合气被压缩,温度和压力不断升高,直到活塞到达上止点时,压缩行程结束。

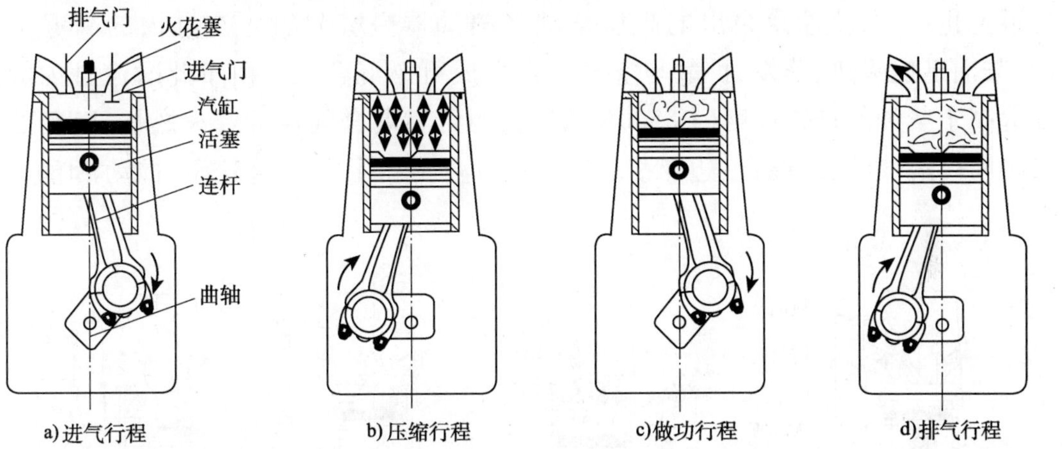

图 2-3　四冲程汽油机工作原理示意图

(3)做功行程。当活塞运动到接近压缩行程上止点附近时,火花塞跳火点燃汽缸内的可燃混合气。这时由于进气门和排气门均处于关闭状态,使汽缸内气体温度和压力同时升高,高温高压的气体膨胀,推动活塞由上止点向下止点运动,并通过连杆带动曲轴旋转输出机械能,直到活塞到达下止点时,做功行程结束。

(4)排气行程。在做功行程结束后,汽缸内的可燃混合气通过燃烧转变为废气。此时排气门开启,进气门处于关闭状态,活塞在曲轴和连杆的带动下由下止点向上止点运动,汽缸内的废气经排气门排出,直到活塞到达上止点时,排气行程结束。

排气行程结束后,进气门再次开启,又开始下一个工作循环。如此周而复始,发动机就连续运转了。

2 四冲程柴油机的工作原理

四冲程柴油机工作原理如图 2-4 所示。与四冲程汽油机一样,四冲程柴油机每个工作循环也是由进气、压缩、做功和排气 4 个活塞行程组成。但由于柴油和汽油使用性能的不同,柴油机在可燃混合气的形成方式、着火方式等方面与汽油机有着较大的区别。这里主要介绍四冲程柴油机与四冲程汽油机工作原理的不同之处。

(1)进气行程。柴油机在进气行程中进入汽缸的是纯空气,而不是可燃混合气。

(2)压缩行程。柴油机在压缩行程中压缩的是进气行程进入汽缸内的纯空气。由于柴油机压缩比高,压缩终了时汽缸内气体的温度和压力均高于汽油机。

(3)做功行程。柴油机做功行程与汽油机做功行程有很大区别。在压缩行程接近上止点时,喷油泵泵出的高压柴油经喷油器呈雾状喷入汽缸内的高温空气中,柴油迅速吸热、蒸发、扩散与空气混合形成可燃混合气。由于此时汽缸内的温度远高于柴油的自燃温度(约500K),形成的可燃混合气自行着火燃烧,随后的一段时间内边喷油、边混合、边燃烧,汽缸内的温度和压力迅速升高,推动活塞下行做功。

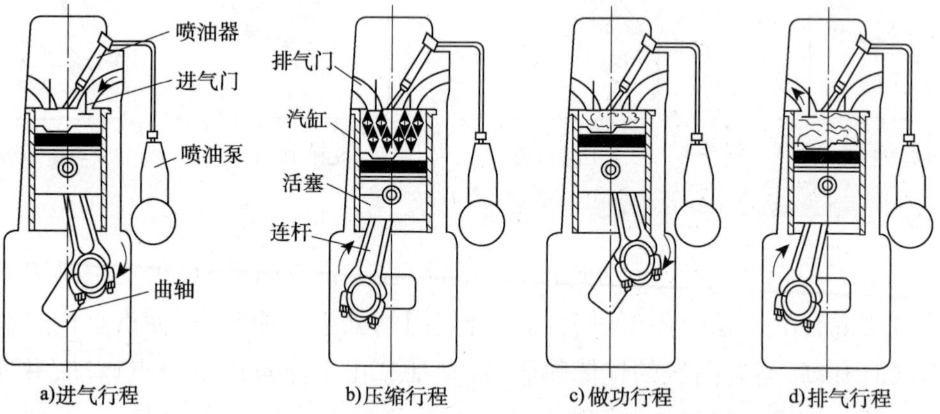

图 2-4　四冲程柴油机工作原理示意图

(4)排气行程。柴油机与汽油机的排气行程基本相同。

第二节　曲柄连杆机构

一　曲柄连杆机构的功用和组成

曲柄连杆机构是往复活塞式内燃机将热能转变为机械能的主要机构,其功用是把燃气作用在活塞顶面上的压力转变为曲轴的转矩,向外输出动力。曲柄连杆机构由机体组、活塞连杆组和曲轴飞轮组等组成。

二 曲柄连杆机构的部件

1 机体组

发动机的机体组(图2-5)主要由汽缸体、曲轴箱、汽缸盖、汽缸盖罩、汽缸垫、油底壳等组成。机体组是发动机的骨架,是发动机各机构和系统的装配基体。

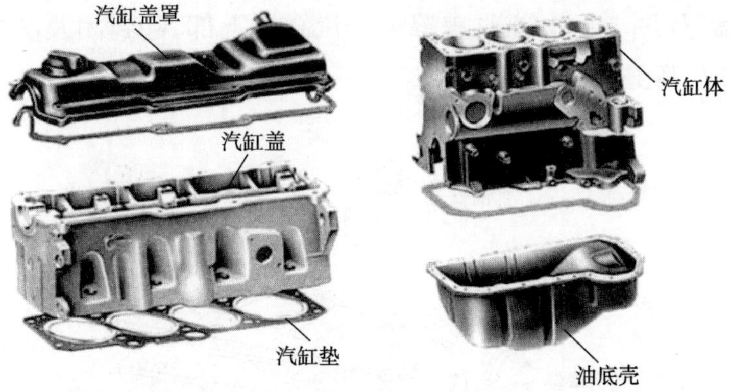

图2-5 机体组

(1)汽缸体。水冷发动机的汽缸体和曲轴箱常制成一体,而且多缸发动机的各个汽缸也合铸成一个整体(图2-6),称为汽缸体-曲轴箱,简称汽缸体。汽缸体上半部有若干个为活塞在其中运动导向的圆柱形空腔,称为汽缸。下半部为支撑曲轴的曲轴箱,其内腔为曲轴旋转的空间。汽车发动机多采用水冷的方式,利用水套中的冷却液流过高温零件的周围而带走多余的热量。

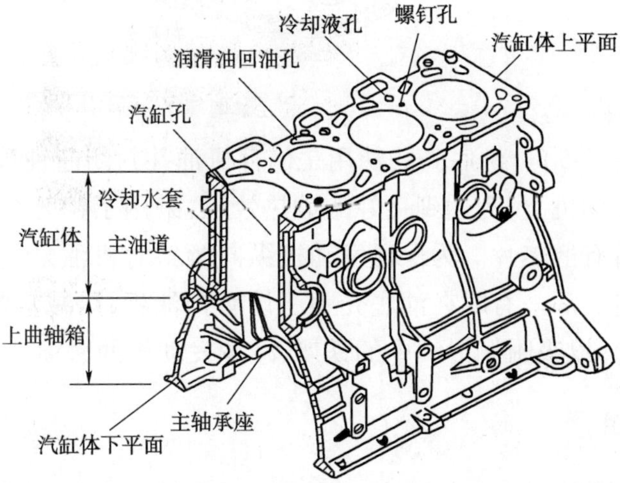

图2-6 水冷发动机的汽缸体

(2)汽缸盖。汽缸盖用来封闭汽缸的上部,并与活塞顶、汽缸壁共同构成燃烧室。汽缸盖内有与汽缸体相通的冷却水套、燃烧室、火花塞座孔(汽油机)或喷油器座孔(柴油机)、进气道和排气道等。上置凸轮轴式发动机的汽缸盖上还有用以安装凸轮轴的轴承座。图2-7为发动机的汽缸盖分解图。

(3)汽缸垫(图2-7)。汽缸体与汽缸盖间装有汽缸垫,用来保证汽缸体与汽缸盖结合面间的密封,防止气体、冷却液和润滑油等的泄漏。汽缸垫有金属-石棉汽缸垫和纯金属等结构形式。

(4)汽缸盖罩(图2-7)。汽缸盖罩位于汽缸盖上部,起封闭及防尘作用,一般由薄钢板冲压而成,其上设有注油口。

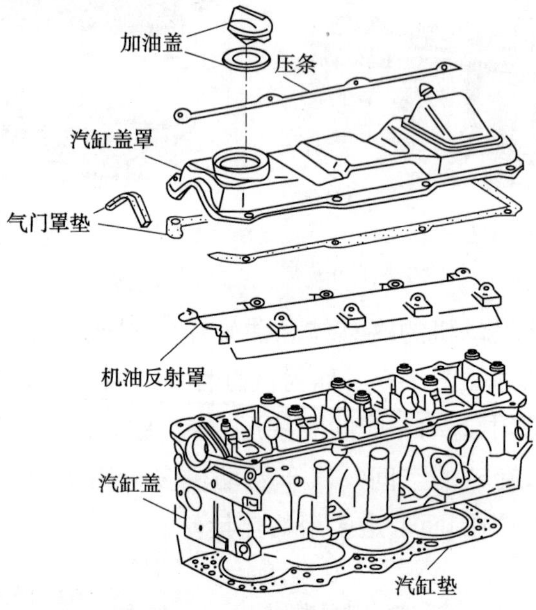

图2-7 汽缸盖分解图

(5)油底壳(图2-5)。油底壳的功用是储存机油并封闭曲轴箱,一般由薄钢板冲压而成。在某些发动机上,为达到良好的散热效果,采用了铝合金铸造的油底壳,在油底壳的底部还铸有散热片。为保证发动机纵向倾斜时机油泵仍能吸到机油,油底壳中部或后部作得较深。有时在油底壳中还设有挡油板,以减轻油面波动。底部装有磁性的放油螺栓,以吸附润滑油中的铁屑,减少发动机的磨损。

2 活塞连杆组

活塞连杆组(图2-8)主要由活塞、活塞环、活塞销和连杆等部件组成,各部件功用见表2-2。

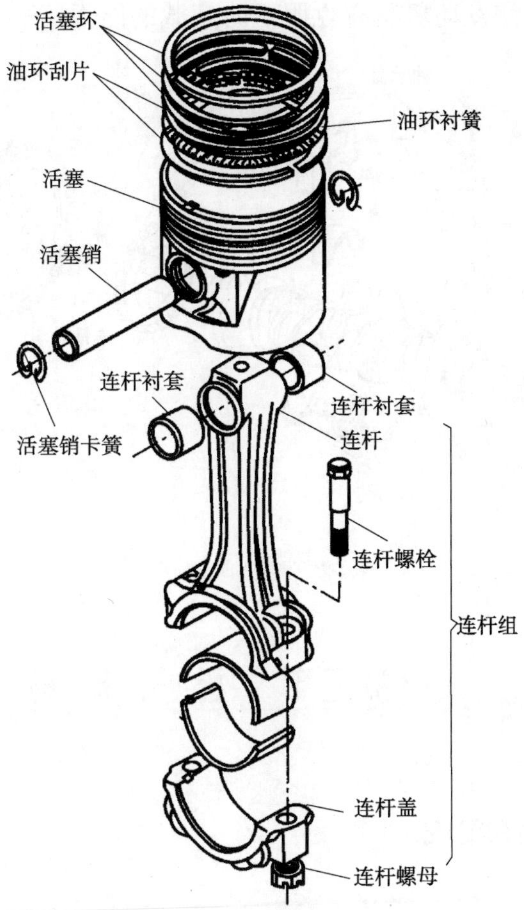

图 2-8　活塞连杆组

活塞连杆组各部件功用　　表 2-2

部　件	功　用
活塞	承受汽缸中的燃烧压力，并将此力通过活塞销和连杆传给曲轴。此外，活塞还与汽缸盖、汽缸壁共同组成燃烧室
气环	保证活塞与汽缸壁间的密封，防止汽缸中的高温、高压燃气大量漏入曲轴箱，同时它还将活塞头的热量传导给汽缸壁
油环	刮除汽缸壁上多余的机油，并在汽缸壁上布油
活塞销	连接活塞和连杆小头，将活塞所承受的气体压力传给连杆
连杆	将活塞承受的力传给曲轴，推动曲轴转动，将活塞的往复运动转变为曲轴的旋转运动

3 曲轴飞轮组

曲轴飞轮组(图 2-9)主要由曲轴、飞轮、正时齿轮或正时链轮、V 带轮及曲轴扭转减振器等组成。曲轴的功用是将活塞连杆组传来的气体压力转变为转矩，然后通过飞轮输出。飞轮的功用是储存做功行程的一部分能量，以克服各辅助行程的阻力,使曲轴均匀旋转,使发动机具有克服短时超载的能力。

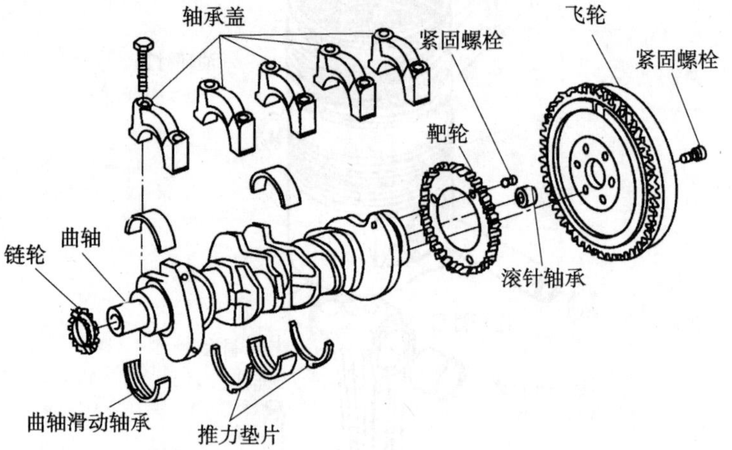

图 2-9 发动机曲轴飞轮组

第三节 配气机构

一、配气机构的功用和组成

配气机构的功用是按照发动机每一汽缸内所进行的工作循环或发火次序的要求,定时开启和关闭各汽缸的进、排气门,使新鲜可燃混合气(汽油机)或空气(柴油机)得以及时进入汽缸,废气得以及时从汽缸中排出。进入汽缸内的可燃混合气或空气对发动机性能的影响很大。进气量越多,发动机的转矩越大、功率越高。

配气机构如图 2-10 所示。配气机构由气门组和气门传动组组成。气门组包括气门、气门座、气门导管和气门弹簧等部件。气门传动组主要包括凸轮轴、凸轮轴正时带轮、正时齿形带、张紧轮、液压挺柱等部件。

发动机工作时,曲轴通过曲轴正时带轮、正时齿形带、凸轮轴正时带轮驱动凸轮轴旋转,当凸轮轴转到凸轮的凸起部分顶到液压挺柱时,通过液压挺柱压缩气门弹簧,使气门离座,即气门开启。当凸轮凸起部分离开液压挺柱时,气门便在气门弹簧力的作用下上升而落座,气门关闭。

由于四冲程发动机每完成一个工作循环,曲轴旋转 2 周,而各缸进、排气门各开启 1 次,完成一次进气和排气,此时凸轮轴只旋转 1 周。因此,曲轴与凸轮轴的转速比为 2∶1,即凸轮轴正时带轮的齿数是曲轴正时带轮齿数的 2 倍。

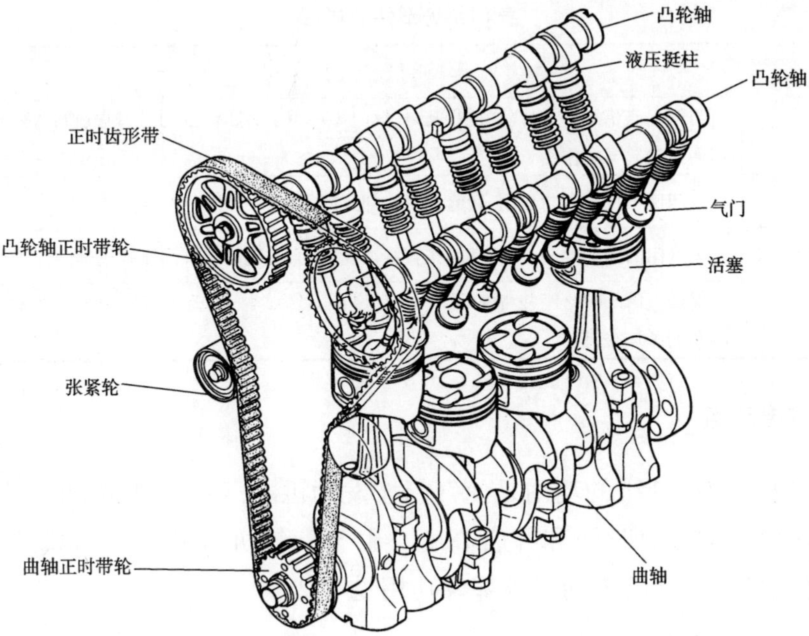

图 2-10　配气机构

二 配气机构的部件

1 气门组

气门及其相关零件称之为气门组,气门组的功用是实现汽缸的密封。配置一根气门弹簧的标准型的气门组如图 2-11 所示。气门组各部件的功用见表 2-3。

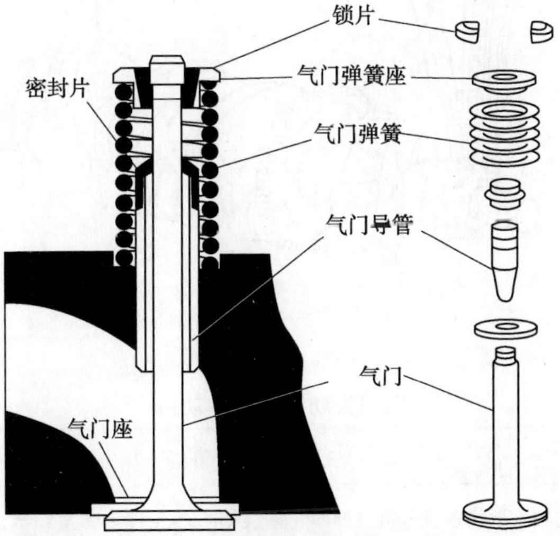

图 2-11　气门组

气门组各部件的功用 表2-3

部 件	功 用
气门	与气门座相配合，对汽缸进行密封，气门头部用来封闭汽缸的进、排气道，气门杆部用来为气门的运动起导向作用
气门座	气门座不仅有密封作用，还起到了冷却气门的作用
气门导管	为气门的运动导向，保证气门作直线往复运动，使气门与气门座能正确贴合
气门弹簧	保证气门及时落座并与气门座或气门座圈紧密贴合，同时也可防止气门在发动机振动时因跳动而破坏密封

2 气门传动组

气门传动组(图2-12)的功用是使气门按发动机配气相位规定的时刻及时开启、并闭，并保证规定的开启时间和开启高度。由于配气机构的布置形式多样，气门传动组的差别也很大。气门传动组各部件功用见表2-4。

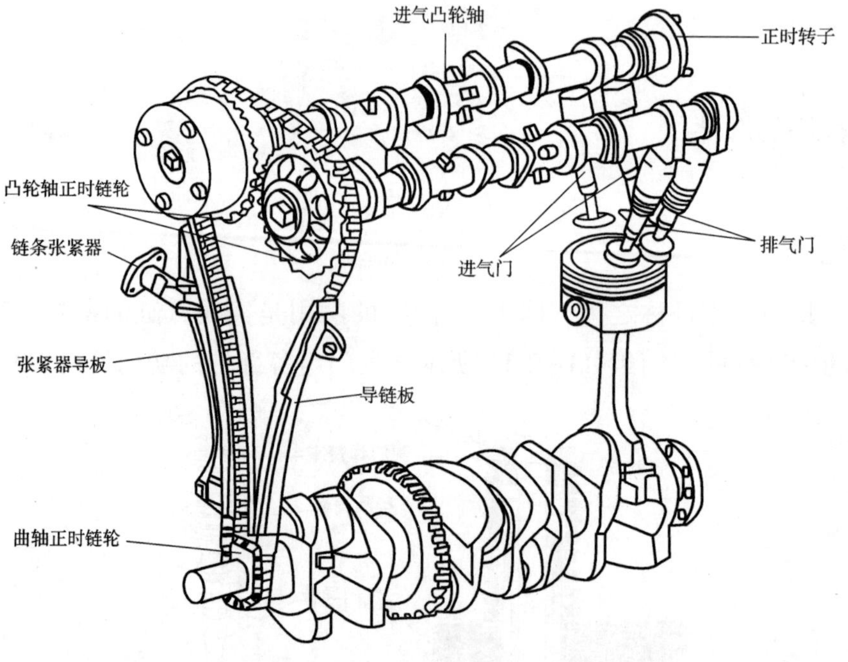

图2-12 气门传动组

气门传动组各部件功用 表2-4

部 件	功 用
凸轮轴	凸轮轴主要由各汽缸进气凸轮、排气凸轮、凸轮轴轴颈等组成。进气凸轮、排气凸轮用于使气门按一定的工作次序和配气相位及时开启和关闭，并保证气门有足够的升程

续上表

部　件	功　用
挺柱	将凸轮的推力传递给推杆或气门杆，并承受凸轮轴旋转时所施加的侧向力。挺柱可分为普通挺柱和液压挺柱两种
推杆	在凸轮轴下置式或中置式的配气机构中，凸轮轴经挺柱传来的运动和作用力要通过推杆传递给摇臂
摇臂	将凸轮轴（或推杆）传来的力作用到气门杆尾部，推开气门

三 配气相位

用曲轴转角表示的进、排气门实际开闭时刻和开启持续时间，称为配气相位。通常用相对于上、下止点曲拐位置的曲轴转角的环形图来表示，这种图形称为配气相位图，如图 2-13 所示。

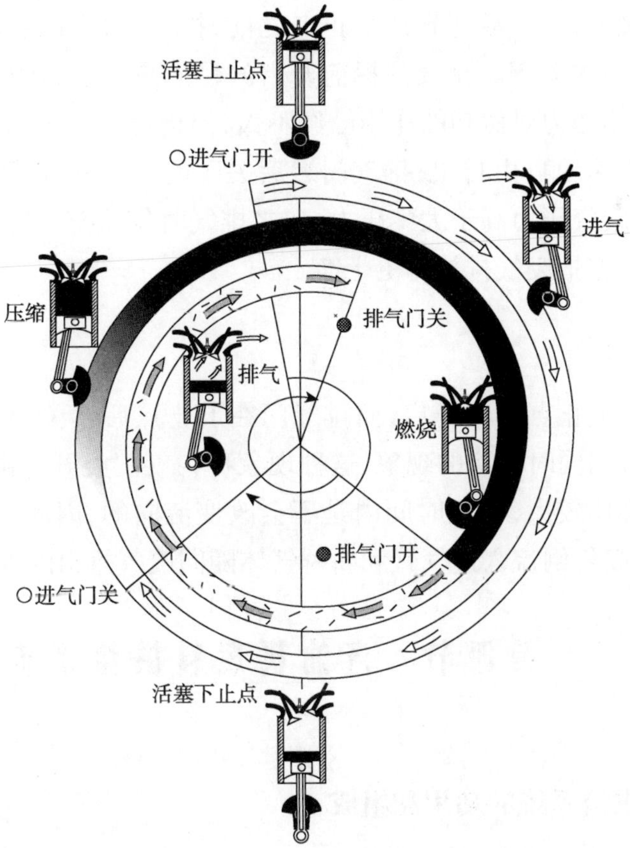

图 2-13　配气相位图

理论上，当曲拐处在上止点时，进气门开启，下止点时关闭；排气门则当曲拐在下止点时开启，上止点时关闭。进气时间和排气时间各占180°曲轴转角。但实际上发动机转速很高，活塞每一行程历时相当短，短的时间势必会造成进气不足和排气不净，从而使发动机功率下降。因此，现代发动机都采取延长进、排气时间的方法。

1 进气门早开和晚关

在排气行程接近终了，活塞到达上止点之前，进气门便开始开启，直到活塞越过了下止点以后，进气门才关闭。进气门提前开启的目的是：为了保证进气行程开始时进气门已开大，减小了进气阻力，新鲜气体能顺利地充入汽缸。进气门迟后关闭目的是：由于活塞到达下止点时，汽缸内压力仍低于大气压力，且气流还有相当大的惯性，可以利用气流惯性和压力差继续进气。

2 排气门早开和迟闭

在做功行程接近终了，活塞到达下止点之前，排气门便开始开启。直到活塞越过上止点后，排气门才关闭。排气门提前开启的目的是：当做功行程活塞接近下止点时，汽缸内的气体压力对做功的作用已经不大，但仍比大气压力高，可利用此压力使汽缸内的废气迅速地自由排出；排气门迟后关闭的目的是：由于活塞到达上止点时，汽缸内的残余废气压力高于大气压力，加之排气时气流有一定的惯性，仍可以利用气流惯性和压力差把废气排放得更干净。

3 气门叠开

由于进气门在上止点前即开启，而排气门在上止点后才关闭，这就出现了在一段时间内，进、排气门同时开启的现象，这种现象称为气门叠开。由于新鲜气流和废气流的流动惯性都比较大，在短时间内是不会改变流向的，因此只要气门叠开角选择适当，就不会有废气倒流入进气管和新鲜气体随同废气排出的可能性。

第四节　汽油机燃料供给系统

一 汽油机燃料供给系统的功用和组成

汽油机燃料供给系统的功用是根据发动机各工况的不同要求，配制一定数量和浓度的可燃混合气并将其供入汽缸，使之在压缩终了时点火、燃烧而膨胀做功，最后将燃烧后的废气排入大气中。目前，绝大多数汽车的汽油机燃料供给系统采用电子控制燃油喷射式燃料供给系统（一般称为“电控燃油喷射系统”）。

桑塔纳2000GSi型乘用车AJR发动机Motronic M3.8.2电控燃油喷射系统如图2-14所示。

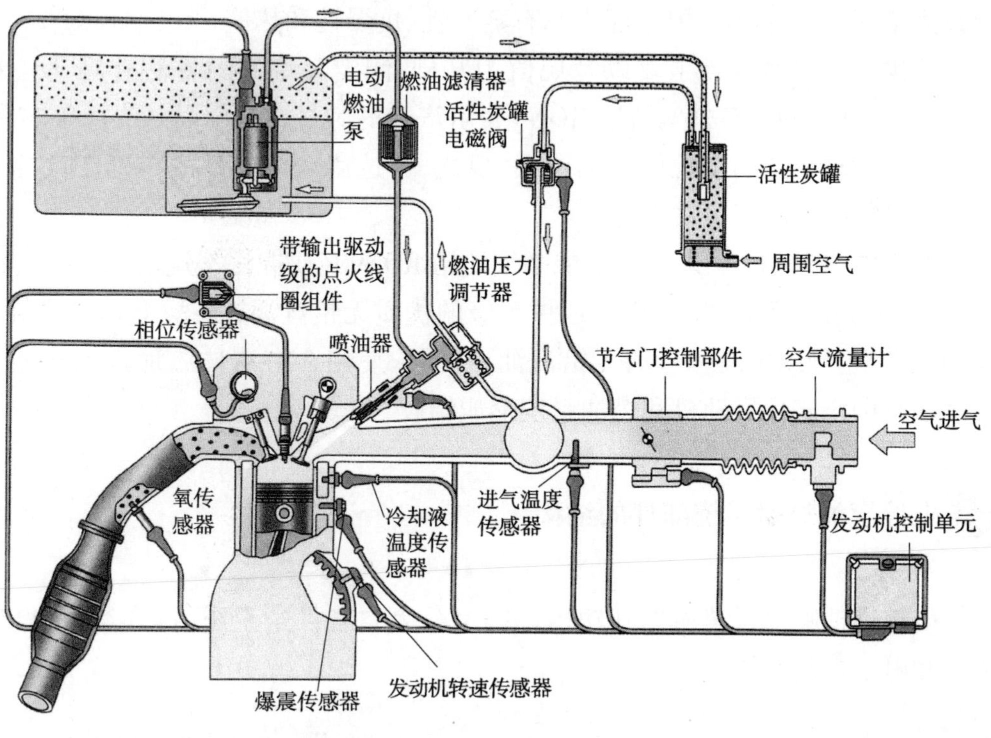

图2-14　桑塔纳2000GSi型乘用车AJR发动机Motronic M3.8.2电控燃油喷射系统示意图

驾驶人通过踩加速踏板来控制节气门开度，从而控制发动机汽缸的进气量，空气经空气滤清器、空气流量计、节气门进入进气总管，再分配到各汽缸进气歧管，然后进入各汽缸。空气流量计检测进入汽缸的空气量，节气门位置传感器检测节气门开度，这两个信号作为燃油喷射的主要信息输入控制单元（ECU），由ECU计算出主喷油量，再根据冷却液温度传感器、进气温度传感器、氧传感器、爆震传感器等输入的信息，ECU对主喷油量进行必要的修正，确定出实际喷油量。

燃油从燃油箱中被电动燃油泵吸出，先由燃油滤清器将杂质滤除后再通过输油管、燃油分配管等输送到各个喷油器。喷油器则根据ECU发出的指令，将计量后的燃油喷入各进气歧管中与流入发动机内的空气进行混合，形成可燃混合气，供入汽缸燃烧做功，最后将废气通过排气管、排气消声器等后排入大气中。

二 汽油

汽油机使用的燃料是汽油，汽油是由石油中提炼而得到的密度小又易于挥发的液体燃料，汽油由多种碳氢化合物组成，基本成分是碳的体积分数为85%，氢的体积分数为15%。汽油的主要性能指标有蒸发性、抗爆性和热值。

我国车用汽油分类主要以辛烷值为基础，测定辛烷值的方法有马达法和研究法。目前我国用研究法辛烷值（RON）表示汽油的牌号，如90号、93号和97号。压缩比高的发动机选用辛烷值高的汽油，反之，可选用辛烷值低的汽油。汽油牌号越高，其抗爆性越好，但价格也越高。

桑塔纳2000GSi型乘用车要求必须使用RON90（研究法辛烷值）以上汽油；卡罗拉（1.6L）乘用车要求选择93号或更高级的优质无铅汽油；凯越（1.6L）乘用车要求使用标准93号或更高标号的无铅汽油，并要求使用含有清洁添加剂的燃油。清洁添加剂有助于避免发动机和燃油系统形成结胶。

三 电控燃油喷射系统部件的结构

电控燃油喷射系统根据其功用不同可分为空气供给系统、排气系统、燃油供给系统和电子控制系统。

1 空气供给系统

空气供给系统的功用是为发动机可燃混合气的形成提供必要的空气，并计量和控制燃油燃烧时所需要的空气量。空气供给系统如图2-15所示，空气经空气滤清器、空气流量计、节气门体进入进气总管，再分配到各汽缸进气歧管。在进气歧管内（或进气门处），空气与喷油器喷出的燃油混合后被吸入汽缸内燃烧。

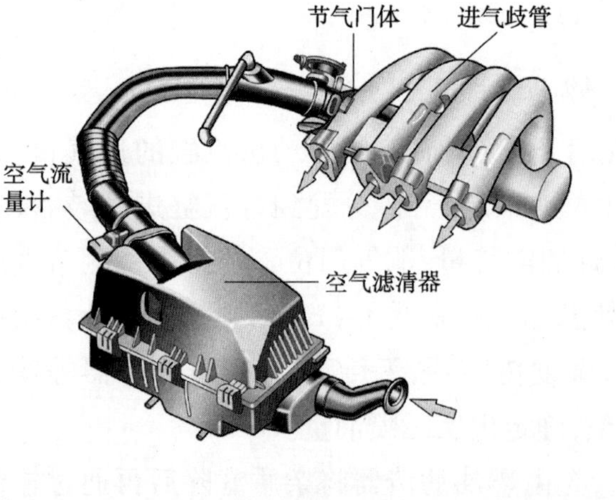

图2-15 空气供给系统

2 排气系统

排气系统(图 2-16)主要由排气歧管、排气消声器等组成,电控燃油喷射系统汽油机的排气系统多带有三元催化转换器。

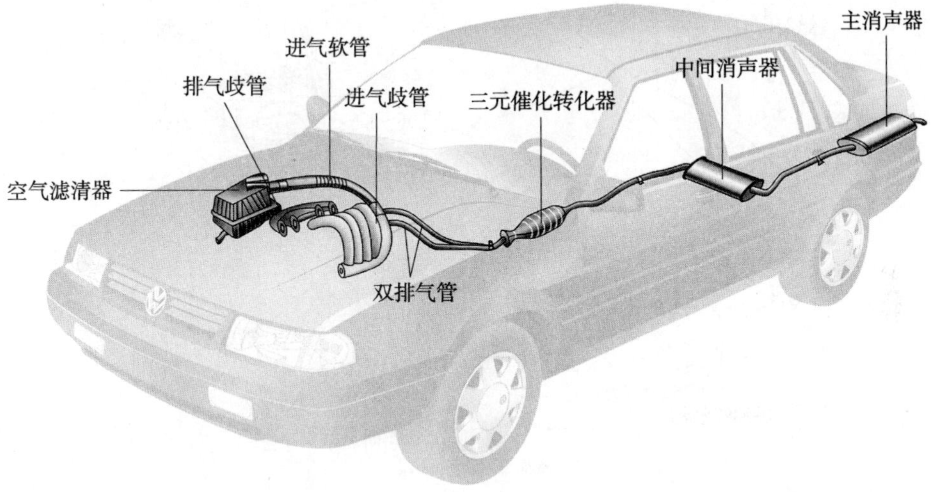

图 2-16　排气系统

3 燃油供给系统

燃油供给系统的功用是供给发动机燃烧过程所需的燃油。燃油供给系统结构如图 2-17 所示,主要由燃油泵、燃油滤清器、油压脉动阻尼器、燃油压力调节器和喷油器等组成。

燃油从燃油箱中被燃油泵吸出,先由燃油滤清器将杂质滤除后再通过输油管送到各个喷油器。喷油器则根据 ECU 发出的指令,将计量后的燃油喷入各进气歧管并与流入发动机内的空气进行混合,形成可燃混合气。发动机在正常工况喷油量只取决于各喷油器通电时间的长短。

此外,利用燃油压力调节器可将喷油压力控制在一定的范围内,而将多余的燃油从燃油压力调节器经回油管送回燃油箱。为了消除燃油泵泵油时或喷油器喷油时引起管路中的油压产生微小扰动,在有些发动机的燃油供给系统中还装有油压脉动阻尼器,用于吸收管路中油压波动时的能量,以便抑制管路中油压的脉动,提高系统的喷油精度。

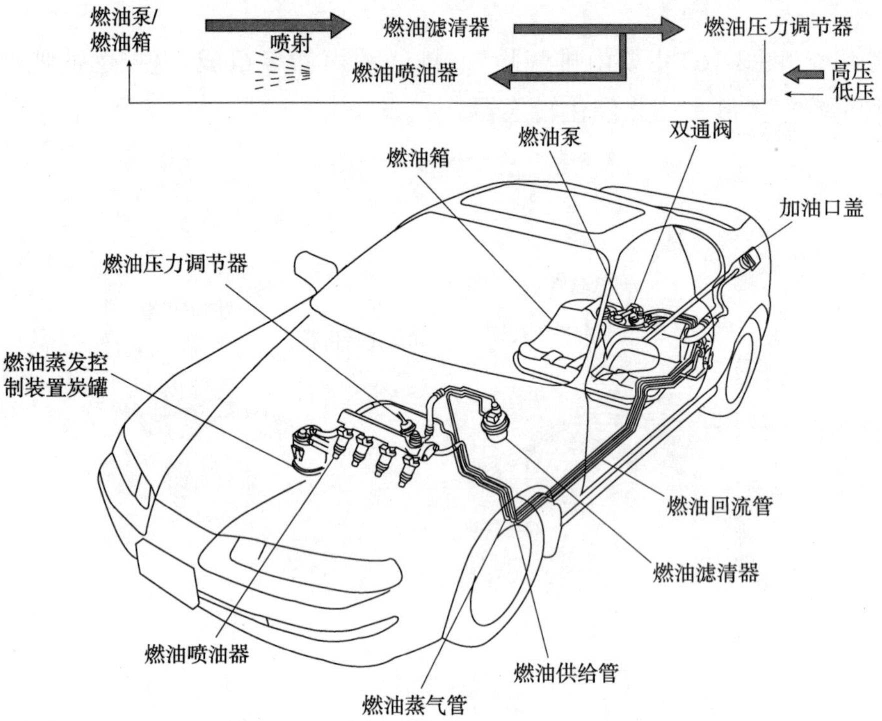

图 2-17　燃油供给系统

4 电子控制系统

电子控制系统的功用是根据发动机运转状况和车辆运行状况确定汽油最佳喷射量和最佳点火提前角。此外，还可进行怠速控制、排放控制和故障自诊断等。电子控制系统由传感器、电子控制单元（ECU）和执行器组成，桑塔纳 2000GSi 型乘用车 AJR 发动机电控燃油喷射系统各部件安装位置如图 2-18 所示，其控制图如图 2-19 所示。

传感器是用来测量或检测反映发动机运行状态下的各种物理量、电量和化学量等，并将它们转换成计算机能接受的电信号后再送给 ECU。常用的传感器主要有空气流量计、进气歧管绝对压力传感器、发动机转速与曲轴位置传感器、温度传感器、节气门位置传感器、氧传感器、爆震传感器等。另外，还有各类开关、继电器等。

电子控制系统的核心是 ECU，ECU 根据发动机中各种传感器送来的信号控制喷油时间、点火正时等。传感器监测发动机的实际工况，计量各种信号并传输给 ECU，ECU 输出的各种控制指令由执行器执行。

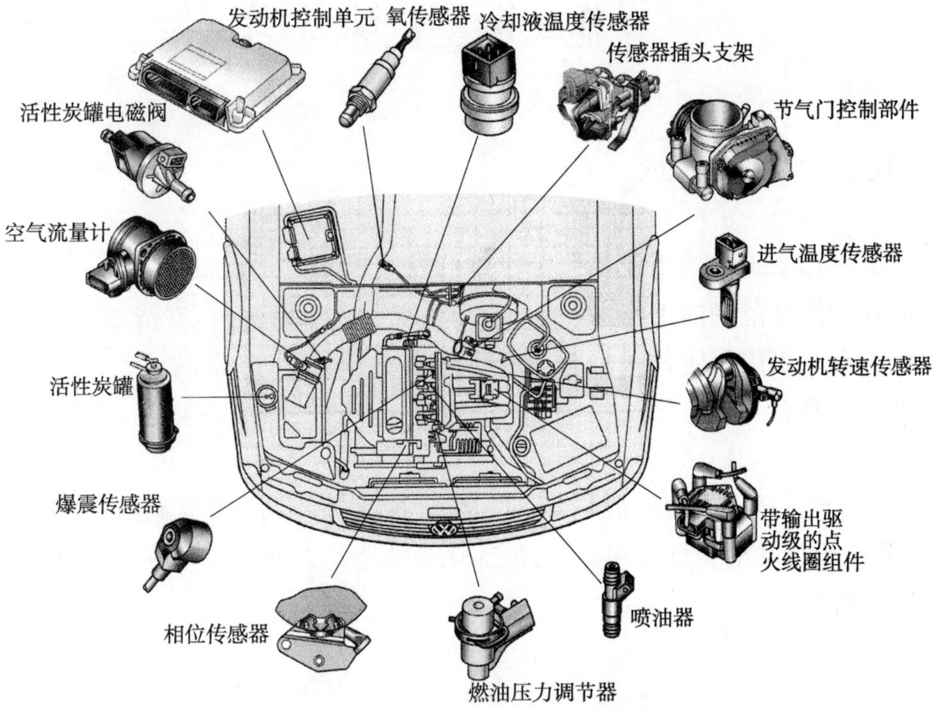

图 2-18　电控燃油喷射系统各组件的安装布置图

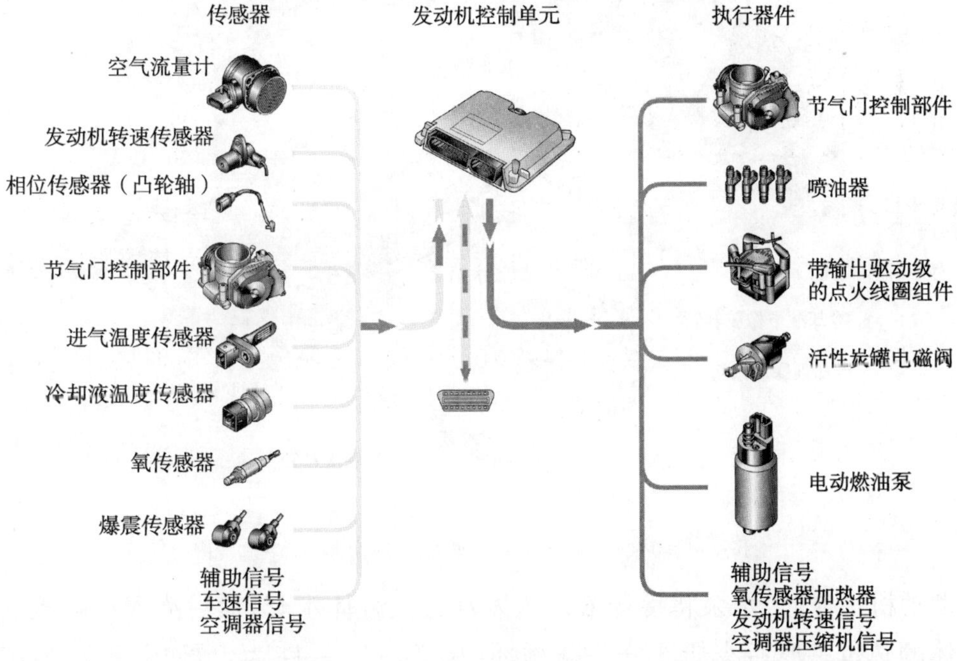

图 2-19　桑塔纳 2000GSi 型乘用车 AJR 发动机电控燃油喷射系统控制图

第五节 冷却系统

一 冷却系统的功用和组成

发动机冷却系统的功用就是使工作中的发动机得到适度的冷却，从而保持发动机在最适宜的温度范围内工作。另外，冷却系统还为空调暖风系统提供热源。

现代汽车多采用封闭式强制循环水冷却系统，即用水泵强制地使冷却液在冷却系统中进行循环流动，使发动机中高温零件的热量先传给冷却液，然后散发到大气中。

水冷却系统一般由水泵、散热器、节温器、冷却风扇、风扇控制机构、水套、膨胀水箱、温度指示器及报警灯等组成。图2-20为桑塔纳2000GSi型乘用车AJR发动机冷却系统布置图。

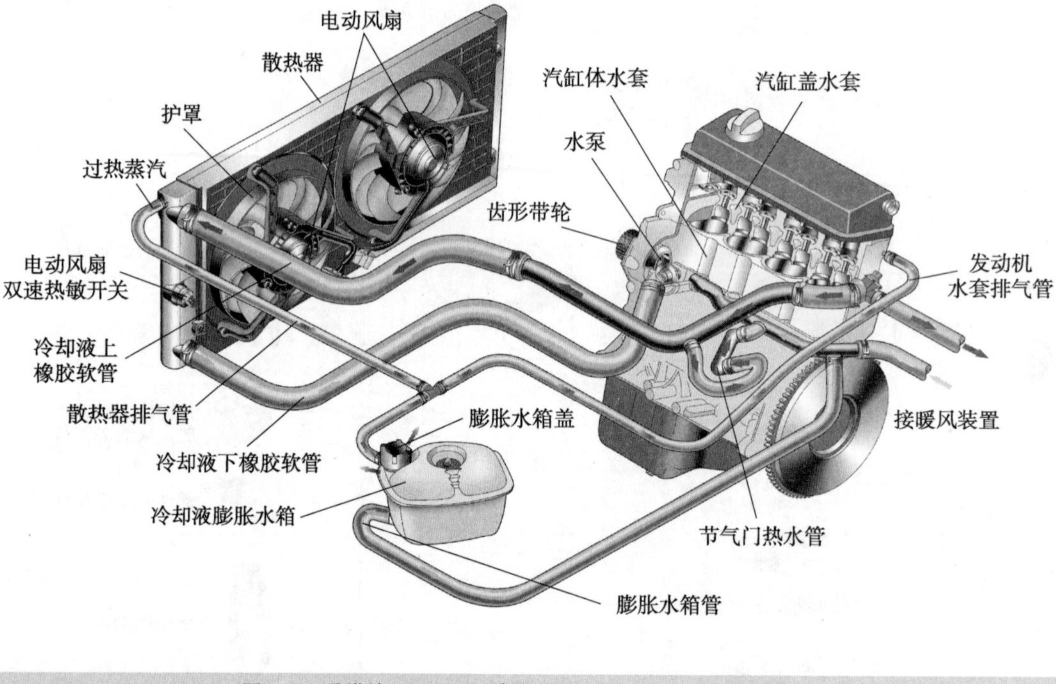

图2-20 桑塔纳2000GSi型乘用车AJR发动机冷却系统布置图

发动机工作时，水泵将冷却液压入发动机汽缸体水套，然后流入汽缸盖水套吸收机体的热量。此后冷却液分两路循环（图2-21），一路为大循环，即冷却液流经散热器冷却后，进入装在机体水泵进口处的节温器，流向水泵进水口；另一路为小循环，即冷却液直接进入节温器后的水泵进水口，不经散热器冷却。当冷却液的温度低于85℃时，进行小循环；当冷却液高于85℃时，部分冷却液进行大循环；当冷却液温度达到(102±3)℃时，流经散热器的冷却液全都参加大循环，而小循环是常开的，这样可使冷却系统的温度提高到一个较高的水平，改善发动机的热效率，同时可以确保冷却系统始终有冷却液在循环，保持发动机在最佳温度下工作。

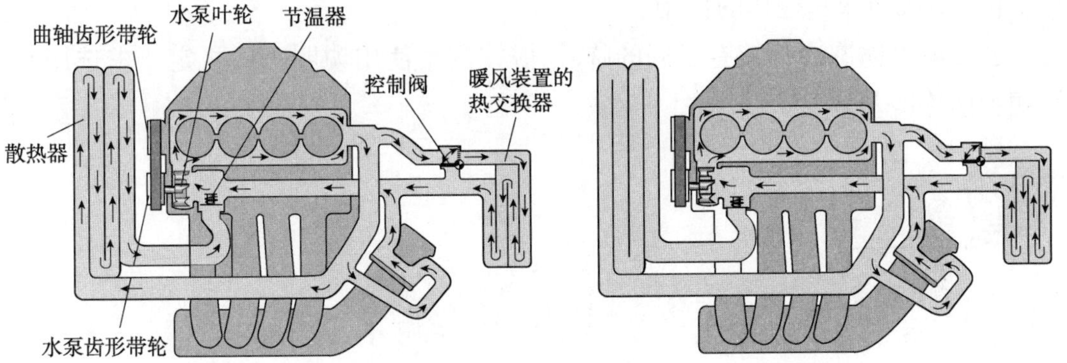

a) 冷却系统的大循环示意图　　b) 冷却系统的小循环示意图

图2-21　冷却系统的循环示意图

为了提高燃油雾化程度，利用冷却液的热量对进入进气歧管内的混合气进行预热，车上的空调暖风装置利用冷却液带出的热量来达到取暖目的。当需要取暖时，打开空调暖气控制阀，从汽缸体水套流出的部分冷却液可流入空调暖风热交换器供暖，随后流回水泵。

二　冷却液

冷却液是发动机冷却系统中最重要的工作介质，汽车常用的冷却液有水及加有防冻剂的防冻冷却液。

1　水冷却液

水冷却液是指直接用水作冷却液，它具有简单、方便的优点。但是，水沸点低、易蒸发，需经常添加。冷却水最好选用软水，即含盐分少的水，如雨水、雪水、自来水等。否则，易在水套内形成水垢，从而降低汽缸盖和汽缸体的传热性能，使发动机过热。水在严寒冬季易结冰，过夜必须放水，否则会因为结冰时体积膨胀，造成胀裂汽缸体、汽缸盖等严重事故。

2 防冻冷却液

防冻冷却液主要由防冻剂与水按一定比例混合而成，最常用的防冻剂是乙二醇，乙二醇可降低冰点和提高沸点。冷却液中水与乙二醇的比例不同，其冰点也不同。

有些车型使用的防冻冷却液中还加有添加剂，添加剂可防止冷却液腐蚀、沉积（水垢）、形成泡沫和过热的作用。

乙二醇型防冻冷却液有不同的牌号，应按汽车使用说明书的规定要求选用和定期更换防冻冷却液。

注意

不同牌号的防冻冷却液不可混用。

三 冷却系统主要部件的结构

1 水泵

水泵的功用是对冷却液加压，强制冷却液在冷却系统中循环流动。现代汽车通常采用离心式水泵。水泵一般在机体外安装，与风扇同轴驱动；也有装在机体内（内藏式）单独驱动的。

离心式水泵（图 2-22）主要由壳体、叶轮、泵盖板、水泵轴、支承轴承、水封等组成。当叶轮旋转时，水泵中的冷却液被叶轮带动一起旋转，并在离心力作用下向叶轮边缘甩出，经与叶轮成切线方向的出水管压送到发动机的水套内。与此同时，叶轮中心处造成一定的负压而将冷却液从进水管吸入，如此连续地作用，使冷却液在水路中不断地循环。

2 散热器

散热器的功用是使水套中出来的热水得到迅速冷却，以保持发动机的正常水温。散热器的主要组成为上储水室、下储水室、散热器芯（包括冷却管和散热带）和散热器盖等，如图 2-23 所示。

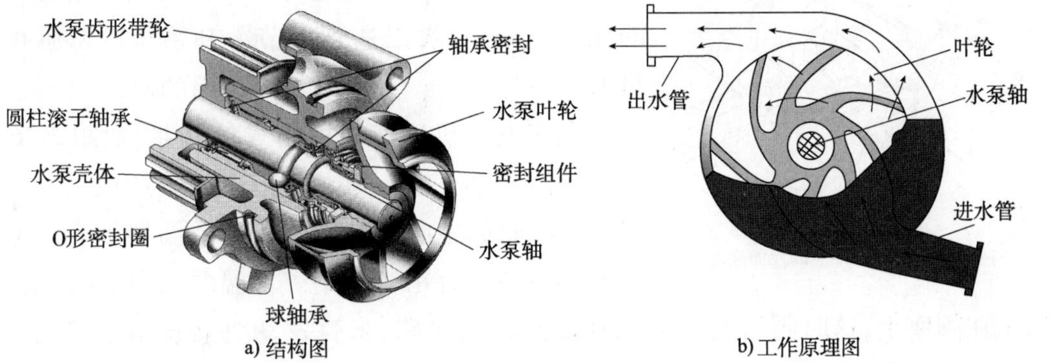

图 2-22　离心式水泵的结构及工作原理

3 膨胀水箱

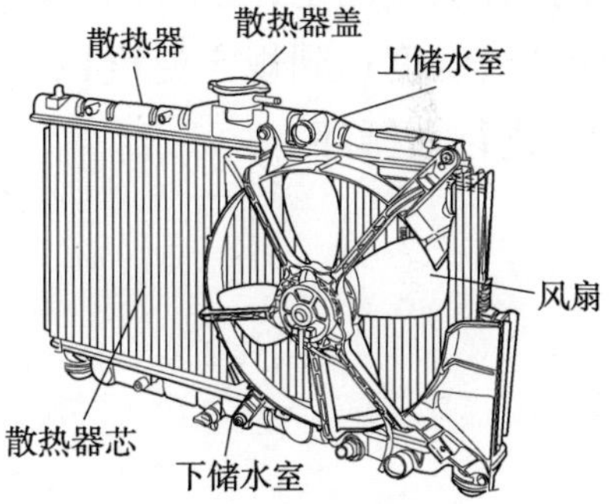

图 2-23　散热器的组成

加注防锈、防冻液的汽车发动机常采用膨胀水箱(图 2-24)。发动机工作使冷却液温度升高并膨胀,使散热器内压力上升。当压力达到规定值以上时,让一部分冷却液流回膨胀水箱以保持散热器内压力。停车时,冷却液温度降低,散热器内压力下降,膨胀水箱内的冷却液受大气压的作用流回散热器。

膨胀水箱多用半透明材料(如塑料)制成,透过箱体可直接观察到冷却液的液面高度,无须打开散热器盖,冷却液的液面高度应在 MAX 与 MIN 之间,如图 2-25 所示。

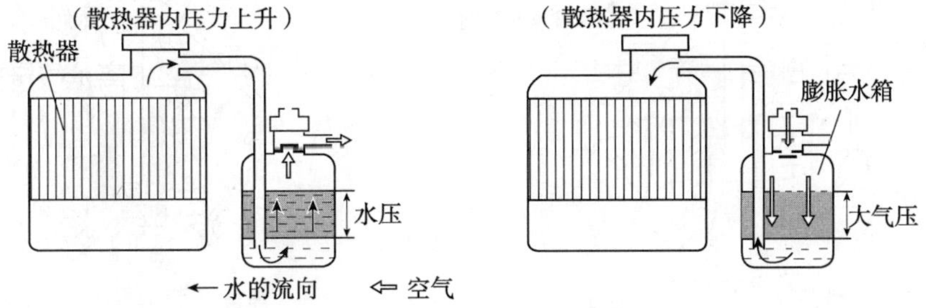

图 2-24　膨胀水箱

4 节温器

节温器安装在冷却液循环的通路中(一般安装在汽缸盖的出水口处),根据发动

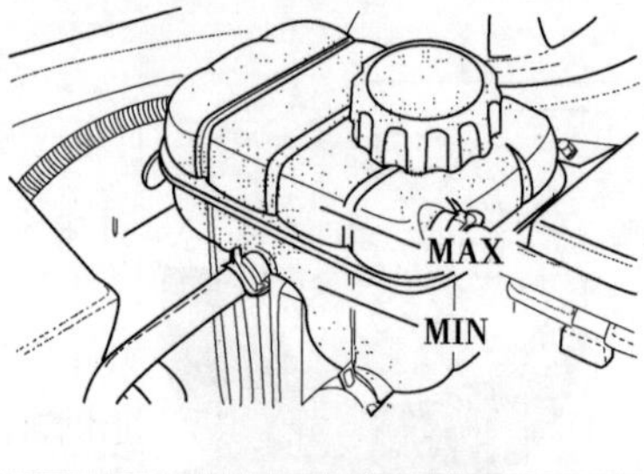

图 2-25　检查冷却液的液面高度

机负荷的大小和冷却液温度的高低自动改变冷却液的循环流动路线，以达到调节冷却系统冷却强度的目的。

汽车发动机广泛采用蜡式节温器，如图 2-26 所示。节温器推杆的一端固定于支架的中心处，另一端插入胶管的中心孔中。胶管与节温器外壳之间形成的腔体内装有精制石蜡。常温时，石蜡呈固态，阀门压在阀座上，这时阀门关闭了通往散热器的水路，来自发动机缸盖出水口的冷却液经水泵又流回汽缸体水套中进行小循环。当发动机冷却液温度升高时，石蜡逐渐变成液态，体积随之增大，迫使橡胶管收缩，从而对推杆上端头产生向上的推力。由于推杆上端固定，故推杆对橡胶管、感应体产生向下的反推力，阀门开启。当发动机冷却液温度达到规定温度以上时，阀门全开，来自汽缸盖出水口的冷却液流向散热器，进行大循环。

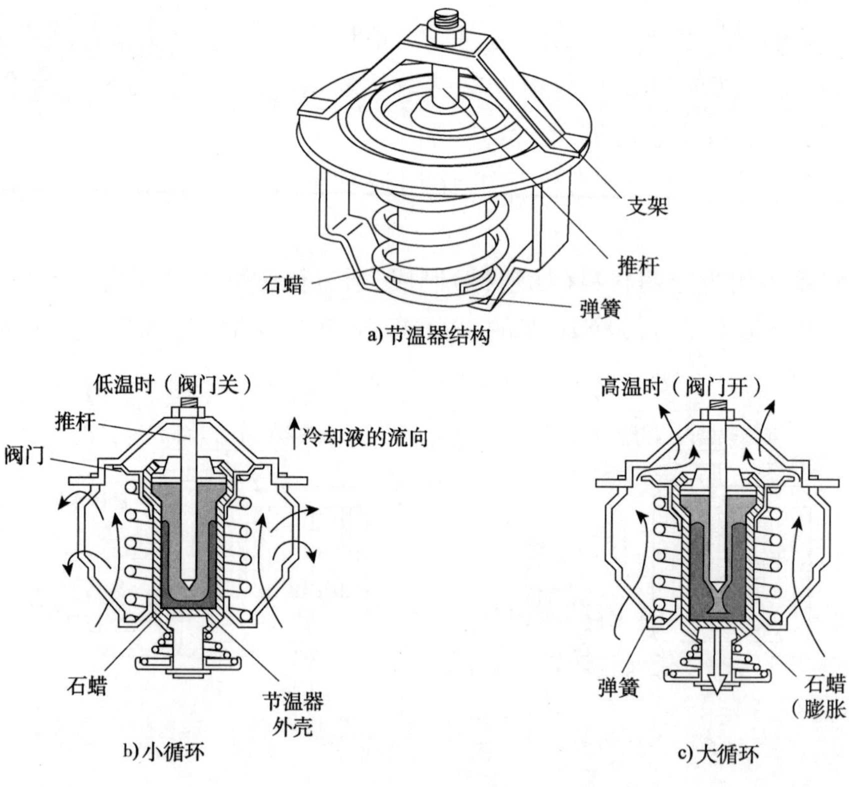

图 2-26　节温器

第六节　润滑系统

一　润滑系统的功用及组成

当发动机工作时,各运动部件都必须用发动机润滑油(简称机油)来润滑。润滑系统的功用就是将机油输送到发动机各个需要润滑的部位,以达到提高发动机工作可靠性和耐久性的目的。

如图 2-27 所示,润滑系统主要由机油泵、机油滤清器、集滤器、油道等组成,另外包括机油压力开关、机油指示灯(在仪表板上)、机油冷却器等。

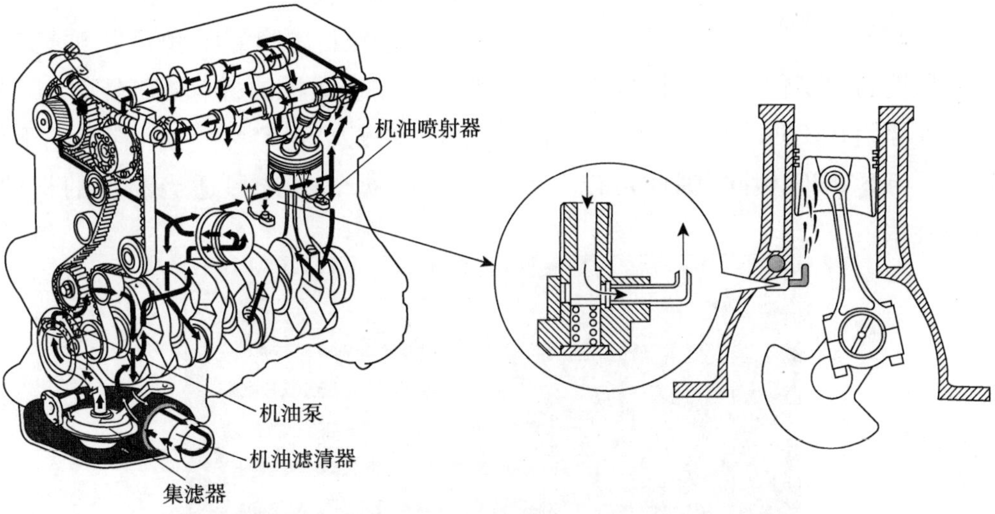

图 2-27　润滑系统的组成

润滑系统示意图如图 2-28 所示。机油泵由发动机驱动,将油底壳内的机油经集滤器、机油冷却器、机油滤清器输送到各润滑部位,润滑结束后的机油流回到油底壳中。经过汽缸体、汽缸盖上的油道,输送到曲轴轴颈、连杆轴颈、凸轮轴轴颈的机油,使轴浮在轴承(轴瓦)上旋转。旋转的曲轴曲柄飞溅起来的机油,在汽缸壁等金属表面形成油膜,使摩擦减小。

二　机油

1　机油的功用

机油除了最基本的润滑作用外,还具有冷却、清洗、缓冲、密封和防锈等功能。

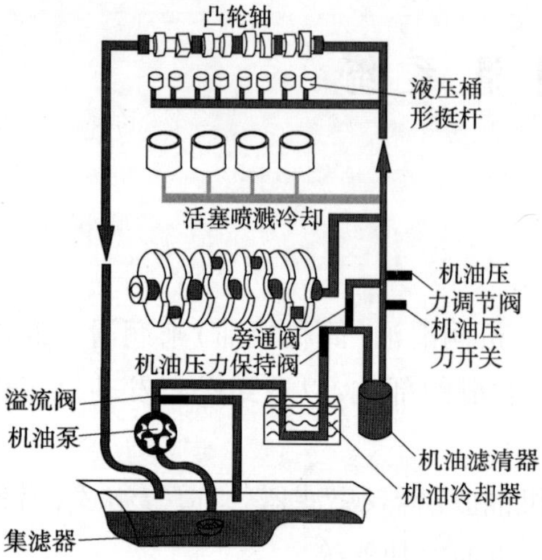

图 2-28　润滑系统示意图

2 机油的分类

机油的分类，国际上广泛采用 SAE（美国工程师学会）黏度分类法和 API（美国石油学会）使用性能分类法。

SAE 按照不同的黏度等级，将机油分为冬季用机油和非冬季用机油两类。冬季用机油有 6 种牌号：SAE0W、SAE5W、SAE10W、SAE15W、SAE20W 和 SAE25W；非冬季用机油有 4 种牌号：SAE20、SAE30、SAE40 和 SAE50。

如果使用上述牌号的单级机油，需要根据季节和气温的变化经常更换机油。目前普遍使用多级机油，例如凯越（1.6L）乘用车发动机常用 SAE5W-30 机油，在低温下使用时黏度与 SAE5W 一样，在高温下使用时黏度又与 SAE30 相同，因此可以冬夏通用。根据气温选择适当黏度的机油，如图 2-29所示。

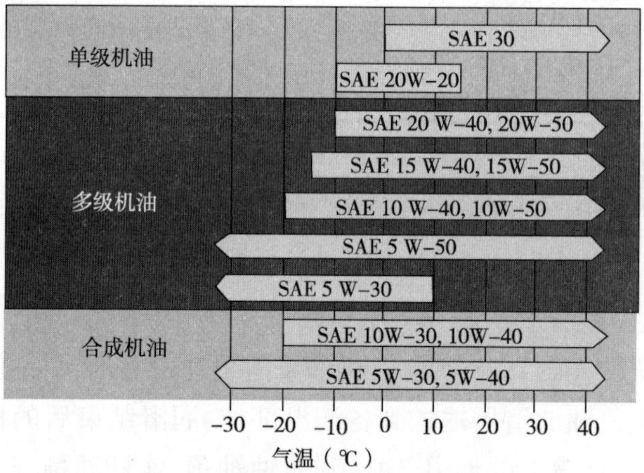

· 号数越大，机油的黏度越高，适用于较高的气温。
· 合成机油可以减小发动机运动部件的摩擦，因此能够节省燃油。

图 2-29　根据气温选择机油

API 根据机油的性能及其适合使用的场合，将机油分为 S 系列和 C 系列两类：S 系列为汽油机油，目前有 SA、SB、SC、SD、SE、SF、SG、SH、SJ、SL、SM 和 SN 共 12 个级别，例如桑塔纳 2000GSi 型乘用车 AJR 发动机使用 SF 或 SG 级机油；C 系列为柴油机油，目前，CA 到 CE 机油已经过期作废，不再拥有 API 许可。余下有 CF、CF-2、CF-4、CG-4、CH-4、CI-4 和 CJ-4，后面的字母顺序越靠后面，所代表的等级越高。

3 机油的更换周期

机油在使用过程中,由于高温氧化及燃烧物混入等原因,将劣化变质,润滑性能下降。因此,机油应适时更换,机油滤清器也应同时更换。

机油更换周期,因车型和行驶环境而不同。如果汽车经常频繁起步、短距离行驶或在多尘地区使用,机油的更换周期应相应缩短。

三 润滑系统主要部件的结构

1 机油泵

机油泵一般安装在汽缸体的下部,由发动机曲轴直接驱动,将机油输送到发动机各运动部件接触面。

(1)外啮合齿轮式机油泵。如图 2-30 所示,两个互相啮合的齿轮高速旋转,在进油口处,由于两个轮齿逐渐脱离啮合而使进油腔容积增大,腔内产生一定的真空,机油经进油口被吸入进油腔,随后被轮齿带到出油腔。轮齿逐渐进入啮合而使出油腔的容积减小,使机油压力升高,机油经出油口被压入发动机内的润滑油道中。外啮合齿轮式机油泵由于驱动阻力最小,因此工作效率也较高。

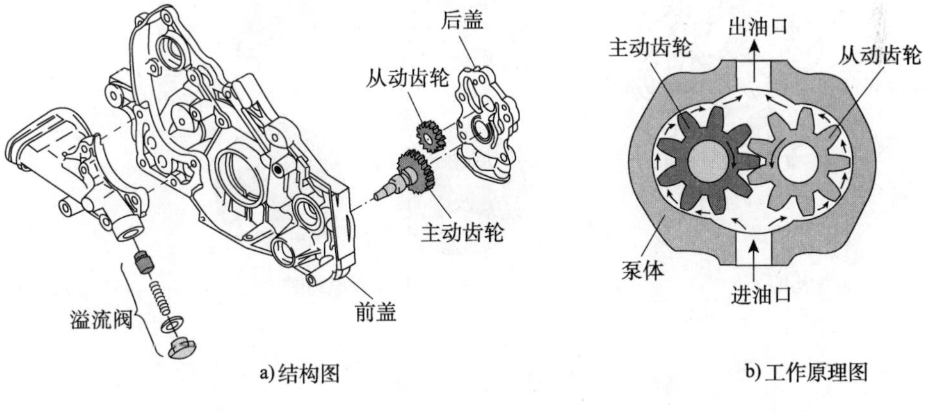

图 2-30　外啮合齿轮式机油泵

(2)内啮合齿轮式机油泵。如图 2-31 所示,内齿轮套在曲轴前端,为主动齿轮,机油通过月牙形隔板左、右的间隙进行输送。由于这种机油泵内、外齿轮之间有多余空间,因此工作效率较低。凯越(1.6L)乘用车发动机采用内啮合齿轮式机油泵。

(3)转子式机油泵。如图2-32所示,内转子为主动转子,内、外转子之间有一定的偏心距。内转子的凸齿比外转子的凹齿少1个,使得两转子之间存在转速差,旋转时两转子之间的工作腔容积不断变化,容积变大时吸油,变小时压油。这种机油泵供油压力高、噪声比较小。卡罗拉(1.6L)乘用车发动机和桑塔纳2000GSi型乘用车AJR发动机均采用转子式机油泵。

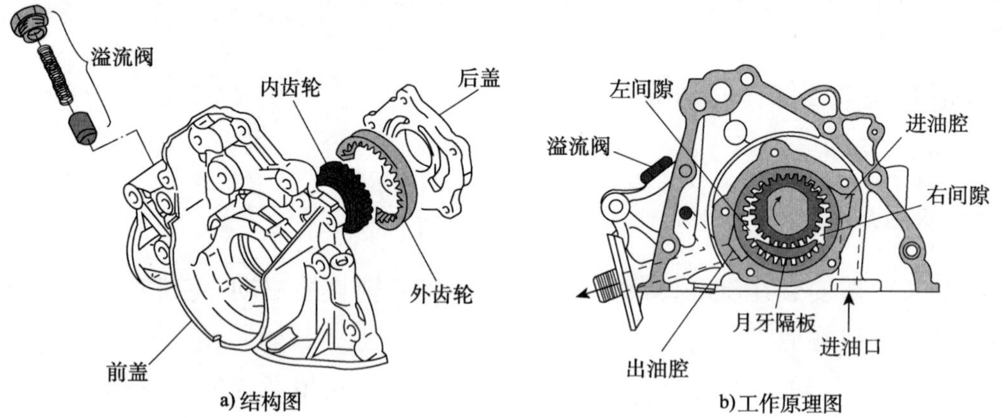

图2-31 内啮合齿轮式机油泵

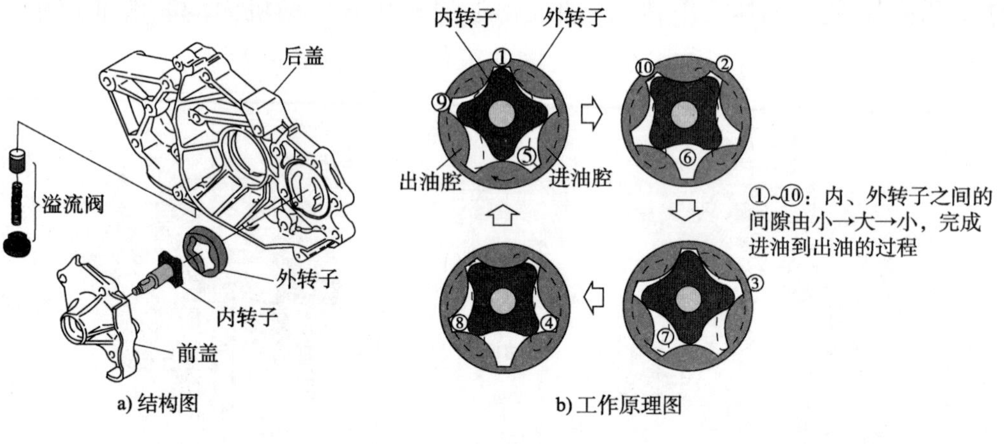

图2-32 转子式机油泵

溢流阀(又称安全阀或限压阀)安装在机油泵壳体上,控制润滑系统的最高油压,当油压达到规定值时,溢流阀自动开启,使多余的机油流回油底壳。

2 机油集滤器

机油集滤器装在机油泵之前的吸油口端,多采用滤网式,防止粒度大的杂质进入机油泵。

(1)浮式集滤器。浮式集滤器(图2-33)工作时漂浮于机油油面上,以保证机油泵总是吸入最上层较清洁的机油,但油面上的泡沫易被吸入,造成机油压力降低,润滑可靠性差。

当机油泵工作时,机油从罩的边缘被吸入,经过滤网滤除较大的杂质后进入机油泵。如果滤网堵塞时,滤网上部产生真空,从而克服滤网弹性将滤网吸起,滤网中心处的环口离开罩,润滑油便不经过滤网而从环口直接被吸入机油泵,保证润滑不致中断。

(2)固定式集滤器。固定式集滤器(图2-34)装在油面的下面,吸入的机油清洁度比浮式集滤器稍差,但可防止泡沫吸入,润滑可靠,结构简单,使用广泛。

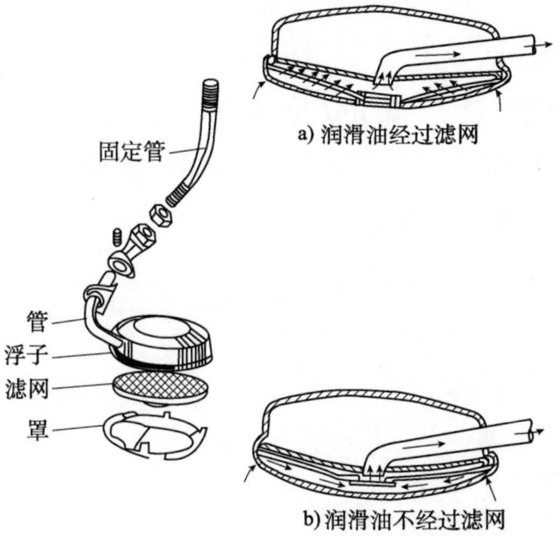

图2-33 浮式集滤器

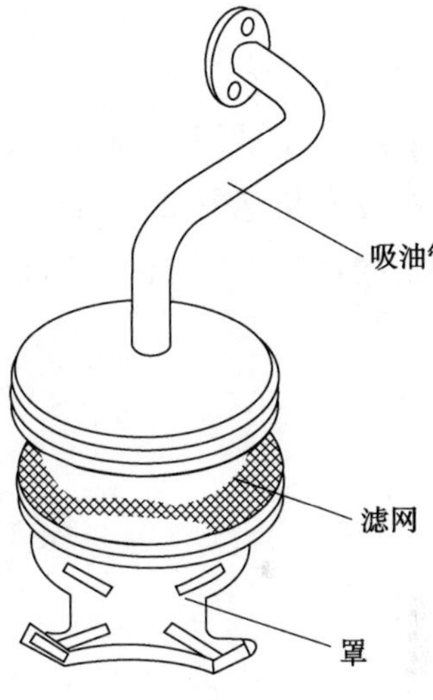

图2-34 固定式集滤器

3 机油滤清器

机油滤清器(图2-35)要滤除掉机油中的金属粉末、机油氧化物和燃烧物。为了防止滤清器堵塞失效,必须定期进行更换,一般在更换机油的同时也更换机油滤清器。当滤清器没有及时更换或其他原因造成滤芯堵塞时,油压升高使旁通阀开启,机油将不通过滤芯直接进入汽缸体油道。

4 机油尺

油底壳内保持一定量的机油,是润滑系统正常工作的前提,因此要经常检查机油的液面高度。机油的液面是通过观察拔出的机油尺来检查的。

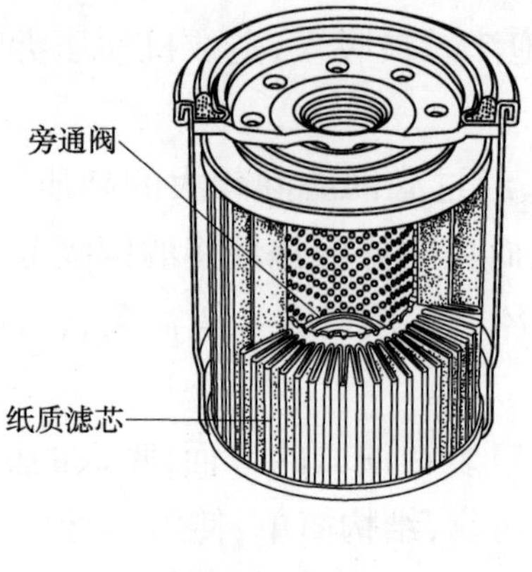

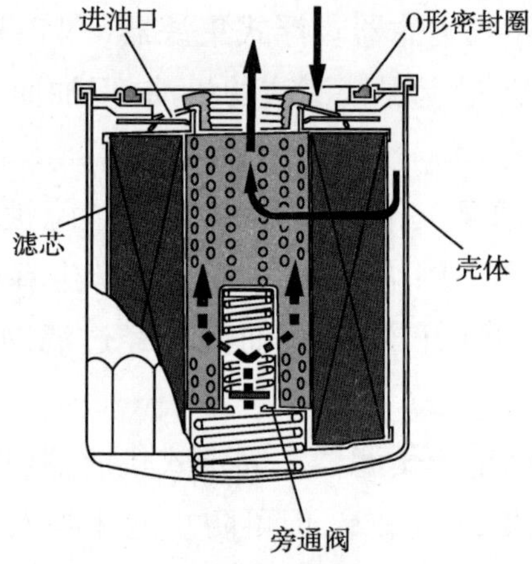

图 2-35　机油滤清器

将汽车停放在平坦的地面上,起动发动机预热 3 ~ 5min(冷却液温度达到 60 ~ 70℃),停止发动机运转 2 ~ 3min 后拔出机油尺观察,如果机油处于上限(MAX 或 F 标记)、下限(MIN 或 L 标记)之间(图 2-36),说明不缺少机油。

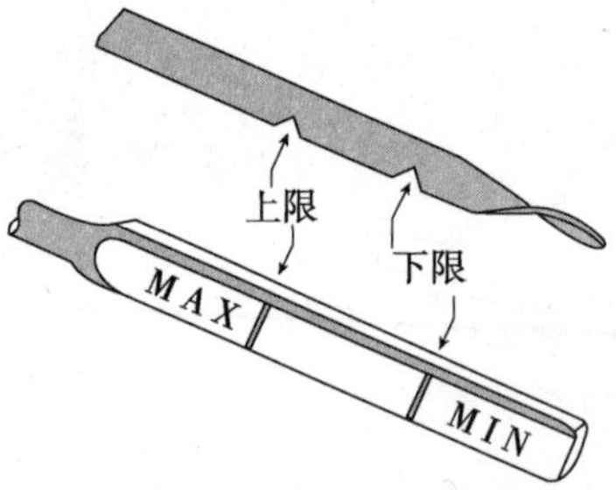

图 2-36　检查机油液面高度

第三章 Chapter 3

汽车底盘基础知识

知识目标

1. 掌握汽车底盘的组成和功用；
2. 掌握传动系统的功用和组成以及各部件的作用；
3. 掌握行驶系统的功用和组成以及各部件的作用；
4. 掌握转向系统的功用和组成以及各部件的作用；
5. 掌握制动系统的功用和组成以及各部件的作用。

第一节 传动系统

一、传动系统概述

传动系统的基本功用是将发动机的转矩传递给驱动车轮，同时还必须适应行驶条件的需要，改变转矩的大小。

普通的机械式传动系统如图 3-1 所示，发动机发出的动力依次经过离合器、变速器和由万向节与传动轴组成的万向传动装置，以及安装在驱动桥中的主减速器、差速器和半轴，最后传递到驱动车轮。现在采用自动变速器的乘用车越来越多，其传动系统包括自动变速器、万向传动装置、驱动桥等,即用自动变速器取代了离合器和手动变速器。

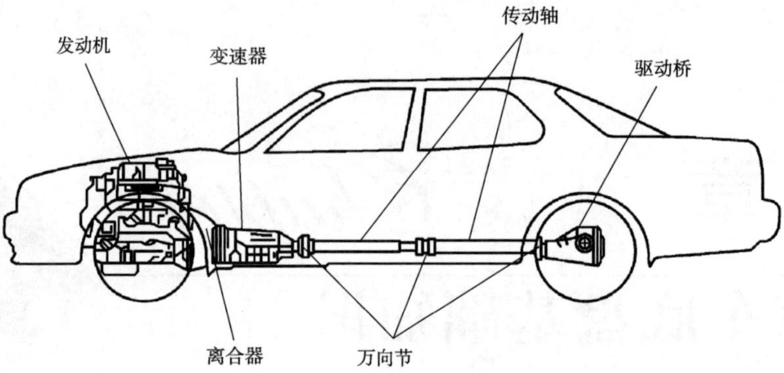

图 3-1　普通机械式传动系统结构

二 离合器

1 离合器的功用

离合器安装在发动机与变速器之间,其功用是:

(1)使发动机与传动系统逐渐接合,保证汽车平稳起步;

(2)暂时切断发动机的动力传动,保证变速器换挡平顺;

(3)限制所传递的转矩,防止传动系统过载。

2 离合器的基本结构

离合器的基本结构如图 3-2 所示,离合器可分为主动部分、从动部分、压紧装置和操纵机构。压紧装置(膜片弹簧或螺旋弹簧)将从动盘压紧在飞轮端面上,发动机转矩靠飞轮与从动盘接触面之间的摩擦作用而传递到从动盘上,再经过从动轴等传递给变速器。

3 离合器的工作原理

离合器的工作原理如图 3-3 所示。从动盘通过花键和变速器主动轴相连,可以前后运动。在压紧弹簧作用下,离合器处于接合状态。

当驾驶人踩下离合器踏板时,分离套筒和分离轴承在分离叉的推动下,推动从动盘克服压紧弹簧的力而后移，使离合器处于分离状态，中断动力传动。

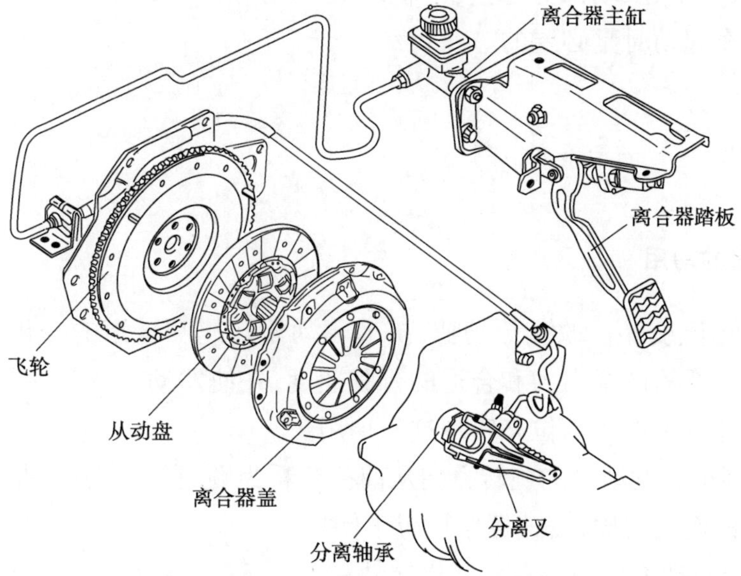

图 3-2　离合器的基本结构

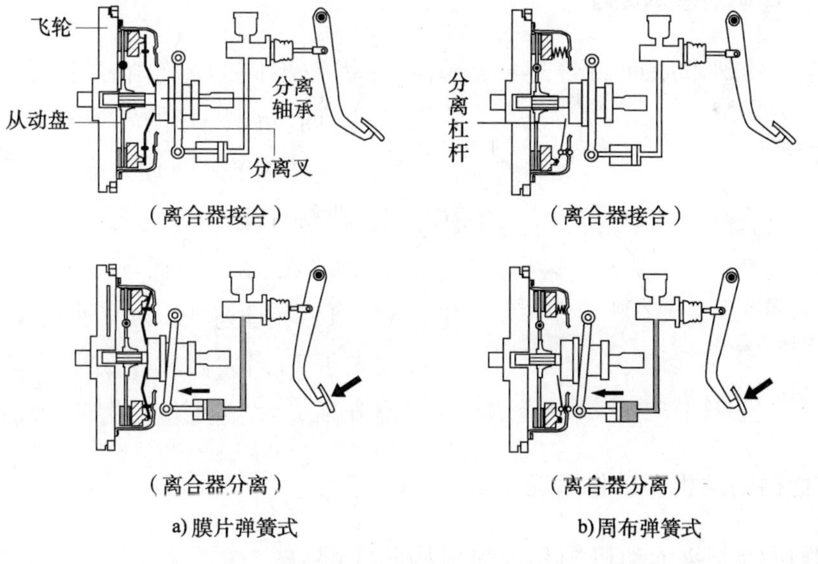

图 3-3　离合器工作原理

在逐渐抬起离合器踏板时，压盘在压紧弹簧的作用下前移，逐渐压紧从动盘，此时从动盘与压盘、飞轮的接触面之间产生摩擦力矩并逐渐增大，动力由飞轮、压盘传递给从动盘经输出轴输出。在这一过程中，从动盘及输出轴转速逐渐提高，直至与主动部分转速相同，主、从动部分完全接合。

在离合器的接合过程中，飞轮、压盘和从动盘之间接合还不紧密时，所能传递的摩擦力矩较小，其主、从动部分未达到同步，处于相对打滑的状态称为半联动状态，这种状态在汽车起动时是必要的。

三 手动变速器

1 变速器的功用

(1)实现变速、变矩。改变传动比，扩大驱动轮转速和转矩的变化范围，以适应汽车不同工况下所需的牵引力和合适的行驶速度，并使发动机尽量在最佳的工况下工作。变速器通过不同的挡位来实现这一功用。

(2)实现倒车。发动机的旋转方向从前往后看为顺时针方向，且是不能改变的，为了实现汽车的倒向行驶，变速器中设置了倒挡。

(3)实现中断动力传动。在发动机起动和怠速运转、变速器换挡、汽车滑行和暂时停车等情况下，都需要中断发动机的动力传动，因此变速器中设有空挡。

2 齿轮传动的基本原理

齿轮传动的基本原理如图 3-4 所示，一对齿数不同的齿轮啮合传动时可以实现变速，而且两齿轮的转速比与其齿数成反比。主动齿轮(即输入轴)转速与从动齿轮(即输出轴)转速之比值称为传动比。当小齿轮为主动齿轮，带动大齿轮转动时，输出转速降低，为减速传动，此时传动比大于1；当大齿轮驱动小齿轮时，输出转速升高，为增速传动，此时传动比小于1。

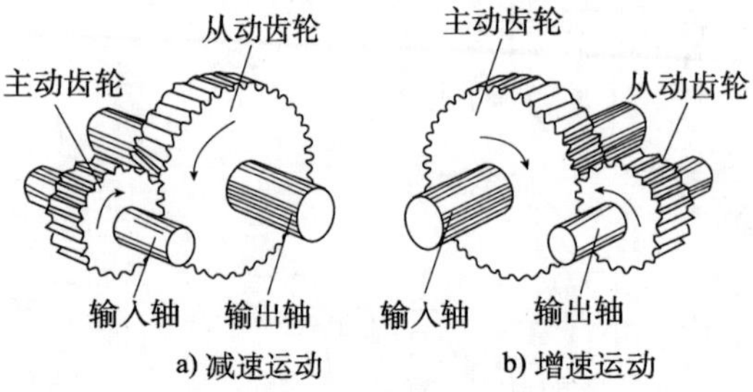

图 3-4　齿轮传动的基本原理

3 变速器的结构和工作原理

变速器包括变速传动机构和操纵机构两大部分。

(1)变速器的变速传动机构。二轴式变速器用于发动机前置前轮驱动的汽车，一般与驱动桥(前桥)合称为手动变速驱动桥。前置发动机有纵向布置和横向布置两种形式，与其配用的二轴式变速器也有两种不同的结构形式。发动机纵置时，主减速器为一对锥齿轮；发动机横置时，主减速器采用一对圆柱齿轮。图 3-5 为别克凯越乘用车二轴式五挡手动变速器的结构图。

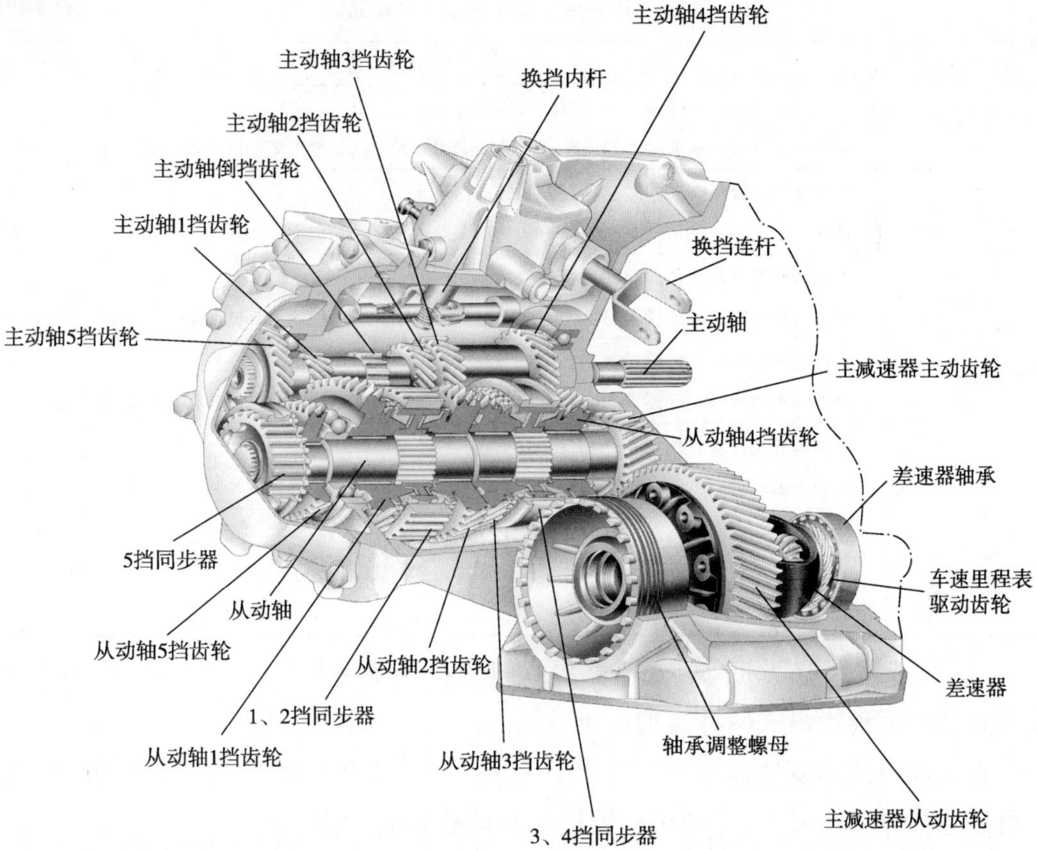

图 3-5　别克凯越乘用车二轴式五挡手动变速器结构图

图 3-6 所示为手动变速器动力传递示意图，各挡动力传动路线见表 3-1。

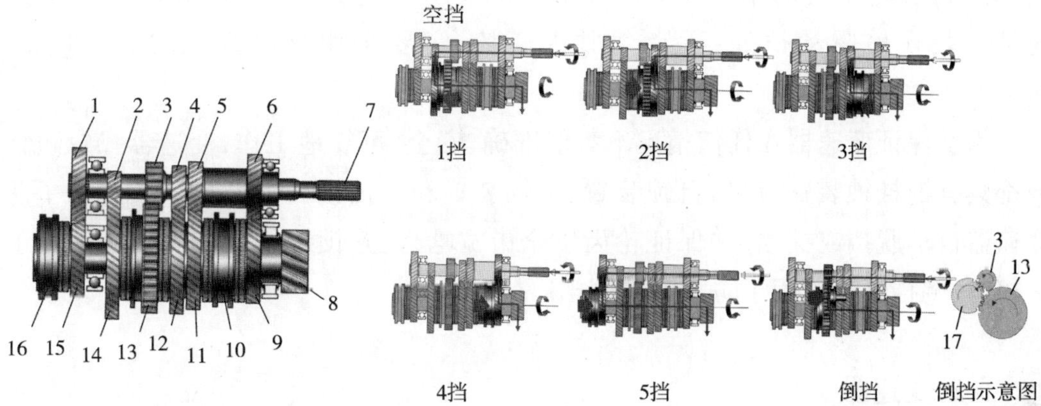

图 3-6　手动变速器(倒挡主动齿轮)动力传递示意图

1-主动轴 5 挡齿轮；2-主动轴 1 挡齿轮；3-主动轴倒挡齿轮(倒挡主动齿轮)；4-主动轴 2 挡齿轮；5-主动轴 3 挡齿轮；6-主动轴 4 挡齿轮；7-主动轴；8-主减速器主动齿轮；9-从动轴 4 挡齿轮；10-3、4 挡同步器；11-从动轴 3 挡齿轮；12-从动轴 2 挡齿轮；13-1、2 挡同步器(接合套上有倒挡从动齿轮)；14-从动轴 1 挡齿轮；15-从动轴 5 挡齿轮；16-5 挡同步器；17-倒挡惰轮

别克凯越乘用车变速器动力传动路线

表 3-1

挡　位	动力传递路线
1 挡	变速器变速杆从空挡向左、向前移动，实现： 动力→主动轴→主动轴 1 挡齿轮→从动轴 1 挡齿轮→从动轴 1、2 挡同步器→从动轴→动力输出
2 挡	变速器变速杆从空挡向左、向后移动，实现： 动力→主动轴→主动轴 2 挡齿轮→从动轴 2 挡齿轮→从动轴 1、2 挡同步器→从动轴→动力输出
3 挡	变速器变速杆从空挡向前移动，实现： 动力→主动轴→主动轴 3 挡齿轮→从动轴 3 挡齿轮→从动轴 3、4 挡同步器→从动轴→动力输出
4 挡	变速器变速杆从空挡向后移动，实现： 动力→主动轴→主动轴 4 挡齿轮→从动轴 4 挡齿轮→从动轴 3、4 挡同步器→从动轴→动力输出
5 挡	变速器变速杆从空挡向右、向前移动，实现： 动力→主动轴→主动轴 5 挡齿轮→从动轴 5 挡齿轮→从动轴 5 挡同步器→从动轴→动力输出
倒挡	变速器变速杆从空挡向左（用比较大的力）、向前移动，实现： 动力→主动轴→主动轴倒挡齿轮→倒挡惰轮→倒挡从动齿轮（1、2 挡同步器）→从动轴→动力反向输出

（2）变速器的操纵机构。变速器操纵机构按照变速杆位置的不同，可分为直接操纵式和远距离操纵式两种类型。

直接操纵式的变速器布置在驾驶人座椅附近，变速杆由驾驶室底板伸出，驾驶人可以直接操纵，多用于发动机前置后轮驱动的车辆。

在有些汽车上，由于变速器离驾驶人座位较远，则需要在变速杆与拨叉之间加装一些辅助杠杆或一套传动机构，构成远距离操纵机构。这种操纵机构多用于发动机前置前轮驱动的乘用车，如别克凯越乘用车的五挡手动变速器，由于其变速器安装在前驱动桥处，远离驾驶人座椅，需要采用这种操纵方式，如图 3-7 所示。

为了保证变速器在任何情况下都能准确、安全、可靠地工作，变速器操纵机构一般都具有换挡锁装置，包括自锁装置、互锁装置和倒挡锁装置。自锁装置用于防止变速器自动脱挡或挂挡，并保证轮齿以全齿宽啮合；互锁装置用于防止同时挂上两个挡位；倒挡锁装置用于防止误挂倒挡。

四 自动变速器

1 概述

自动变速器是指汽车驾驶中离合器的操纵和变速器的操纵都实现了自动化，简称 AT(Automatic Transmission)。目前自动变速器的自动换挡等过程都是由自动变速器的电子控制单元(英文缩写为 ECU,俗称电脑)控制的,因此自动变速器又可简称为 EAT、ECAT、ECT 等。

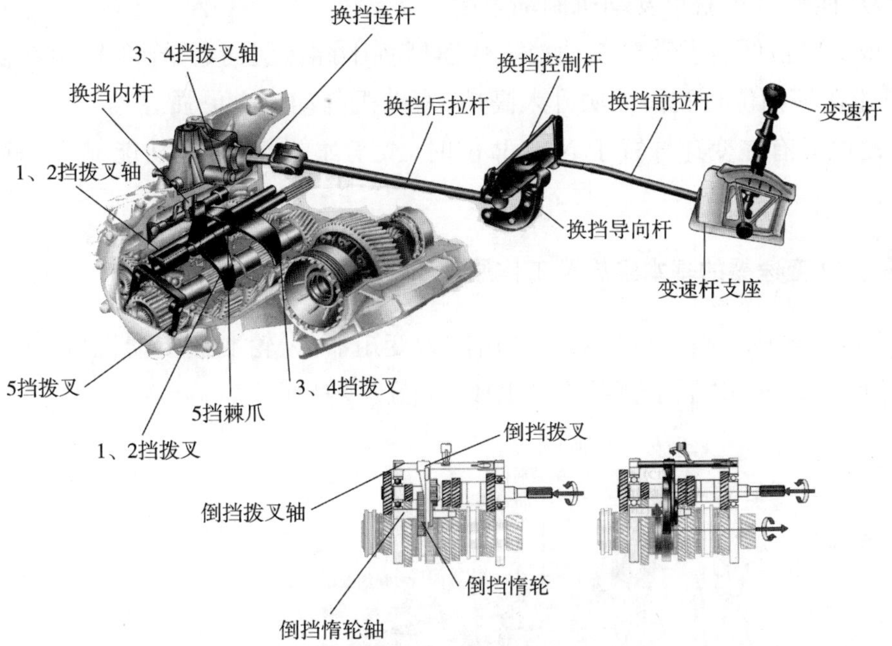

图 3-7　手动变速器换挡操纵系统

乘用车自动变速器的变速杆通常有 6 或 7 个位置,如图 3-8 所示,其功能如下。

P 位:驻车挡。变速杆置于此位置时,驻车锁止机构将自动变速器输出轴锁止。

R 位:倒挡。变速杆置于此位置时,液压系统倒挡油路被接通,驱动轮反转,实现倒向行驶。

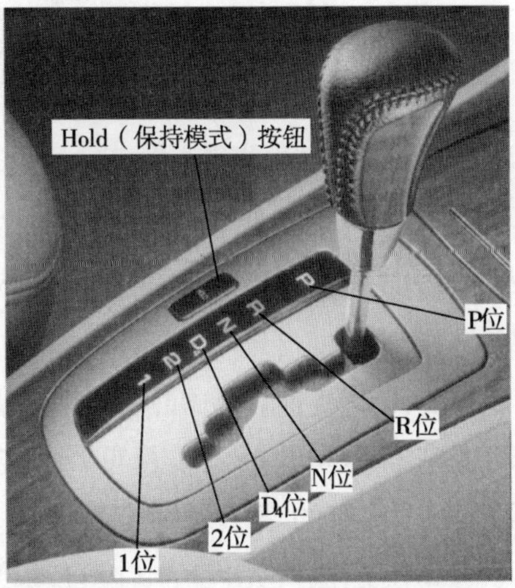

图 3-8　自动变速器变速杆位置示意图

N 位:空挡。变速杆置于此位置时,所有机械变速器的齿轮机构空转,不能输出动力。

D_4(或 D)位:前进挡。变速杆置于此位置时,液压系统控制装置根据节气门开度信号和车速信号自动接通相应的前进挡油路,齿轮变速传动机构在换挡执行元件的控制下得到相应的传动比。随着行驶条件的变化,在前进挡中自动升降挡,实现自动变速功能。

D_3(或 3)位:高速发动机制动挡。变速杆位于该位置时,液压制动系统只能接通前进挡中的 1、2、3 挡油路,自动变速器只能在这 3 个挡位间自动换挡，无法升入4挡位，从而使汽车获得发动机制动效果。

2(或S)位：中速发动机制动挡。变速杆置于此位置时，液压控制系统只能接通前进挡中的1、2挡油路，自动变速器只能在这两个挡位间自动换挡，无法升入更高的挡位，从而使汽车获得发动机制动效果。

1(或L)位：低速发动机制动挡。变速杆置于此位置时，汽车被锁定在前进挡的1挡，只能在该挡位行驶而无法升入高挡，发动机制动效果更强。

发动机只有在变速杆置于N或P位时，汽车才能起动，此功能靠空挡启动开关来实现。

2 自动变速器的基本组成及工作原理

(1)基本组成。自动变速器主要由液力变矩器、齿轮变速传动机构、换挡执行元件、液压控制系统、电子控制系统等组成，如图3-9所示。

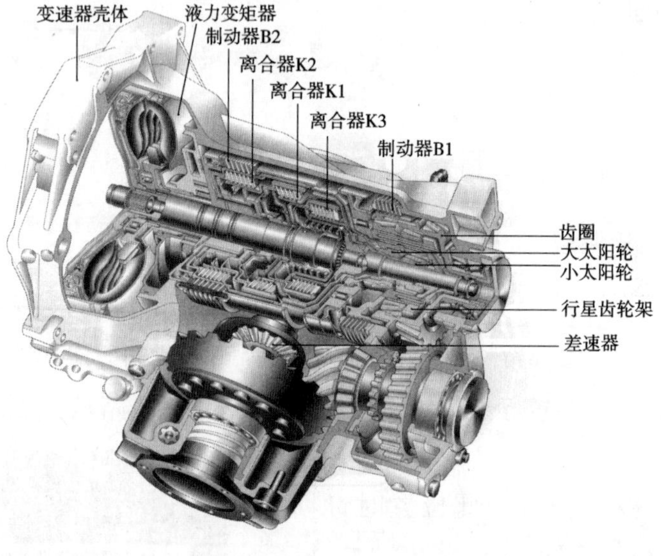

图3-9 液力自动变速器的结构

①液力变矩器。液力变矩器安装在发动机与齿轮变速传动机构之间，将发动机转矩传递给齿轮变速传动机构输入轴。液力变矩器相当于普通汽车上的离合器，但它是一个通过自动变速器液压油(ATF)传递动力的装置。

②齿轮变速传动机构。齿轮变速传动机构可形成不同的传动比，组合成电控自动变速器不同的挡位。目前绝大多数电控自动变速器采用行星齿轮变速传动机构进行变速，有的车型采用定轴式齿轮变速传动机构(如本田车系)进行变速。

③换挡执行元件。电控自动变速器换挡执行元件主要包括离合器、制动器和单向离合器，由液压控制系统控制其工作。

④液压控制系统。液压控制系统是由油泵、各种控制阀及与之相连通的液压换挡执行元件,如离合器油缸、制动器油缸等组成液压控制回路。汽车行驶中根据驾驶人的要求和行驶条件的需要,控制离合器和制动器的工作状况的改变来实现齿轮变速传动机构的自动换挡。

⑤电子控制系统。电子控制系统主要包括各类传感器及开关、电子控制单元、执行器等。电子控制系统中的传感器及各种控制开关将发动机工况、车速等信号传递给电子控制单元(ECU),经ECU处理后发出控制指令给执行器,执行器和液压系统按一定规律控制换挡执行机构工作,实现自动变速器自动换挡。

(2)基本原理。图3-10为电控自动变速器的组成和原理图。电控自动变速器是通过各种传感器,将发动机的转速、节气门开度、车速、发动机冷却液温度、自动变速器液压油(ATF)温度等参数信号输入ECU,ECU根据这些信号,按照设定的换挡规律,向换挡电磁阀、油压电磁阀等发出动作控制信号,换挡电磁阀和油压电磁阀再将ECU的动作控制信号转变为液压控制信号,阀板中的各控制阀根据这些液压控制信号,控制换挡执行元件的动作,从而实现自动换挡过程。

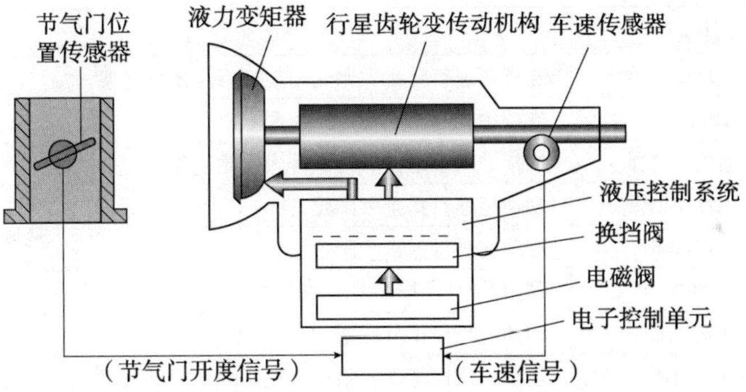

图3-10 电控自动变速器的组成和原理图

3 辛普森式行星齿轮自动变速器

辛普森(Simpson)式行星齿轮变速器是在自动变速器中应用最广泛的一种行星齿轮变速器,它是由美国福特公司的工程师H·W·辛普森发明的。图3-11为丰田A340E四挡辛普森行星齿轮变速器的结构简图。

四挡辛普森行星齿轮机构由三排行星齿轮机构组成,前面一排为超速行星排,中间一排为前行星排,后面一排为后行星排。输入轴与超速行星排的行星架相连,超速行星排的齿圈与中间轴相连,中间轴通过前进挡离合器或直接挡、倒挡离合器与前、后行星排相连。前、后行星排的结构特点是:共用一个太阳轮,前行星排的行星架与后行星排的齿圈相连并与输出轴相连。

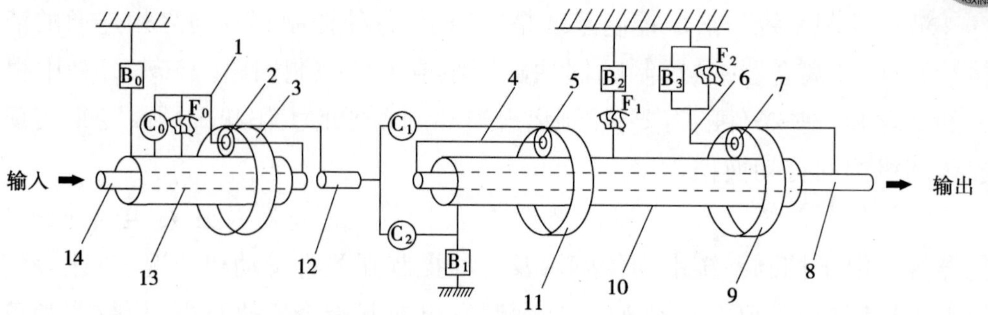

图 3-11　四挡辛普森行星齿轮变速器的结构简图

1-超速(OD)行星排行星架;2-超速(OD)行星排行星齿轮;3-超速(OD)行星排齿圈;4-前行星排行星架;5-前行星排行星齿轮;6-后行星排行星架;7-后行星排行星齿轮;8-输出轴;9-后行星排齿圈;10-前后行星排太阳轮;11-前行星排齿圈;12-中间轴;13-超速(OD)行星排太阳轮;14-输入轴;C_0-超速挡(OD)离合器;C_1-前进挡离合器;C_2-直接挡、倒挡离合器;B_0-超速挡(OD)制动器;B_1-2 挡滑行制动器;B_2-2 挡制动器;B_3-低、倒挡制动器;F_0-超速挡(OD)单向离合器;F_1-2挡(一号)单向离合器;F_2-低挡(二号)单向离合器

换挡执行元件包括 3 个离合器、4 个制动器和 3 个单向离合器,具体的功能见表 3-2。

换挡执行元件的功能　　表 3-2

换挡执行元件		功　能
C_0	超速挡(OD)离合器	连接超速行星排太阳轮与超速行星排行星架
C_1	前进挡离合器	连接中间轴与前行星排齿圈
C_2	直接挡、倒挡离合器	连接中间轴与前后行星排太阳轮
B_0	超速挡(OD)制动器	制动超速行星排太阳轮
B_1	2 挡滑行制动器	制动前后行星排太阳轮
B_2	2 挡制动器	制动 F_1 外座圈,当 F_1 也起作用时,可以防止前后行星排太阳轮逆时针转动
B_3	低、倒挡制动器	制动后行星排行星架
F_0	超速挡(OD)单向离合器	连接超速行星排太阳轮与超速行星排行星架
F_1	2 挡(一号)单向离合器	当 B_2 工作时,防止前后行星排太阳轮逆时针转动
F_2	低挡(二号)单向离合器	防止后行星排行星架逆时针转动

在变速器各挡位时,换挡执行元件的动作情况见表 3-3。

各挡位时换挡执行元件的动作情况表　　表 3-3

变速杆位置	挡　位	换挡执行元件										发动机制动
		C_0	C_1	C_2	B_0	B_1	B_2	B_3	F_0	F_1	F_2	
P	驻车挡	○										
R	倒挡	○		○				○	○			
N	空挡	○										
D	1 挡	○	○						○		○	
	2 挡	○	○				○		○	○		
	3 挡	○	○	○			○		○			
	4 挡(OD 挡)		○	○	○		○					

续上表

变速杆位置	挡　位	换挡执行元件										发动机制动
		C_0	C_1	C_2	B_0	B_1	B_2	B_3	F_0	F_1	F_2	
2	1 挡	○	○						○		○	
	2 挡	○	○			○	○		○	○		○
	3 挡*	○	○	○			○		○			○
L	1 挡	○	○					○	○		○	○
	2 挡*	○	○			○	○		○	○		○

注：* 只能降挡不能升挡。

○ 换挡元件工作或有发动机制动。

4 拉威挪式行星齿轮变速器

桑塔纳 2000GSi-AT 型乘用车的 01N 型 4 挡拉威挪式行星齿轮自动变速器的结构如图3-12所示，包括拉威挪行星齿轮机构和离合器、制动器和单向离合器。

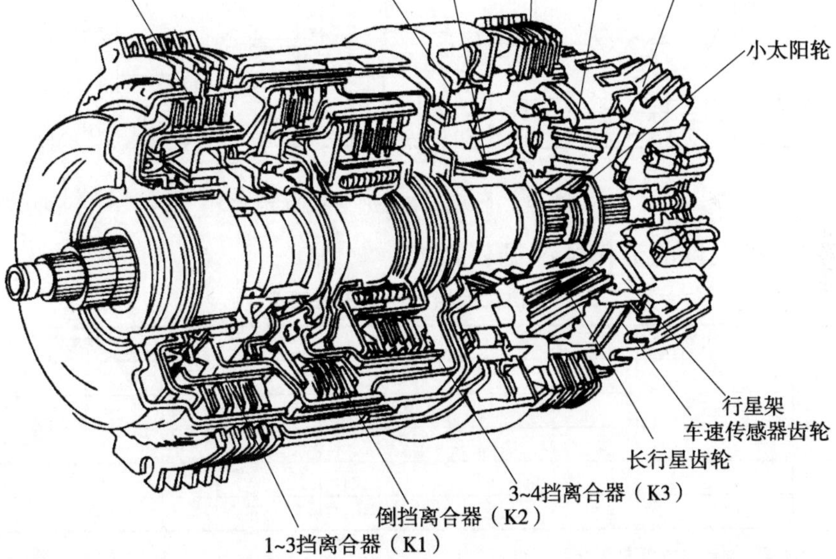

图 3-12　拉威挪行星齿轮变速器

拉威挪式行星齿轮变速器的结构如图 3-13 所示。行星齿轮系由大、小太阳轮各一个，长、短行星齿轮各 3 个，行星架和齿圈组成。短行星齿轮与长行星齿轮及小太阳轮啮合；长行星齿轮同时与大太阳轮、短行星齿轮及齿圈啮合，动力通过齿圈输出。离合器 K1 用于驱动小太阳轮，离合器 K2 用于驱动大太阳轮，离合器 K3 用于驱动行星架，制动器 B1 用于制动行星架，制动器 B2 用于制动大太阳轮，单向离合器 F 防止行星架逆时针转动。

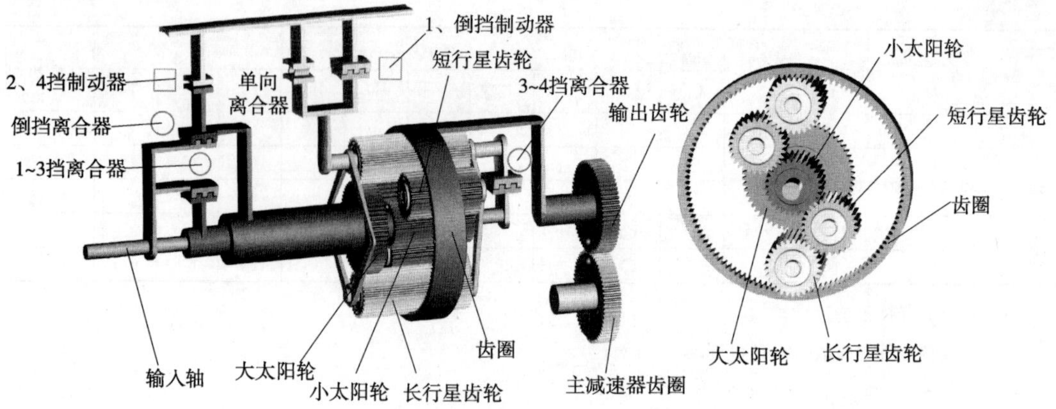

图 3-13　拉威挪行星齿轮变速器的结构

拉威挪行星齿轮变速器的简图如图 3-14 所示，其中锁止离合器（LC）可将变矩器的泵轮和涡轮刚性连在一起。

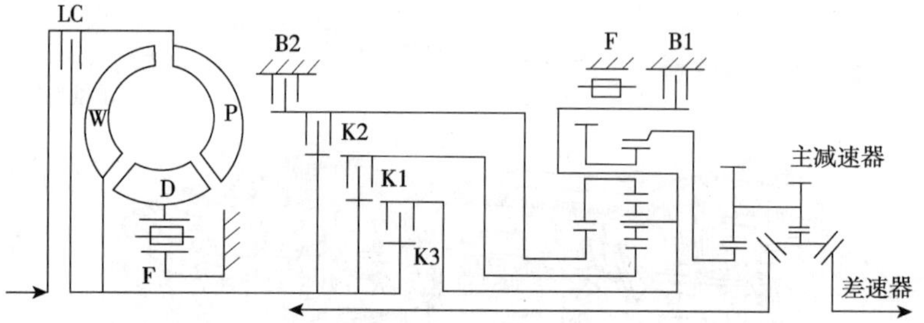

图 3-14　拉威挪行星齿轮变速器的简图

各挡位换挡元件的工作情况见表 3-4。

各挡位换挡元件的工作情况　　表 3-4

挡　位	B1	B2	K1	K2	K3	F
R	○			○		○
1 挡			○			○
2 挡		○	○			
3 挡			○		○	
4 挡		○			○	

注：○表示离合器、制动器或单向离合器工作。

5 平行轴式自动变速器

广州本田雅阁乘用车 MAXA 自动变速器采用定轴式齿轮变速传动机构，可以提供 4 个前进挡和一个倒车挡。

广州本田雅阁乘用车用 MAXA 自动变速器的内部结构如图 3-15 所示，图 3-16 为 MAXA 自动变速器的齿轮变速传动机构。定轴式齿轮变速传动机构主要由平行轴、各挡齿轮和湿式多片离合器等组成。平行轴有 3 件，即输入轴、中间轴和输出轴。

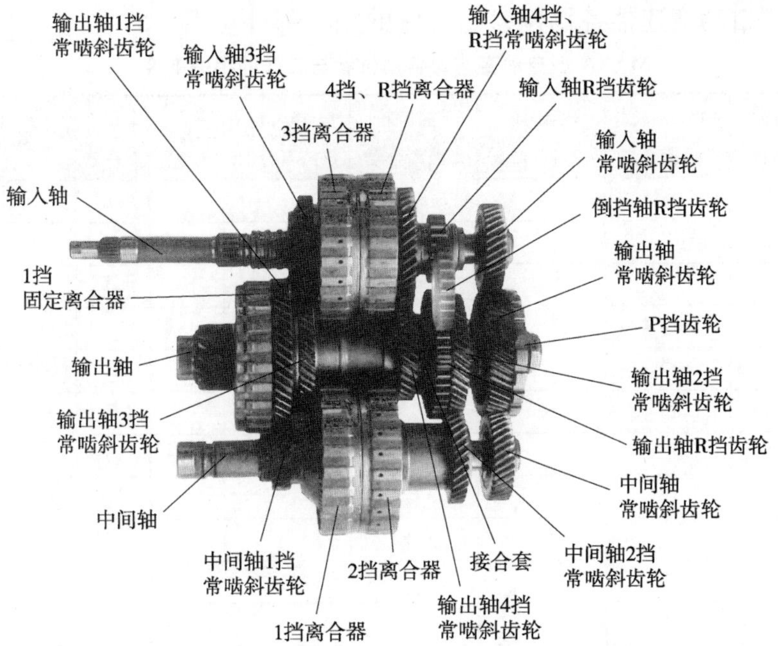

图 3-15　广州本田雅阁乘用车自动变速器的内部结构

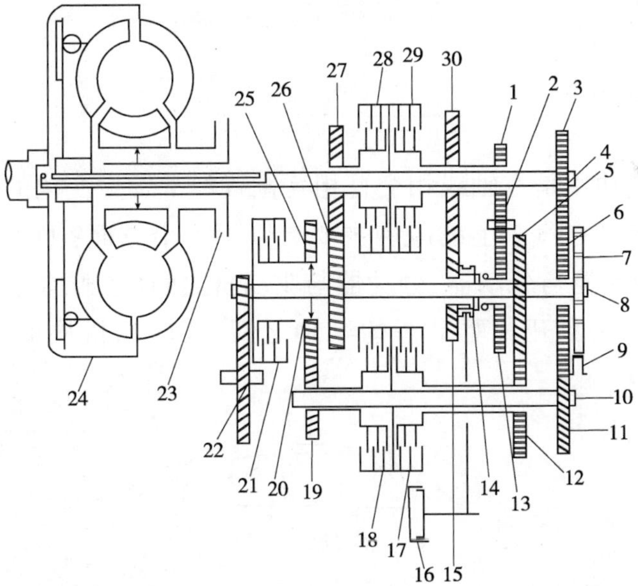

图 3-16　　MAXA 自动变速器的齿轮变速传动机构

1-输入轴倒挡齿轮;2-倒挡轴 R 挡齿轮;3-输入轴常啮合齿轮;4-输入轴;5-输出轴 2 挡齿轮;6-输出轴常啮合齿轮;7-P 挡齿轮;8-输出轴;9-驻车锁销;10-中间轴;11-中间轴常啮合齿轮;12-中间轴 2 挡常啮合齿轮;13-输出轴 R 挡齿轮;14-接合套;15-输出轴 4 挡常啮合齿轮;16-伺服油缸;17-2 挡离合器;18-1 挡离合器;19-中间轴 1 挡常啮合齿轮;20-单向离合器;21-1 挡固定离合器;22-最终驱动齿轮;23-油泵;24-液力变矩器;25-输出轴 1 挡齿轮;26-输出轴 3 挡常啮合齿轮;27-输入轴 3 挡常啮合齿轮;28-3 挡离合器;29-4 挡、倒挡离合器;30-输入轴 4 挡常啮合齿轮

MAXA 型自动变速器各挡位参与工作的相关部件见表 3-5。

MAXA 型自动变速器各挡位参与工作的相关部件 表 3-5

挡位		液力变矩器	1 挡齿轮 1 挡离合器	1 挡固定离合器	2 挡齿轮 2 挡离合器	3 挡齿轮 3 挡离合器	4 挡		倒挡齿轮	驻车挡齿轮
							齿轮	离合器		
P		○								○
R		○						○	○	
N		○								
D4	1 挡	○	○							
	2 挡	○	○		○					
	3 挡	○	○			○				
	4 挡	○	○				○	○		
D3	1 挡	○	○							
	2 挡	○	○		○					
	3 挡	○	○			○				
2		○	○		○					
1		○	○	○						

注:○表示工作。

五 万向传动装置

万向传动装置功用是在轴线相交且相互位置经常发生变化的两转轴之间传递动力。万向传动装置在汽车上的应用主要有以下 5 个方面:①变速器与驱动桥之间(图 3-17);②变速器与分动器、分动器与驱动桥之间(越野汽车);③转向驱动桥的内、外半轴之间;④断开式驱动桥的半轴之间;⑤转向机构的转向轴和转向器之间。

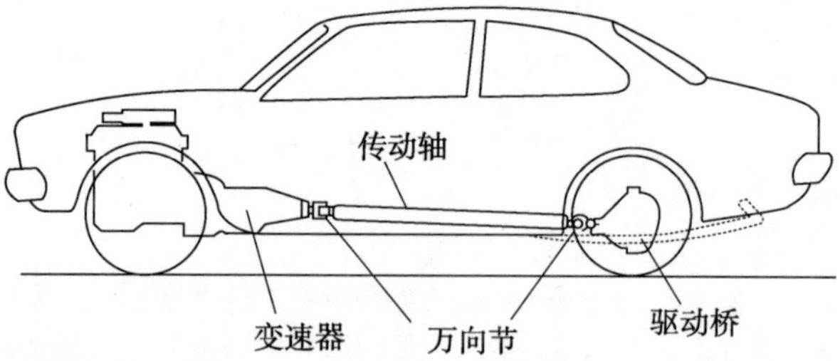

图 3-17 变速器与驱动桥之间的万向传动装置

万向传动装置主要包括万向节和传动轴,对于传动距离较远的分段式传动轴,为了提高传动轴的刚度,还设置有中间支承,如图 3-18 所示。

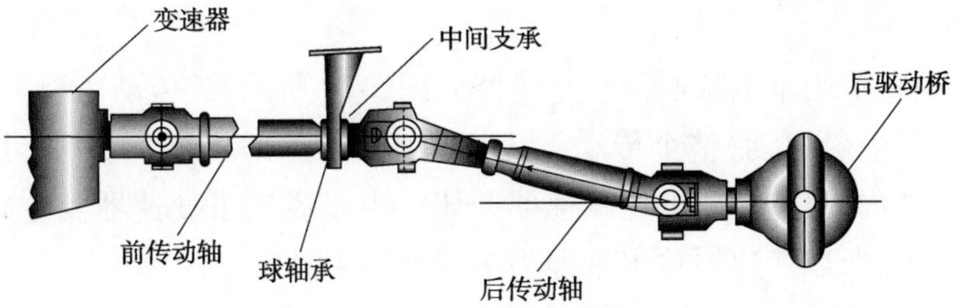

图 3-18　万向传动装置的组成

六 驱动桥

1 驱动桥的功用

驱动桥的功用是将由万向传动装置传来的发动机转矩传递给驱动车轮,并经降速增矩、改变动力传动方向,使汽车行驶,而且允许左右驱动车轮以不同的转速旋转。

2 驱动桥的组成

驱动桥是传动系统的最后一个总成,一般由主减速器、差速器、半轴和桥壳等组成,如图 3-19 所示。驱动桥的主要零部件都安装在驱动桥的桥壳中。

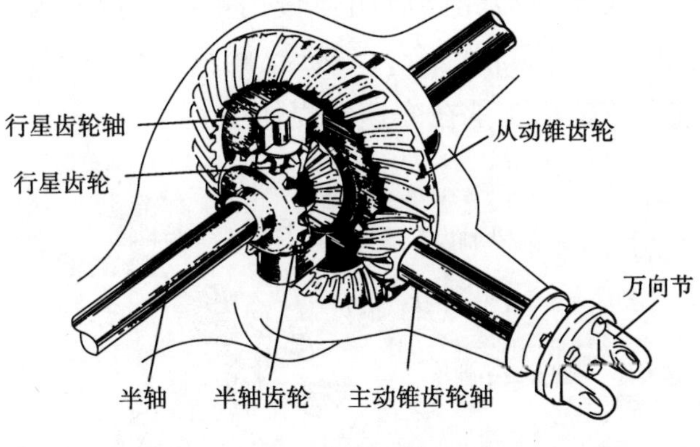

图 3-19　驱动桥的组成

3 驱动桥主要部件的结构

(1)主减速器。主减速器的功用是将发动机转矩传递给差速器;在动力的传动过程中要将转矩增大并相应降低转速;对于纵置发动机,还要将转矩的旋转方向改变 90°。

桑塔纳 2000 乘用车主减速器和差速器如图 3-20 所示，其传动比为 4.444。由于发动机纵向前置前轮驱动，整个传动系统都集中布置在汽车前部，因此其主减速器装于变速器壳体内，没有专门的主减速器壳体。由于省去了变速器到主减速器之间的万向传动装置，所以变速器输出轴即为主减速器主动轴。

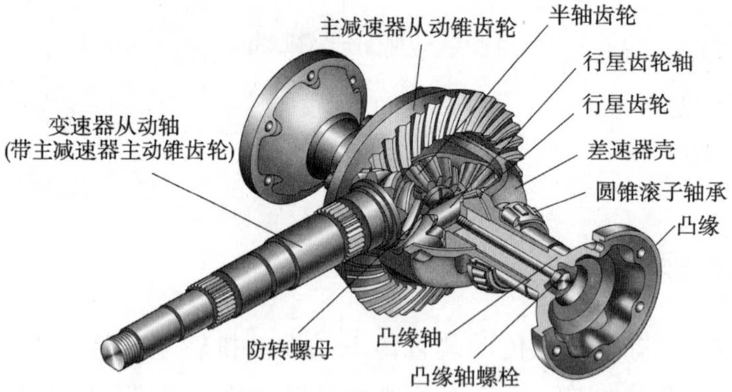

图 3-20　桑塔纳 2000 乘用车主减速器和差速器

（2）差速器。差速器的功用是将主减速器传来的动力传递给左、右两半轴，并在必要时允许左、右半轴以不同转速旋转，使左、右驱动车轮相对地面纯滚动而不是滑动。

应用最广泛的普通齿轮差速器为锥齿轮差速器。图 3-21 为桑塔纳 2000 乘用车差速器，它由差速器壳、行星齿轮轴、2 个行星齿轮、2 个半轴齿轮、球面垫片和垫圈等组成。行星齿轮轴装入差速器壳体后用弹簧销定位。行星齿轮和半轴齿轮的背面制成球面，与球面垫片和垫圈相配合，以减摩、耐磨。螺纹套用于紧固半轴齿轮。差速器通过一对圆锥滚子轴承支承在变速器壳体中。

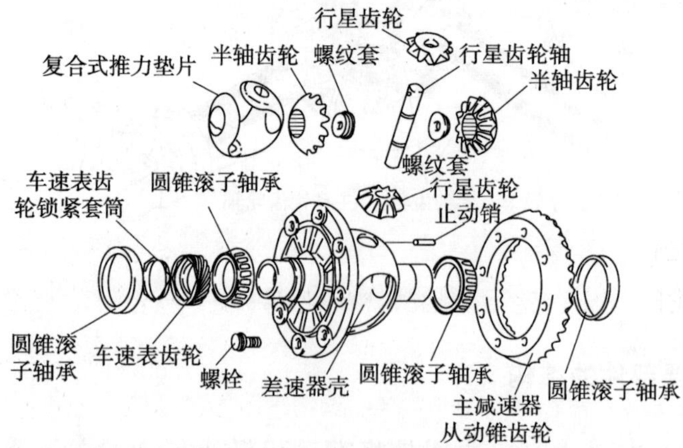

图 3-21　桑塔纳 2000 乘用车差速器

第二节　行驶系统

一 行驶系统概述

汽车行驶系统的主要功用是：①将传动系统传来的转矩转化为汽车行驶的驱动力；②支承汽车的总质量；③承受并传递路面作用于车轮上的力和力矩；④减少振动，缓和冲击，保证汽车的平稳行驶。

汽车行驶系统一般由车架（或车身）、悬架、车桥和车轮总成等组成，如图 3-22 所示。

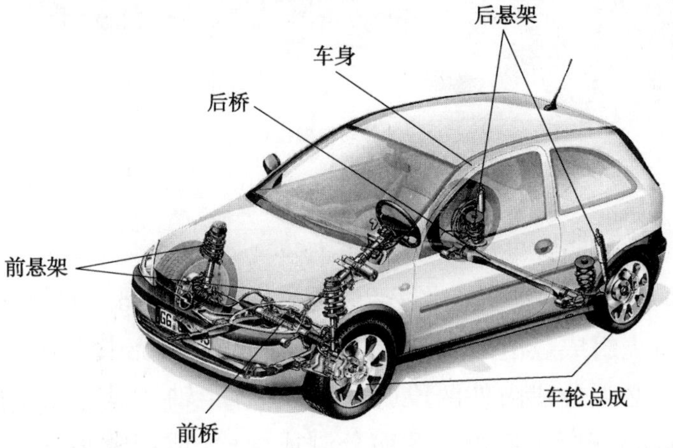

图 3-22　汽车行驶系统的组成

二 车桥及车轮定位

1 车桥

车桥位于悬架与车轮总成之间，其两端安装车轮总成，通过悬架与车架（或车身）相连，其功用是传递车架（或车身）与车轮总成之间各种载荷的作用。

按车桥上车轮的功用不同，车桥分为转向桥、驱动桥、转向驱动桥和支持桥，其中转向桥和支持桥都属于从动桥。只起支承作用的车桥称为支持桥，支持桥除不能转向外，其他功能和结构与转向桥相同。

（1）转向桥。转向桥通常位于汽车前部，故又称前桥。转向桥的功用是支承部分质量，安装前轮及前轮制动器，连接车架，承受车架与车轮总成之间的作用力及其产生的弯矩和转矩，同时还要使前轮偏转以实现转向。转向桥基本结构由前轴(前梁)、转向节、主销、轮毂等组成，如图3-23所示。

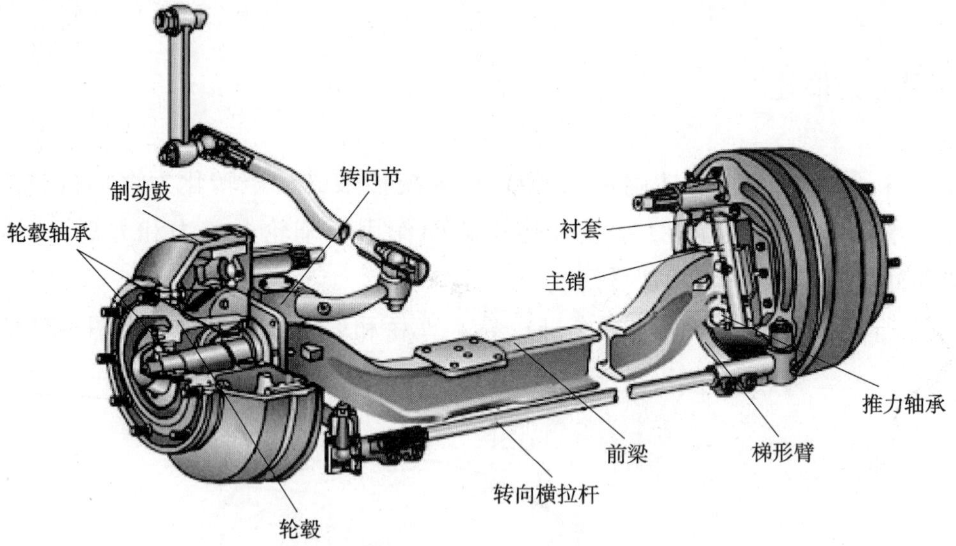

图3-23　汽车整体式转向桥结构

(2)转向驱动桥。转向驱动桥如图3-24所示，它同一般驱动桥一样，由主减速器、差速器、半轴和桥壳组成。但由于转向时转向车轮需要绕主销偏转一个角度，故与转向轮相连的半轴必须分成内外两段(内半轴和外半轴)，其间用万向节(一般多用等角速万向节)连接，同时主销也因此而分制成两段(或用球头销代替)。转向节轴颈部分做成中空的，以便外半轴穿过其中。

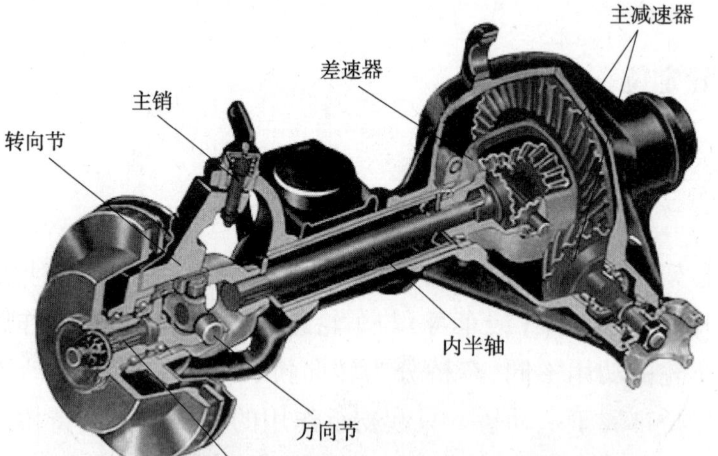

图3-24　转向驱动桥示意图

2 车轮定位

为了保证汽车直线行驶的稳定性和操纵的轻便性，减少轮胎和其他零件的磨损，转向轮、转向节和前轴三者与车架的安装应保持一定的相对位置关系，这种安装位置关系称为转向轮定位，也称前轮定位。转向轮定位包括主销后倾、主销内倾、前轮外倾及前轮前束 4 个参数。现以有主销的转向桥为例说明转向轮定位。

（1）主销后倾。主销安装在前轴上，其上端略向后倾斜，这种现象称为主销后倾。在垂直于汽车支承平面的纵向平面内，主销轴线与汽车支承平面垂线之间的夹角 γ 称为主销后倾角，如图 3-25 所示。

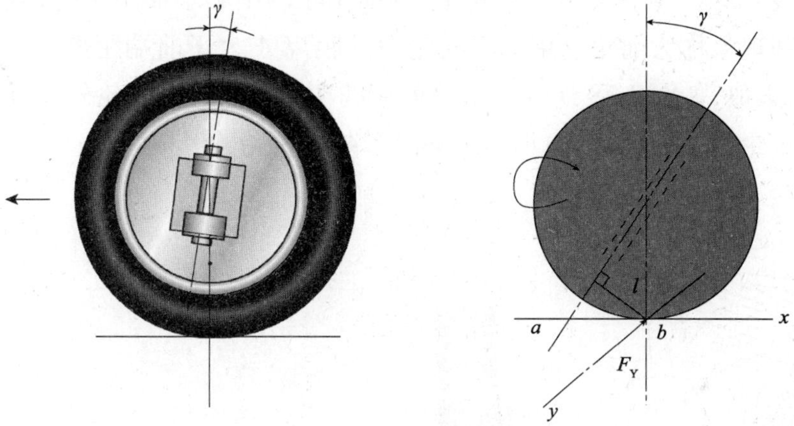

图 3-25　主销后倾

主销后倾的功用是形成回正力矩，保证汽车直线行驶的稳定性，并使汽车转向后回正操纵轻便。有些汽车由于采用超低压轮胎，弹性增加，转向时因轮胎弹性变形而使轮胎与路面的接触点后移，使回正力矩增加，故主销后倾角可以减小，甚至为负值（即主销前倾）。

（2）主销内倾。主销安装在前轴上，其上端略向内侧倾斜，这种现象称为主销内倾。在垂直于汽车支承平面的横向平面内，主销轴线与汽车支承平面垂线之间的夹角 β 称为主销内倾角，如图 3-26 所示。主销内倾的功用是使转向轮自动回正，并使转向操纵轻便。

（3）车轮外倾。转向轮安装在转向节上时，其旋转平面上端向外倾斜，这种现象称为转向车轮外倾。车轮旋转平面与垂直于车辆支承面的纵向平面之间的夹角 α 称为车轮外倾角，如图 3-27 所示。车轮外倾角的功用是提高车轮工作的安全性和转向操纵的轻便性。

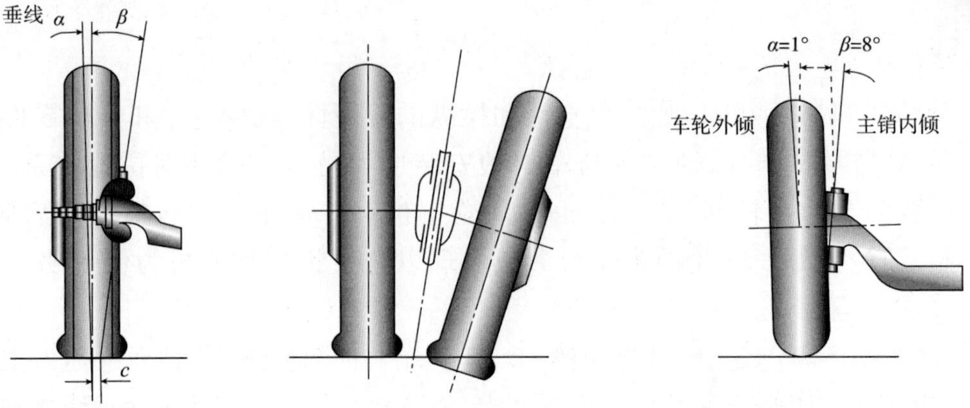

图 3-26　主销内倾及车轮外倾

（4）前轮前束。车轮安装在车桥上，两前车轮的中心平面不平行，其前端略向内侧收束，这种现象称为前轮前束。两前轮后端距离 A 大于前端距离 B，其差值 $A-B$ 称为前轮前束值，如图 3-28 所示。前轮前束的功用是消除因车轮外倾所造成的不良后果，保证车轮不向外滚动，防止车轮侧滑和减轻轮胎的磨损。

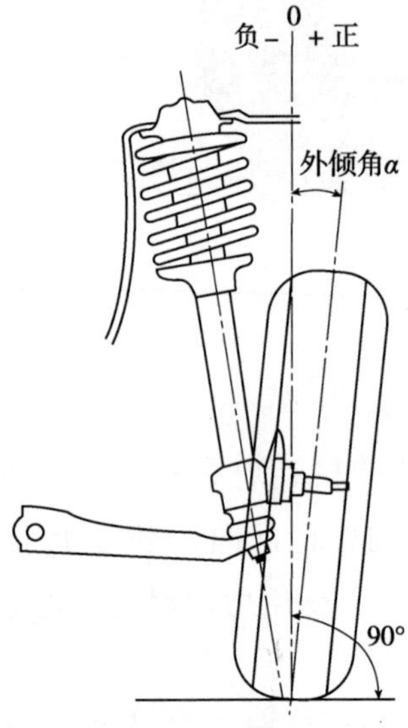

图 3-27　车轮外倾

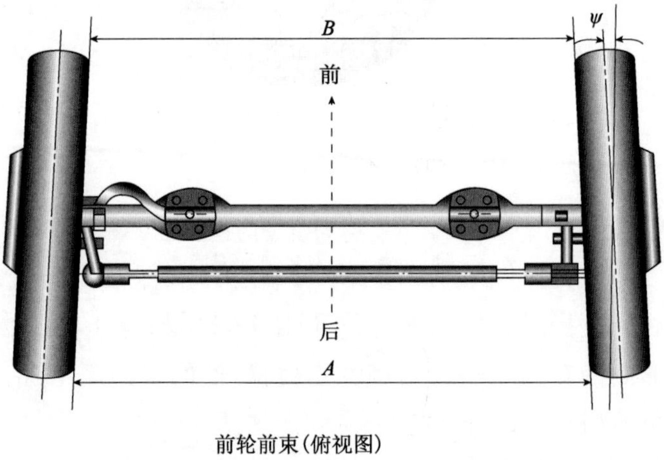

图 3-28　前轮前束

三 悬架

1 悬架的功用和分类

（1）悬架的功用。悬架是车架（或车身）与车桥（或车轮）之间一切传力连接装置的总称。悬架具有如下的功用：①连接车架（或车身）和车轮，把路面作用到车轮的各种力传递给车架（或车身）；②缓和冲击、衰减振动，使乘坐舒适，具有良好的平顺性；③保证汽车具有良好的操纵稳定性。

（2）悬架的分类。汽车悬架可分为两大类：非独立悬架和独立悬架，如图 3-29 所示。非独立悬架的特点是左右车轮安装在一根整体式车桥两端，车桥则通过悬架与车架相连，当一侧车轮发生位置变化后会导致另一侧车轮的位置也发生变化。独立悬架的结构特点是车桥做成断开的，每一侧车轮单独通过悬架与车架（或车身）连接，两侧车轮可以单独运动而互不影响，这样在不平道路上可减少车架和车身的振动，而且有助于消除转向轮不断偏摆的不良现象。

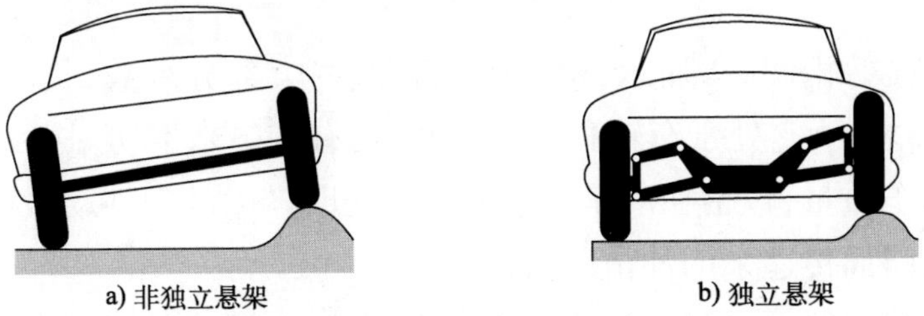

图 3-29　非独立悬架与独立悬架的示意图

2 悬架的结构

现代汽车的悬架虽有不同的结构形式，但一般都由弹性元件、减振器、导向机构等组成，乘用车一般还有横向稳定器。悬架的组成如图 3-30 所示。

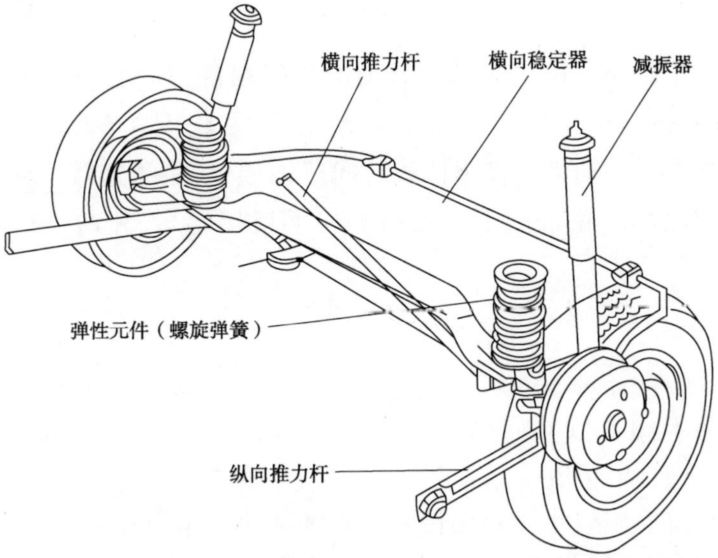

图 3-30　悬架的组成

弹性元件使车架(或车身)与车桥(或车轮)之间做弹性连接,可以缓和由于不平路面带来的冲击,并承受和传递垂直载荷。减振器可以衰减由于路面冲击产生的振动,使振动的振幅迅速减小。导向机构包括纵向推力杆和横向推力杆,用于传递纵向载荷和横向载荷,并保证车轮相对于车架(或车身)的运动关系。横向稳定器可以防止车身在转向等情况下发生过大的横向倾斜。

四 车轮与轮胎

1 概述

汽车车轮总成如图 3-31 所示,由车轮和轮胎两大部分组成,是汽车行驶系统中极其重要的部件之一,它处于车轴和地面之间,具有如下基本功用:

(1)支承整车质量,包括在汽车质量上下运动时产生的惯性动载荷;

(2)缓和由路面传递来的冲击载荷;

(3)通过轮胎和路面之间的附着作用,产生驱动和阻止汽车运动的外力,即为汽车提供驱动力和制动力;

(4)产生平衡汽车转向离心力的侧向力,以便顺利转向,并通过轮胎产生的自动回正力矩,使车轮具有保持直线行驶的能力;

(5)承担跨越障碍的作用,保证汽车的通过性。

2 车轮

车轮是介于轮胎和车桥之间承受载荷的旋转组件,其功用是安装轮胎,承受轮胎与车桥之间的各种载荷的作用。车轮一般由轮毂、轮辋和轮辐组成,如图 3-32 所示。轮毂通过圆锥滚子轴承装在车桥或转向节轴颈上,用于连接车轮与车桥。轮辋用于安装和固定轮胎。轮辐用于将轮毂和轮辋连接起来,并通过螺栓与轮毂连接起来。

3 轮胎

现代汽车都采用充气式轮胎,轮胎安装在轮辋上,直接与路面接触,它的功用是:

(1)支承汽车的质量,承受路面传来的各种载荷的作用;

(2)和汽车悬架共同来缓和汽车行驶中所受到的冲击,并衰减由此而产生的振动,以保证汽车有良好的乘坐舒适性和行驶平顺性;

(3)保证车轮和路面有良好的附着性,以提高汽车的动力性、制动性和通过性。

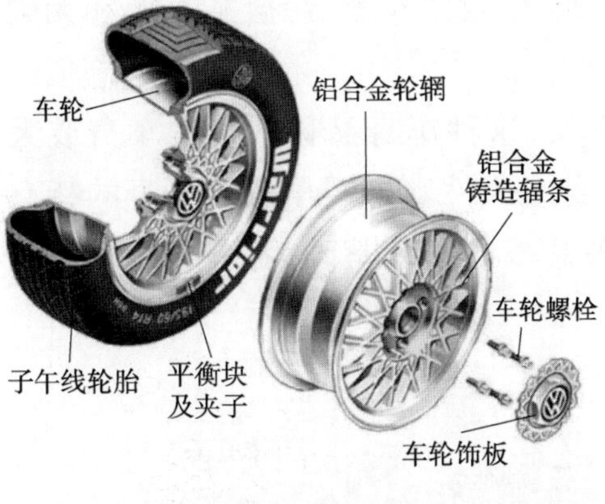

图 3-31　车轮总成

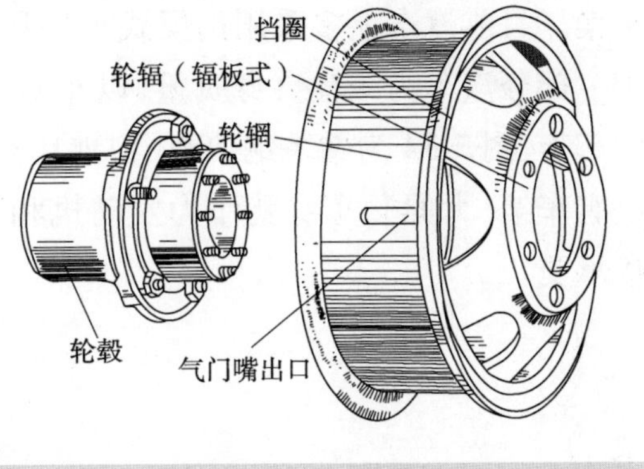

图 3-32　车轮的组成

充气轮胎按结构不同,可分为有内胎轮胎和无内胎轮胎两种,如图 3-33 所示。

有内胎轮胎由外胎、内胎和垫带等组成,使用时安装在汽车车轮的轮辋上。无内胎轮胎俗称真空胎,在外观上与普通轮胎相似,但是没有内胎及垫带。它的气门嘴用橡胶垫圈和螺母直接固定在轮辋上,空气直接充入外胎中,其密封性由外胎和轮辋来保证。

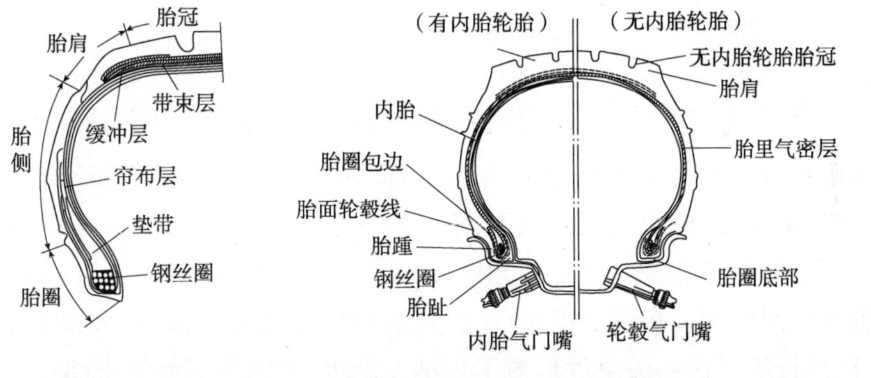

图 3-33　轮胎的结构

外胎是轮胎的主要组成部分,它是用耐磨橡胶以及帘线制成的强度较高而又有弹性的外壳,直接与地面接触来保护内胎,使其不受损伤,主要由胎面、胎圈和胎体等组成。

目前乘用车上应用的轮胎主要是低压(超低压)、无内胎的子午线轮胎。

五 车架

车架俗称大梁,它是跨接在前后车轮上的桥梁式结构,是构成整个汽车的骨架,是整个汽车的装配基体,汽车绝大多数的零部件、总成都要安装在车架上。

汽车上采用的车架有 4 种类型:边梁式车架、中梁式车架、综合式车架和无梁式车架。目前汽车上多采用边梁式车架和无梁式车架。

部分汽车为减轻自身质量,以车身代替车架,这种车身又称承载式车身或无梁式车架,图 3-34 为桑塔纳 2000 型乘用车的车身组成件。采用承载式车身的特点是没有车架(大梁),车身就作为发动机和底盘各总成的安装基础,各种载荷全部由车身承受。

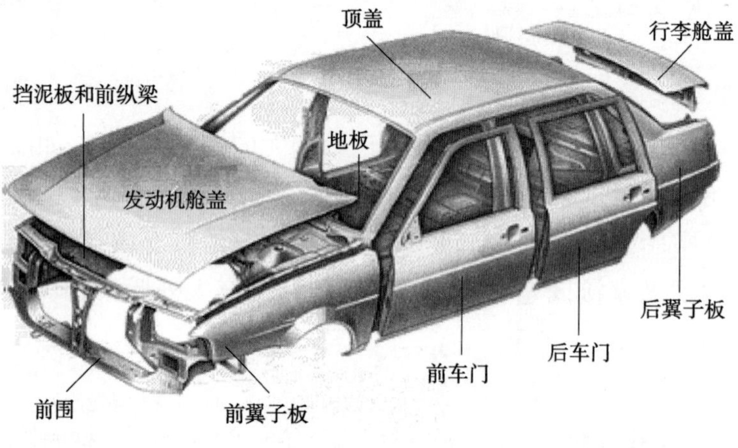

图 3-34　桑塔纳 2000 型乘用车车身组成件

乘用车车身总成结构主要包括:车身壳体、车门、车窗、车前后钣金件、车身内外装饰件、车身附件、座椅以及通风装置等。车身壳体是一切车身部件和零件的安装基础,是由纵、横梁支柱等主要承力元件,以及与它们相连接的钣金件经焊接而共同组成的刚性空间结构。车前后钣金件,包括散热器框架前后围板、发动机舱盖、前后翼子板、挡泥板等。这些钣金件形成了容纳发动机、车轮等部件的空间。

第三节　转向系统

一 转向系统概述

1 转向系统的功用

转向系统是指由驾驶人操纵,能实现转向轮偏转和回位的一套机构。转向系统的功用是按照驾驶人的意愿改变汽车的行驶方向和保持汽车稳定的直线行驶。

2 转向系统的分类及基本组成

汽车转向系统按转向动力源的不同分为机械转向系统和动力转向系统两大类。

机械转向系统以驾驶人的体力作转向动力源，系统的所有传动件都是机械的，如图 3-35 所示。

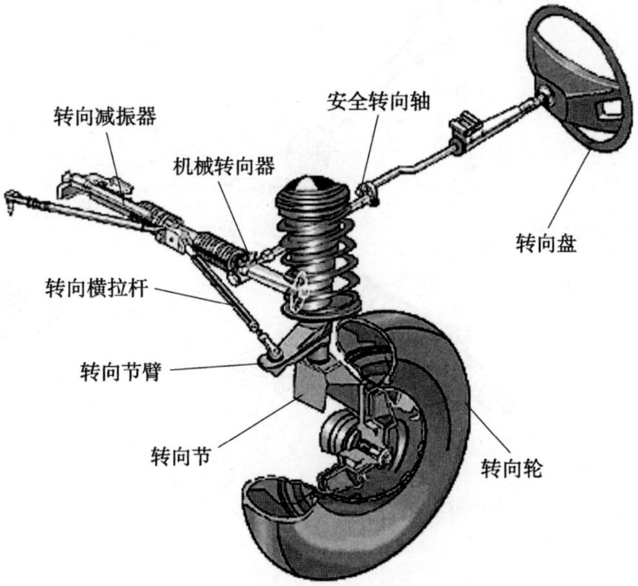

图 3-35　机械转向系统的组成

动力转向系统是兼用驾驶人体力和发动机的动力作为转向能源的转向系统。动力转向系统是在机械转向系统的基础上加设一套转向加力装置而形成的，如图 3-36 所示。

二 机械转向系统

汽车机械转向系统由转向操纵机构、机械转向器和转向传动机构组成。转向器是转向系统中的降速增矩的装置，其功用是增大由转向盘传递到转向节的力，并改变力的传递方向。常见的转向器有齿轮齿条式和循环球式等。

1 齿轮齿条式转向器

齿轮齿条式转向器分两端输出式和中间（或单端）输出式两种结构形式，如图 3-37所示。齿轮齿条式转向器采用一级传动副，主动件是齿轮，从动件是齿条。

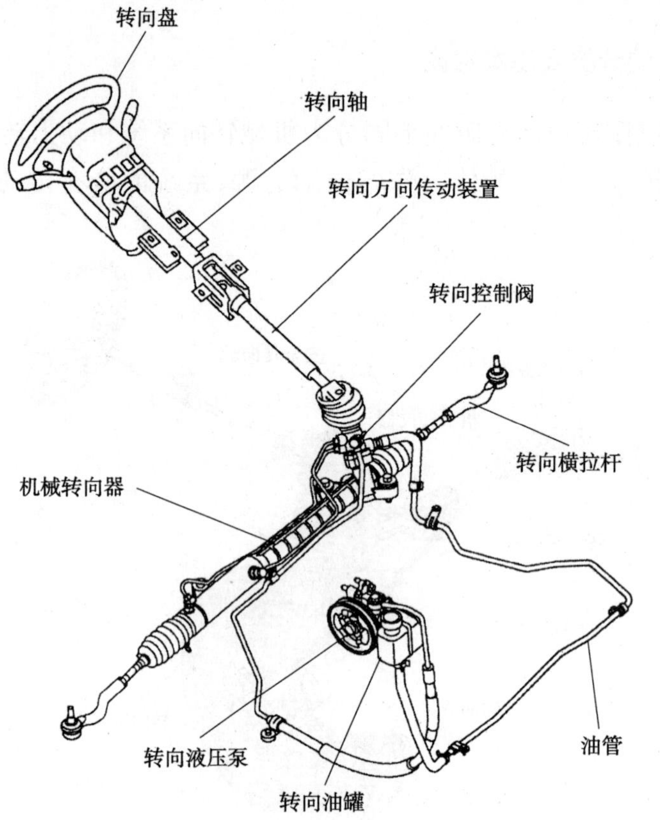

图 3-36　动力转向系统的组成

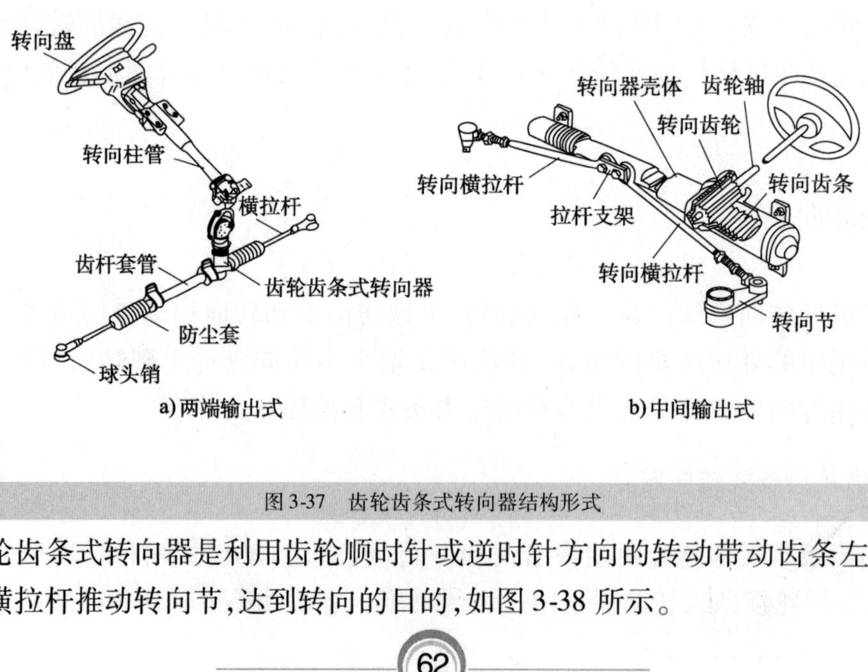

图 3-37　齿轮齿条式转向器结构形式

齿轮齿条式转向器是利用齿轮顺时针或逆时针方向的转动带动齿条左右移动，再通过横拉杆推动转向节，达到转向的目的，如图 3-38 所示。

2 循环球式转向器

循环球式转向器由侧盖、底盖、壳体、钢球、带齿扇的摇臂轴、圆锥轴承、制有齿形的螺母、转向螺杆等组成,如图 3-39 所示。

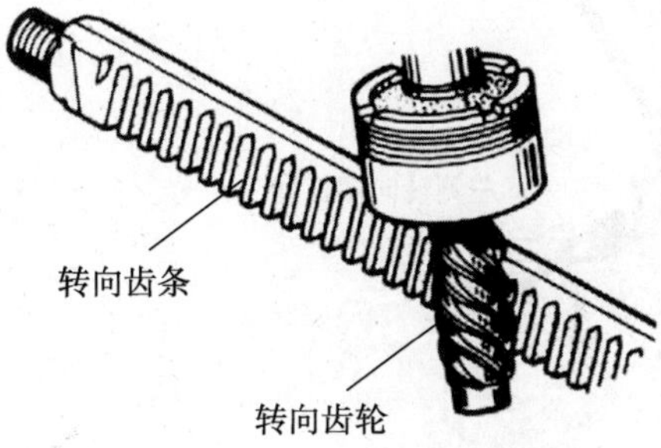

图 3-38　齿轮齿条传动原理

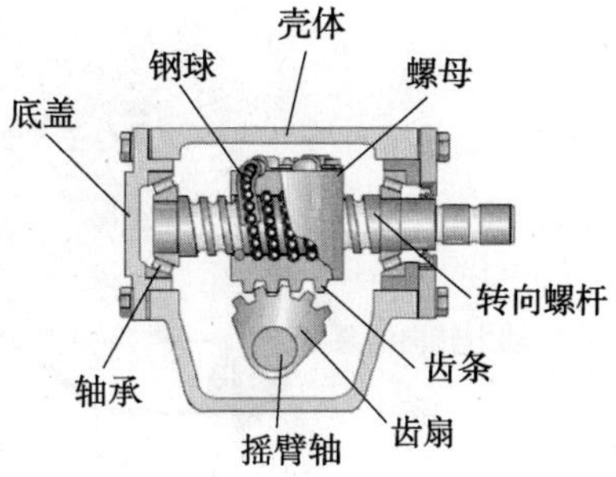

图 3-39　循环球式转向器

循环球式转向器采用两级传动副,第一级是转向螺杆与螺母,第二级是齿条与齿扇。循环球式转向器工作时,转向螺杆转动,在摩擦力的作用下,所有钢球在螺母与转向螺杆之间形成“球流”,并推动齿形螺母沿转向螺杆轴线前后移动,然后通过齿条带动齿扇摆动,并使摇臂轴旋转,带动摇臂摆动,最后由传动机构传至转向轮,使转向轮偏转以实现转向。

三 液压动力转向系统

液压动力转向系统由机械转向器、转向控制阀(转阀式)、转向动力缸以及将发动机输出的部分机械能转换为压力能的转向油泵、转向油罐等组成,图 3-40 所示为别克凯越乘用车的动力转向系统。转向油泵安装在发动机上,由曲轴通过 V 带驱动运转向外输出油压,转向油罐有进、出油管接头,通过油管分别和转向油泵和转向控制阀连接。动力转向器为整体式动力转向器,其转向控制阀用以改变油路。

四 电动式电子控制动力转向系统

电动式电子控制动力转向系统的基本组成如图 3-41 所示,主要由转矩传感器、转角传感器、车速传感器、电动机、电磁离合器、减速机构、电子控制单元等组成。

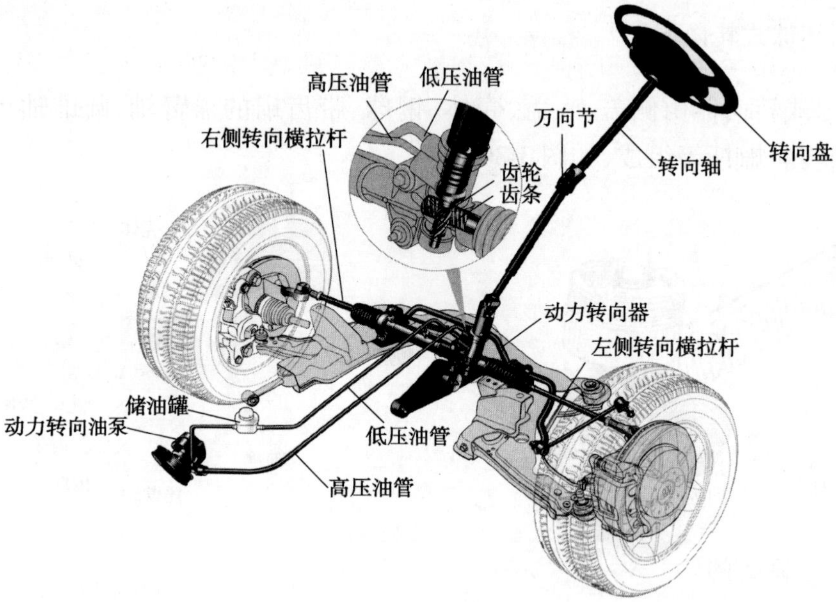

图 3-40　别克凯越乘用车液压动力转向系统

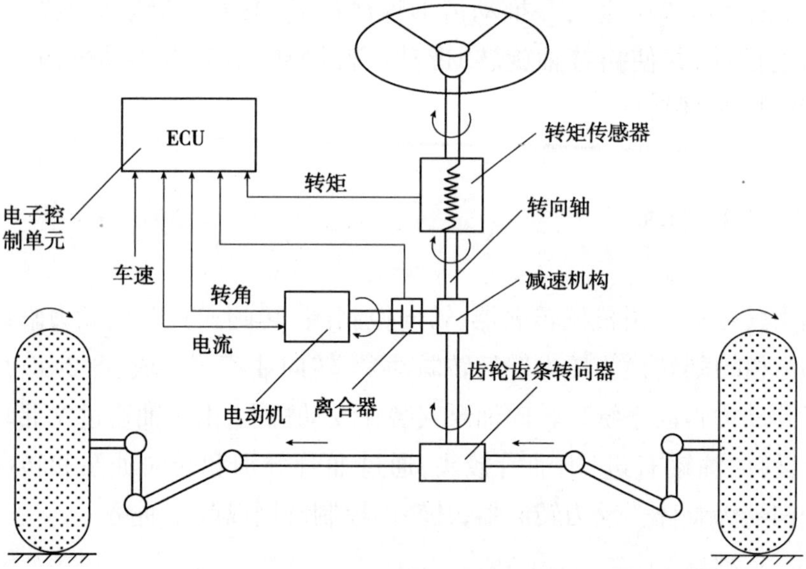

图 3-41　电动式电子控制动力转向系统的组成

电动式电子控制动力转向系统的基本原理是根据汽车行驶速度(车速传感器输出信号)、转矩及转向角信号,由 ECU 控制电动机及减速机构产生助力转矩,使汽车在低、中和高速下都能获得最佳的转向效果。

电动机连同离合器和减速齿轮一起，通过一个橡胶底座安装在左车架上。电动机的输出转矩由减速齿轮增大，并通过万向节、转向器中的助力小齿轮把输出转矩送至齿条，向转向轮提供转矩。ECU 根据各传感器的信号确定助力转矩的幅值和方向，并且直接控制驱动电路去驱动电动机。转矩传感器、转角传感器和汽车速度传感器等为助力转矩的信号源。

第四节 制动系统

一 制动系统概述

1 制动系统的功用

汽车制动系统的功用是：

(1)按照需要使汽车减速或在最短距离内停车；

(2)下坡行驶时保持车速稳定；

(3)使停驶的汽车可靠驻停。

2 制动系统的基本组成

汽车制动系统包括行车制动系统和驻车制动系统两大部分，如图 3-42 所示。行车制动系统用于使行驶中的车辆减速或停车，通常由驾驶人用脚操纵，一般包括制动踏板、制动主缸、制动轮缸、制动管路、车轮制动器等；驻车制动系统用于使停驶的汽车驻留原地，通常由驾驶人用手操纵，一般包括制动手柄、拉索(或拉杆)、制动器。另外，较为完善的制动系统还包括制动力调节装置以及报警装置、压力保护装置等。

3 制动系统的工作原理

行车制动系统的基本结构如图 3-43 所示，其工作原理是将汽车的动能通过摩擦转换成热能，并释放到大气中。制动时，踩下制动踏板，制动主缸向各制动轮缸供油，活塞在油压的作用下把摩擦材料压向制动盘实现制动。

4 制动液

汽车制动液是汽车液压制动系统的工作介质，现代汽车的制动液多为合成型制动液，按照合成原料的不同分为醇醚型和酯型两种。

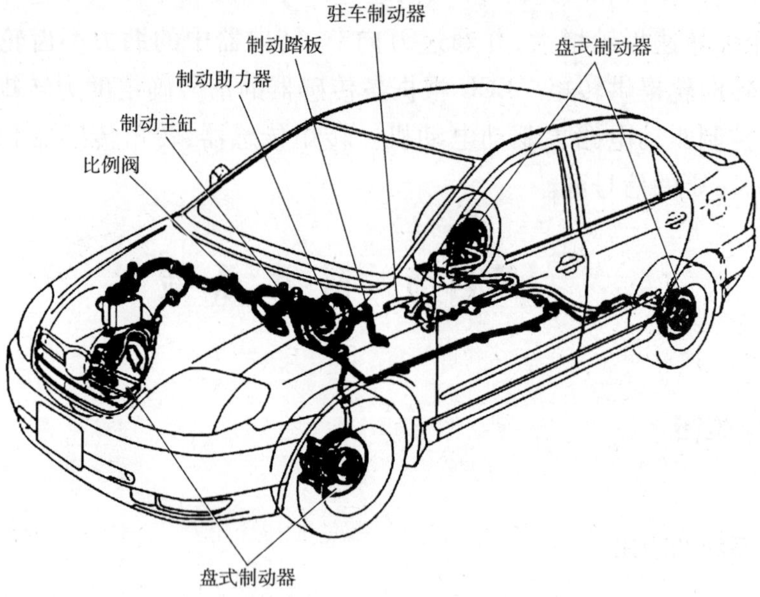

图 3-42　制动系统在汽车上的位置

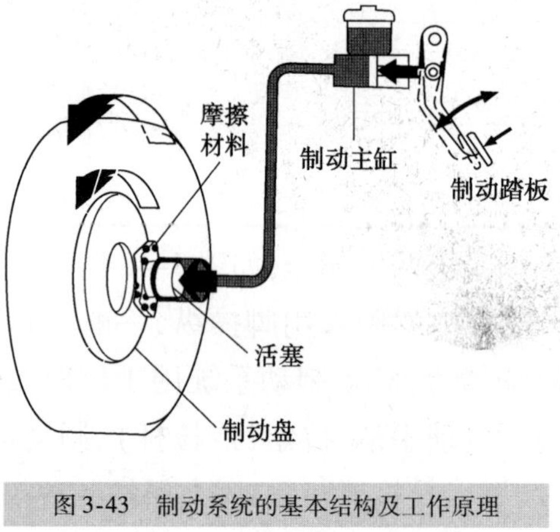

图 3-43　制动系统的基本结构及工作原理

醇醚型制动液是以乙二醇醚为基础添加了聚乙二醇、乙二醇等石油化学制品，因此黏度低，沸点高。常用的进口制动液规格有 DOT3、DOT4 和 DOT5.1。DOT 是美国汽车安全标准规定标称，其数字越大，级别越高。另外，各厂商有不同品牌制动液，在质量和功能上基本没有大的差别。选择制动液时，应按照汽车使用说明书要求选用，重要的是按照行驶条件进行选择。行驶条件越苛刻，选用的制动液规格应越高。

上海桑塔纳 2000 系列乘用车制动液规格为：NO52 766 XO，更换周期为：每 24 个月或行驶 50 000km；别克凯越（1.6L）乘用车制动液规格为：DOT4，更换周期为：每 18 个月或行驶 30 000km；卡罗拉（1.6L）乘用车制动液规格为：SAE J1703 或 FMVSS 116 号 DOT3，更换周期为：每 24 个月或行驶 40 000km。

二 车轮制动器

车轮制动器由旋转元件和固定元件两大部分组成。旋转元件与车轮相连接，固定元件与车桥相连接。利用旋转元件和固定元件之间的摩擦,产生制动器制动力。

图 3-44 所示为常用的盘式和鼓式车轮制动器制动原理示意图。当制动摩擦块或制动蹄摩擦片压紧旋转的制动盘或制动鼓时,两者接触面之间产生摩擦,通过摩擦将汽车的动能转变为热能,并将热量散发到空气中,最终使车辆减速以至停车。

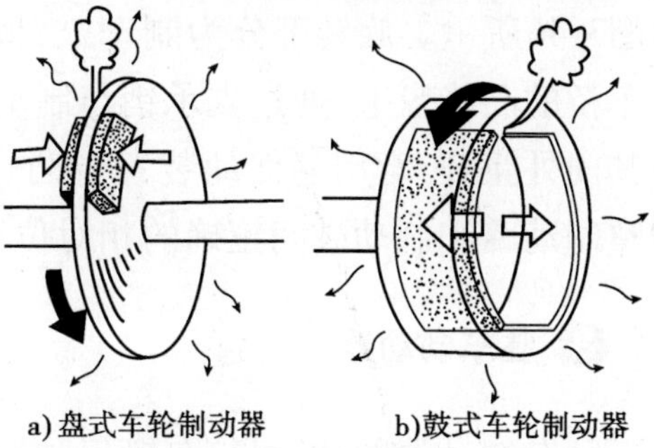

图 3-44 车轮制动器原理示意图

1 盘式车轮制动器

盘式车轮制动器根据其固定元件的结构形式可分为钳盘式车轮制动器和全盘式车轮制动器。钳盘式车轮制动器广泛应用在乘用车或轻型商用车上,近年来前后轮都采用钳盘式车轮制动器的结构日渐增多。

钳盘式车轮制动器按制动钳固定在支架上的结构形式可分为:定钳盘式和浮钳盘式,如图 3-45 所示。

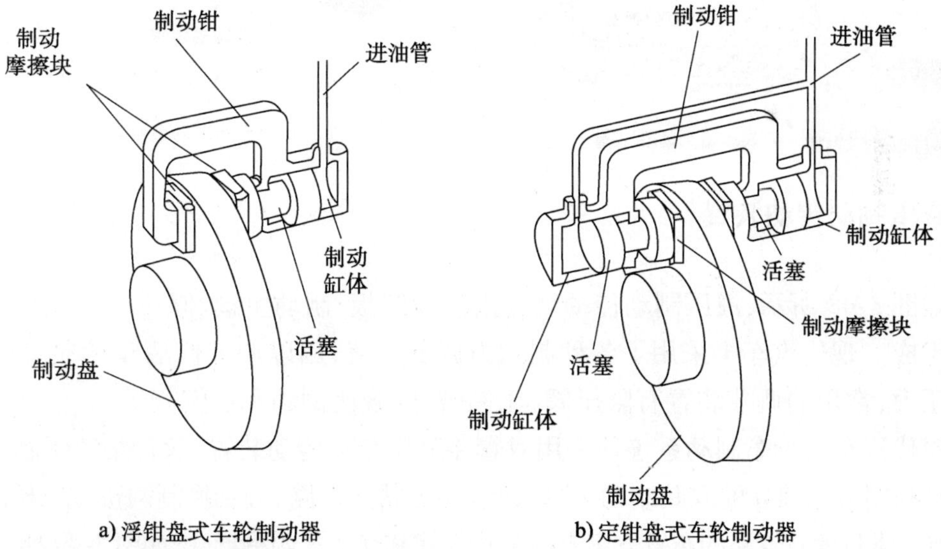

图 3-45 钳盘式车轮制动器的结构

2 鼓式车轮制动器

简单的鼓式车轮制动器由旋转部分、固定部分、促动装置和间隙调整装置组成,如图3-46所示。旋转部分为制动鼓;固定部分是制动底板和制动蹄,制动底板固装在车桥的凸缘盘上,通过支承销与制动蹄相连;促动装置的功用是对制动蹄施加力,使其向外张开,常用的促动装置有凸轮或制动轮缸;间隙调整装置的功用是保持和调整制动蹄和制动鼓间正确的相对位置。

3 驻车制动器

驻车制动器的功用是:车辆停驶后防止滑溜;使车辆在坡道上能顺利起步;行车制动系统失效后,临时使用或配合行车制动器进行紧急制动。

驻车制动系统主要由驻车制动杆、制动拉索及后轮制动器中的驻车制动器等组成,如图3-47所示,它作用于后轮,主要是在坡路或平路上停车时使用或在紧迫情况下作紧急制动。

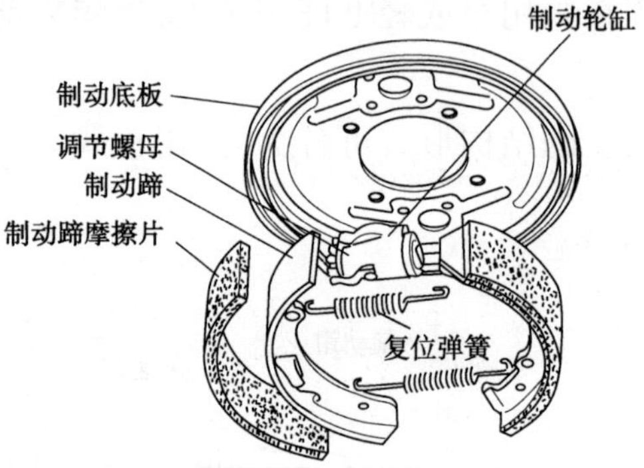

图3-46　鼓式车轮制动器结构

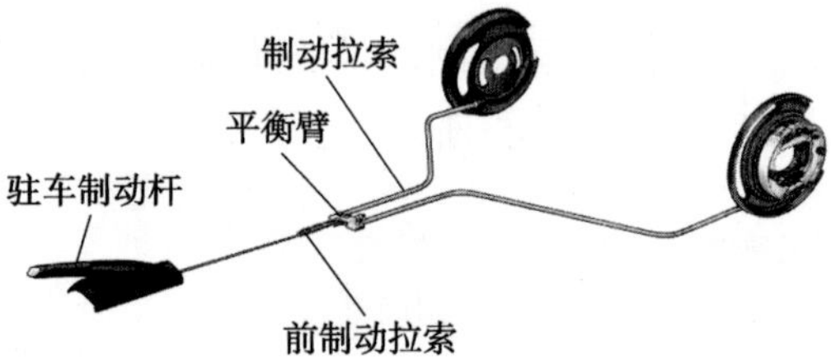

图3-47　驻车制动系统

三 液压制动传动装置

如图3-48所示,液压制动传动装置由制动踏板、制动主缸、储液罐、制动轮缸、油管等组成。现代汽车上采用了各种制动力调节装置,用以调节前后车轮制动管路的工作压力,常用的调节装置有限压阀、比例阀、感载比例阀和惯性阀等。

现代汽车的行车制动系统须采用双管路液压制动传动装置,双管路液压制动传动装置是利用彼此独立的双腔制动主缸,通过两套独立管路,分别控制两桥或三桥的车轮制动器。常见的双管路的布置方案有前后独立式和交叉式两种形式,如图3-49所示。

四 汽车防抱死制动系统(ABS)

汽车防抱死制动系统ABS(Anti-locked Braking System)是一种安全控制制动系统,ABS既有普通制动系统的制动功能,又能防止车轮制动抱死。

紧急制动时,制动力过大使轮胎抱死后滑动,制动距离变长且汽车不受控制。防抱死制动系统可使汽车在制动过程中车轮滑移率保持在20%左右,此时轮胎处于边滚边滑状态,制动力最大,保证了汽车的方向稳定性,防止产生侧滑和跑偏。

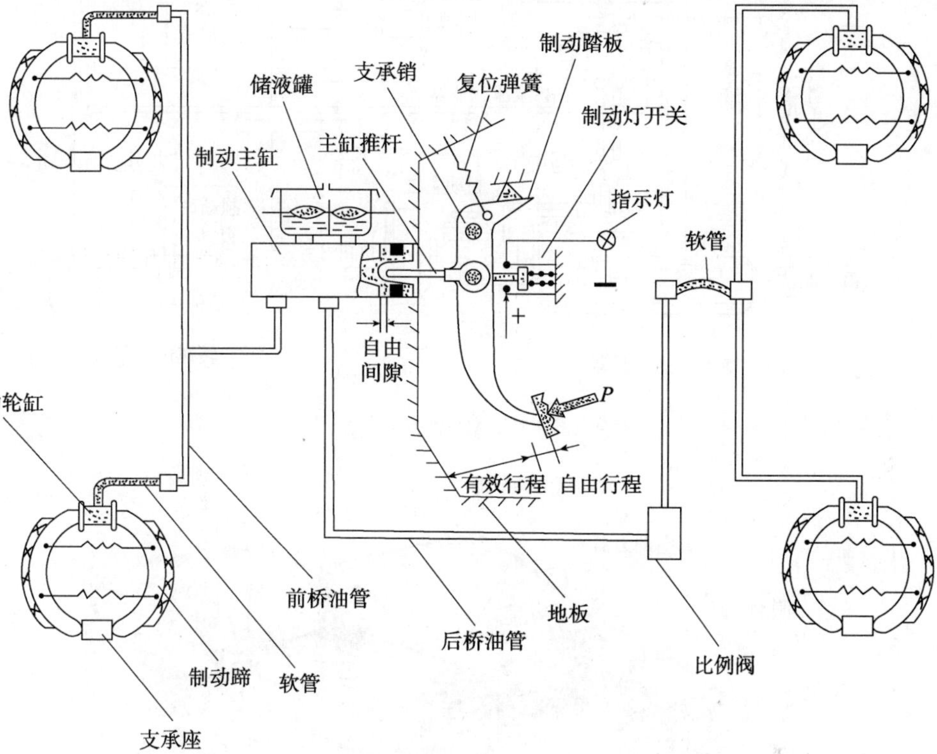

图3-48 液压制动传动装置的组成

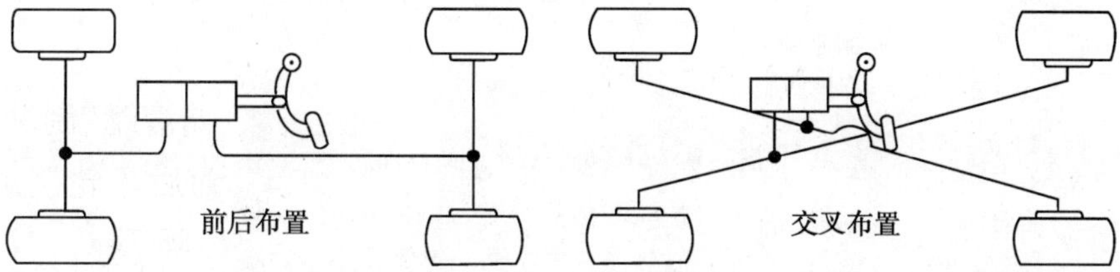

图3-49 制动管路的布置

ABS的基本组成如图3-50所示,ABS通常由轮速传感器、制动压力调节器、电子控制单元(ECU)和ABS警示装置等组成。

汽车制动时,轮速传感器将各车轮的转速信号输入ECU;ECU根据每个车轮轮速传感器输入的信号对车轮的运动状态进行监测和判定,并形成响应的控制指令,再适时发出控制指令给制动压力调节器;制动压力调节器对各制动轮缸的制动压力进行调节,防止制动车轮抱死。图3-51为ABS部件在车上的位置。

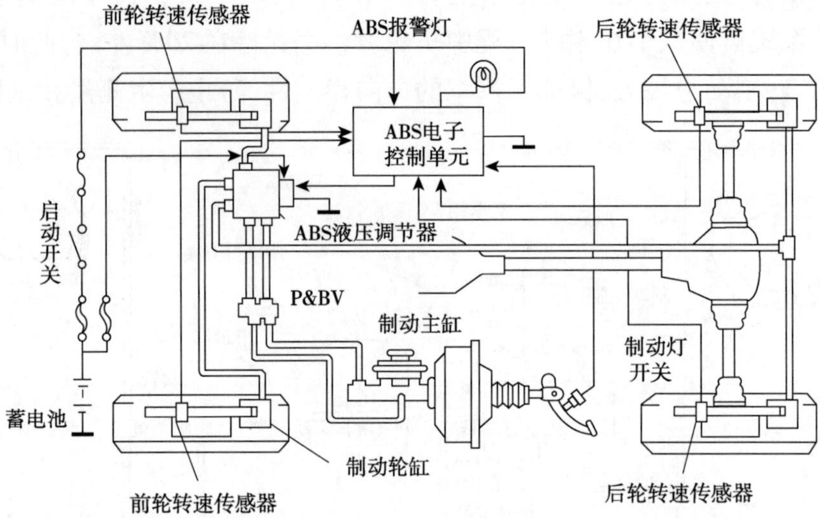

图 3-50　ABS 的基本组成

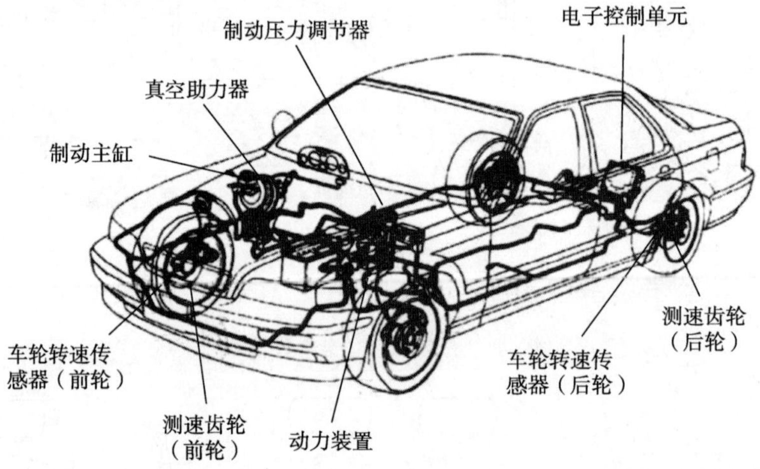

图 3-51　ABS 部件在车上的位置

第四章 Chapter 4

汽车电气设备基础知识

知识目标

1. 掌握汽车电气设备的组成及功用；
2. 掌握发动机电气设备的功用和组成以及各部件的作用；
3. 掌握照明与信号系统的功用和组成以及各部件的作用；
4. 掌握刮水器和洗涤器系统的功用和组成以及各部件的作用；
5. 掌握组合仪表与报警装置的功用和组成以及各部件的作用；
6. 掌握空调系统的功用及组成以及各部件的作用。

第一节 发动机电气设备

发动机电气设备由蓄电池、充电系统、起动系统和发动机点火系统等组成。

一 蓄电池

汽车蓄电池是一种储能装置，是低压直流电源，它并不是直接储存电能，而是将电能转变成化学能储存起来，当蓄电池连接外部电路时，化学能才变成电能，从蓄电池的正极流出经导线到负荷，再经导线流回蓄电池负极完成回路放电。

当发动机运转时，使用小部分动力驱动发电机以产生电能，再充入蓄电池，把电能变成化学能储存。现代汽车一般使用12V的蓄电池，大型柴油车则常用两个12V蓄电池串联而成24V系统。

汽车蓄电池的功用如下：

(1)起动发动机时供给起动机旋转发动机所需的大量电流；

(2)当发电机发出的电压低于蓄电池电压时或发电机不工作时，供给全车电器所需的电流；

(3)当汽车上电器的用电量超过发电机的输出量时，帮助发电机提供电器所需的电流；

(4)平衡汽车电气系统的电压，不使电压过高或过低。

蓄电池的结构如图4-1所示，由壳体、盖板、极板组、隔板与极柱等组成。蓄电池中的电解液为稀硫酸($H_2SO_4 + H_2O$)。

二 充电系统

1 充电系统的功用和组成

起动发动机时需利用蓄电池供应起动机及点火系统等各种电器所需的电流，发动机起动后，必须由充电系统来提供点火系统及其他电器的用电，并补充蓄电池在起动发动机时所消耗的电能，这样发动机才能维持运转，熄火后才能再起动。

充电系统就是将发动机一部分机械能转变为电能的装置。充电系统最重要的部件是产生电能的发电机，其次为控制发电机最高输出电压的调节器，另外还需有指示充电系统工作是否正常的指示灯或电流表，以及连接各电器间的导线等，如图4-2所示。

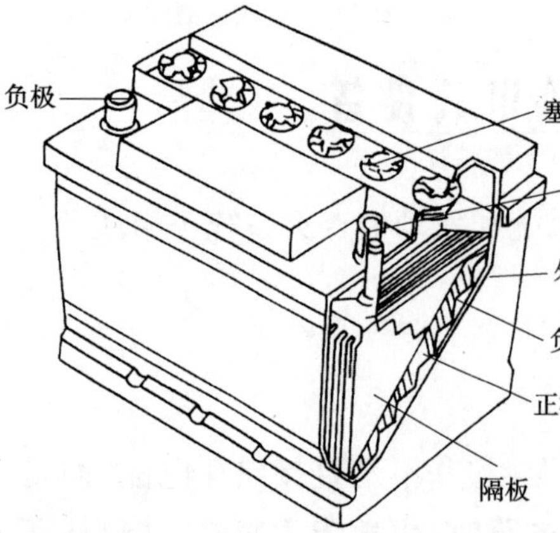

图4-1 蓄电池的结构

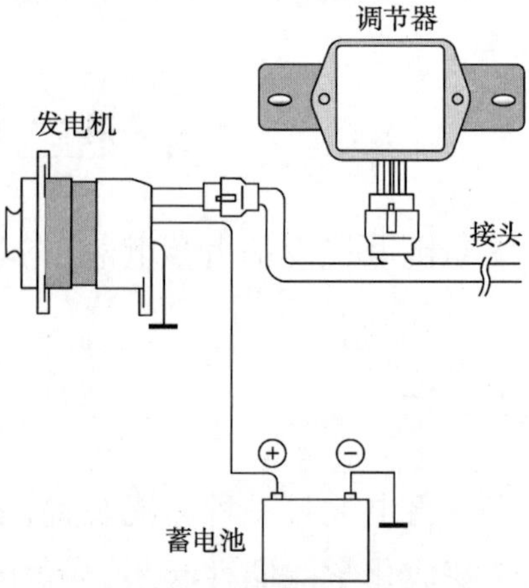

图4-2 充电系统的组成

交流发电机的功能：

（1）在车辆行驶时，供应点火系统、空调、音响及其他电器用电；

（2）补充蓄电池在起动时损耗的电能（即对蓄电池充电）。

2 交流发电机的结构

交流发电机如图4-3所示，由定子、转子、整流器、前端盖、电刷、后端盖和风扇等所组成。图4-3所示的交流发电机采用集成式电压调节器（IC）。

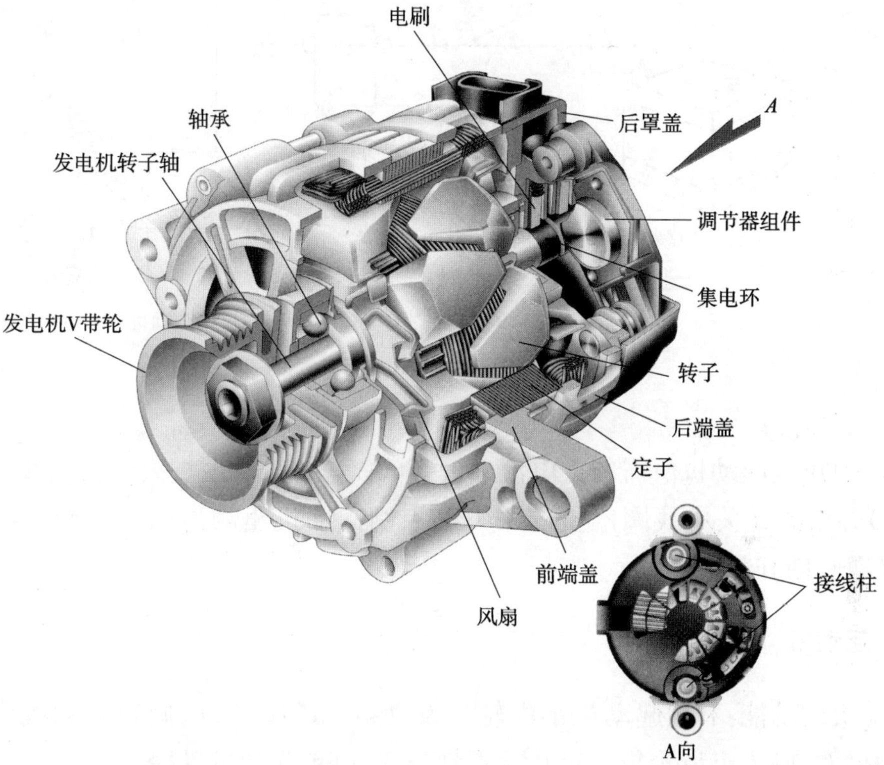

图4-3　交流发电机的结构

三 起动系统

1 起动系统的功用和组成

汽油发动机或柴油发动机正常工作都必须经“进气→压缩→做功→排气”四个行程，因此开始起动发动机完成进气行程和压缩行程必须先靠外力摇转曲轴，常用的外力有人力和电力两种，人力起动简单，但不方便，劳动强度大，目前只有在部分汽车上作为后备方式而保留着。电力起动操作方便，起动迅速可靠，重复能力强，所以在现代汽车上被广泛应用。

汽车的起动系统是由蓄电池、点火开关、电磁开关、起动机和导线等元件组成。图4-4为起动系统的示意图，实线部分为起动机电路，虚线部分为启动开关控制电路。

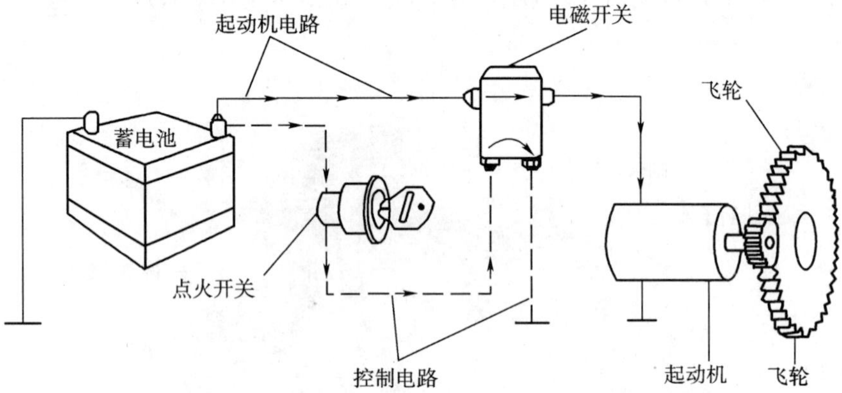

图4-4　起动系统示意图

蓄电池供应起动机所需的大电流（50～300A），一般使用点火开关以较小的电流（3～5A）经电磁开关中线圈产生的磁力来控制起动机驱动齿轮与飞轮的接合与分离，即接通和断开起动电路。

2 起动机

起动机的功能：利用起动机小齿轮与发动机飞轮啮合，以旋转发动机使其能起动；发动机发动后，小齿轮与飞轮必须立刻分离，以免起动机受损。

起动机是起动系统中的主要组成部分，起动机由直流串励式电动机、离合机构和控制装置组成，如图4-5所示。

3 点火开关

汽车的点火开关装在转向柱上，通常有5个挡位担任不同的工作，如图4-6所示。

（1）锁止（LOCK）。钥匙在此位置才能拔出，也在此位置锁住转向盘轴，以防汽车无钥匙被移动或被开走。

（2）关闭（OFF）。在此位置全车电路不通，但转向盘可以转动，以便不起动发动

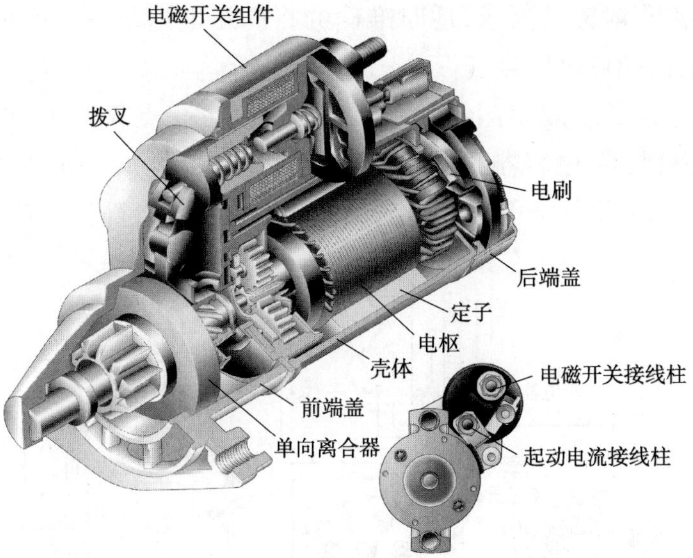

图 4-5　起动机的结构

机移动汽车使用。

（3）附件（ACC）。在此位置汽车附属电器的电路接通，如点烟器、收音机等，但点火系统不通。不起动发动机听收音机时应开在此位置。

（4）运转（ON）。在此位置时点火系统及汽车各电器均接通，一般汽车行驶均在此位置。

（5）起动（START）。由运转位置顺时针方向扭转钥匙即为起动位置，手放松时，钥匙又可回到运转（ON）位置。在起动位置，点火系统及起动系统接通以起动发动机。

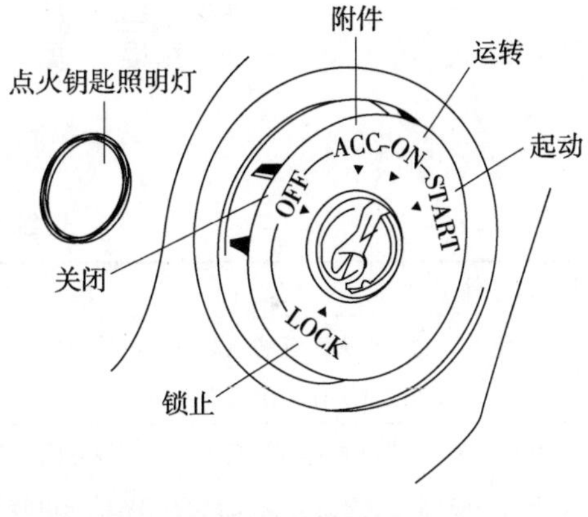

图 4-6　点火开关的位置

四 点火系统

按点火方式的不同，点火系统可分为传统点火系统、电子点火系统和计算机控制点火系统。

1 传统点火系统

点火系统的功用是将汽车电源提供的低压电转变为高压电，并按照发动机各缸的点火顺序和点火时刻的要求，适时准确的将高压电送至各缸的火花塞，使火花塞跳火，点燃汽缸内的可燃混合气。

传统点火系统的组成如图4-7所示，主要由电源、点火开关、点火线圈、分电器（包括断电器、配电器、电容器和点火提前角调节装置等）、火花塞、附加电阻及附加电阻短接装置、高低压导线等部件组成。传统点火系统各部件的功用见表4-1。

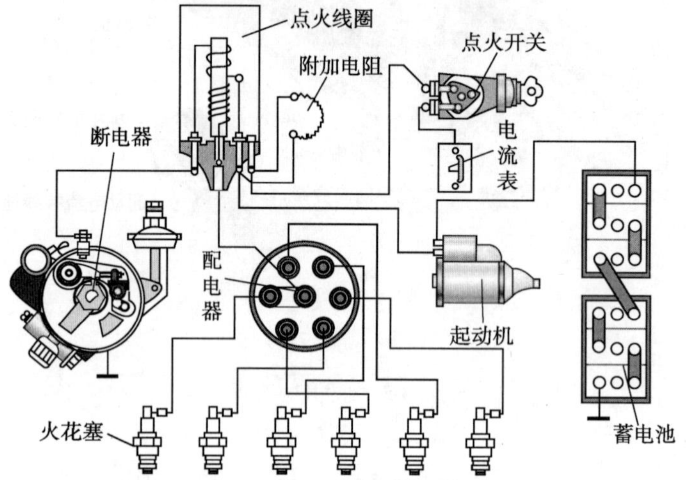

图4-7　传统点火系统的组成

传统点火系统各部件的功用　　表4-1

部　件	功　　用
电源	点火系统的电源是蓄电池或发电机，功用是供给点火系统所需的电能。发动机起动时由蓄电池供电，正常工作时由发电机供电
点火开关	接通或断开点火系统初级电路，控制发动机起动、工作和熄火
点火线圈	将汽车电源提供的12V低压电转变成能击穿火花塞电极间隙的15～20kV的高压直流电
分电器	分电器由断电器、配电器、点火提前角调节装置和电容器等组成，其功用是接通和断开点火线圈初级电路，使点火线圈次级电路产生高压电，并按发动机点火顺序将高压电分送到各汽缸火花塞，随发动机转速、负荷和燃油牌号的变化，自动或人为地调节点火提前角。电容器与断电触点并联，以减小触点分开时的火花，延长触点使用寿命
高压导线	用以连接点火线圈与分电器中心插孔以及分电器旁电极和各缸火花塞
火花塞	将高压电引入汽缸燃烧室，产生电火花点燃可燃混合气
附加电阻	改善正常工作时的点火性能和起动时的点火性能

2 电子点火系统

根据信号发生器的原理，电子点火系统可分为磁感应式电子点火系统、霍尔式电子点火系统和光电式电子点火系统。

（1）磁感应式电子点火系统。磁感应式电子点火系统又称磁脉冲式电子点火系统，由磁感应式分电器（内装磁感应式点火信号发生器）、点火控制器、专用点火线圈、火花塞等部件组成，如图4-8所示。

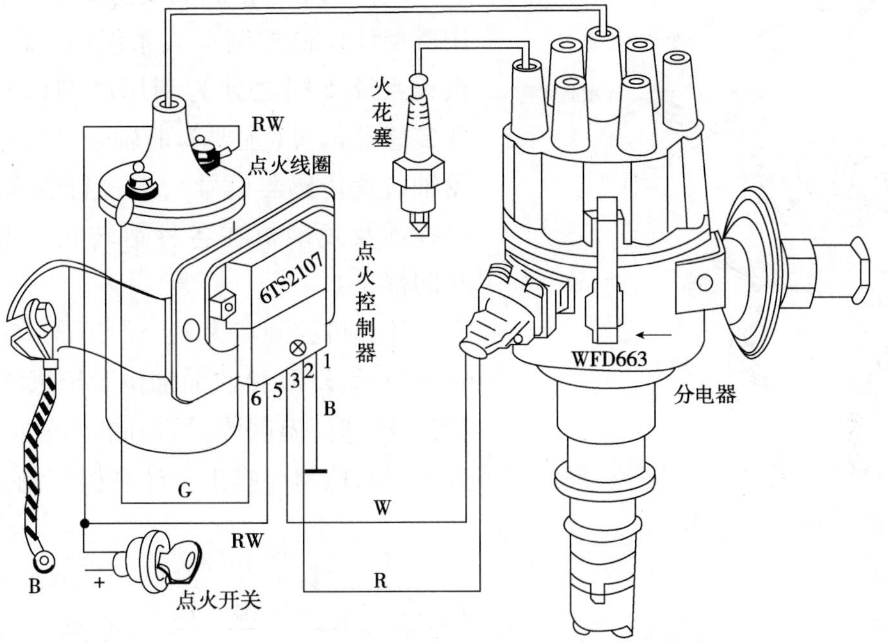

图4-8　磁感应式电子点火系统

（2）霍尔式电子点火系统。霍尔式电子点火系统利用霍尔元件的霍效应产生点火信号，通过点火控制器控制点火线圈的通、断。霍尔式电子点火系统由分电器、霍尔点火信号发生器、点火控制器、高能点火线圈、高压线、火花塞等组成，如图4-9所示。

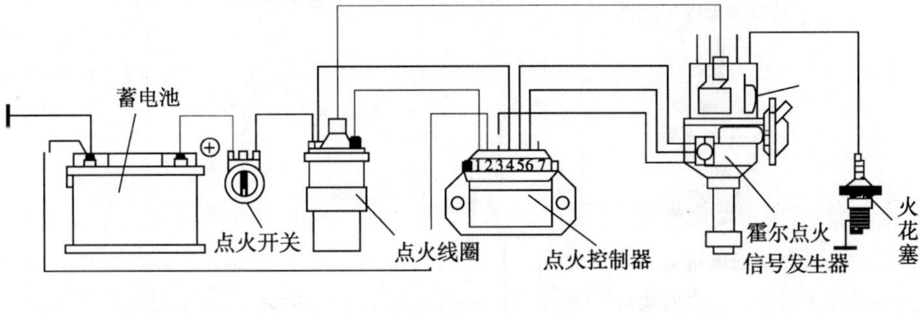

图4-9　霍尔式电子点火系的组成

（3）光电式电子点火系统。光电式电子点火系统在分电器内装有遮光盘、光触发器和放大器。光电式电子点火系统的核心元件是光电式信号发生器，主要由光源

(发光二极管)、光接收器(光敏晶体管)和遮光盘构成,如图 4-10 所示。

3 计算机控制点火系统

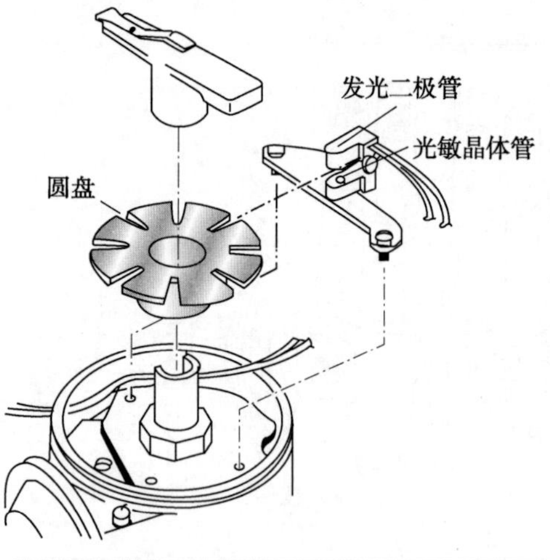

图 4-10　光电式信号发生器的结构

现代汽车电控燃油喷射式发动机均已采用微型计算机控制点火系统(ESA),与电子点火系统不同之处为利用微型计算机接收各传感器信号(主要为曲轴位置传感器或凸轮轴位置传感器信号),以进行点火正时、点火提前及发动机在各种运转状况时的点火时间修正。

计算机控制点火系统的组成示意图如图 4-11 所示,ECU 接收曲轴位置传感器、空气流量计、冷却液温度传感器等的信号,以进行点火时间的控制与修正。计算机控制点火系统各部件的功用见表 4-2。

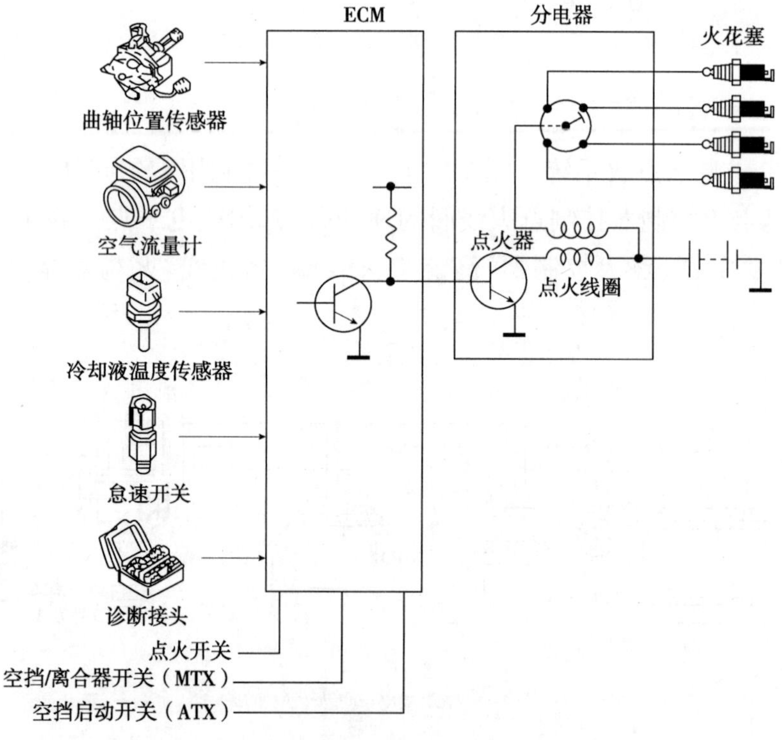

图 4-11　计算机控制点火系统的组成示意图

计算机控制点火系统的组成及功用　　表 4-2

部　件		功　用
传感器	空气流量计	检测进气量(负荷)信号输入 ECU,点火系统的主控制信号
	进气歧管绝对压力传感器	
	曲轴位置传感器	检测曲轴转角(转速)信号输入 ECU,点火系统的主控制信号
	凸轮轴位置传感器	检测凸轮轴转角信号输入 ECU,点火系统的主控制信号
	节气门位置传感器	检测节气门开度信号输入 ECU,点火提前角的修正信号
	冷却液温度传感器	检测冷却液温度信号输入 ECU,点火提前角的修正信号
	启动开关	向 ECU 输入发动机正在起动中的信号,点火提前角的修正信号
	空调开关(A/C)	向 ECU 输入空调的工作信号,点火提前角的修正信号
	进气温度传感器	检测进气温度信号输入 ECU,点火提前角的修正信号
	空挡启动开关	检测自动变速器 P 挡或 N 挡信号输入 ECU,点火系统的修正信号
	爆震传感器	检测发动机的爆震信号输入 ECU,点火提前角的修正信号
	发动机负荷信号	检测发动机的负荷信号输入 ECU,点火提前角的修正信号
执行器	点火控制器	根据 ECU 输出的点火控制信号控制点火线圈初级电路的通断,产生次级高压,同时,向 ECU 反馈点火确认信号
ECU		根据各传感器输入的信号,计算出最佳的点火提前角,并将点火控制信号输送给点火控制器

第二节　照明与信号系统

一　照明系统

为了保证汽车行驶安全,现代汽车上都装备照明与信号系统,如图 4-12 所示。照明系统用于提供车辆夜间安全行驶必要的照明,包括车外照明和车内照明等,信号系统用于提供安全行车所必需的灯光信号。

1　前照灯

前照灯又称前大灯或头灯,装于汽车头部两侧,用于夜间行车时的道路照明,灯光为白色,功率一般为 30 ~ 60W。前照灯包括远光灯和近光灯两种(图 4-13),远光灯用于保证车前有明亮而均匀的照明，使驾驶人能辨明100m以内道路上的任何障碍物；近光灯在会车和市区内使用，用于保证夜间车前50m内的路面照明，以及避免两车交会时造成驾驶人眩目而发生事故。

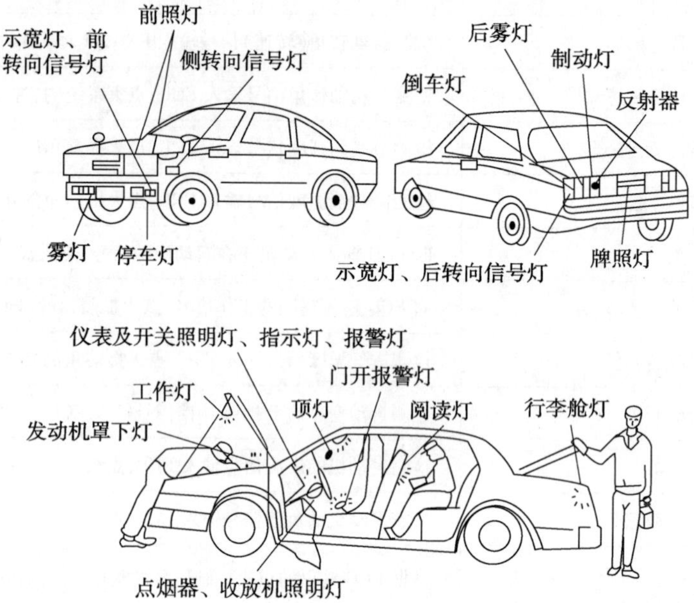

图4-12　照明与信号系统的布置

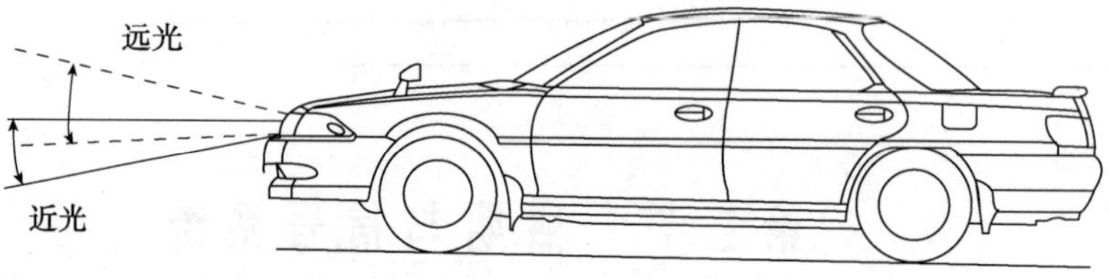

图4-13　远光和近光

前照灯的结构和安装位置如图4-14所示，主要由灯泡、反射镜和配光镜组成。前照灯灯泡有充气灯泡、卤素灯、氙气灯泡和新型高压(20kV)放电氮灯等几种类型。前照灯反射镜的功用是将灯泡的光线聚合并导向远方。配光镜的功用是将反射镜反射出的平行光束折射，使车前路面和路缘均有很好的照明效果。前照灯由灯光总开关控制，变光开关控制远近光变换。有的车还有超车灯开关控制远近光变换。

2 其他照明灯

其他照明灯的功用见表4-3。

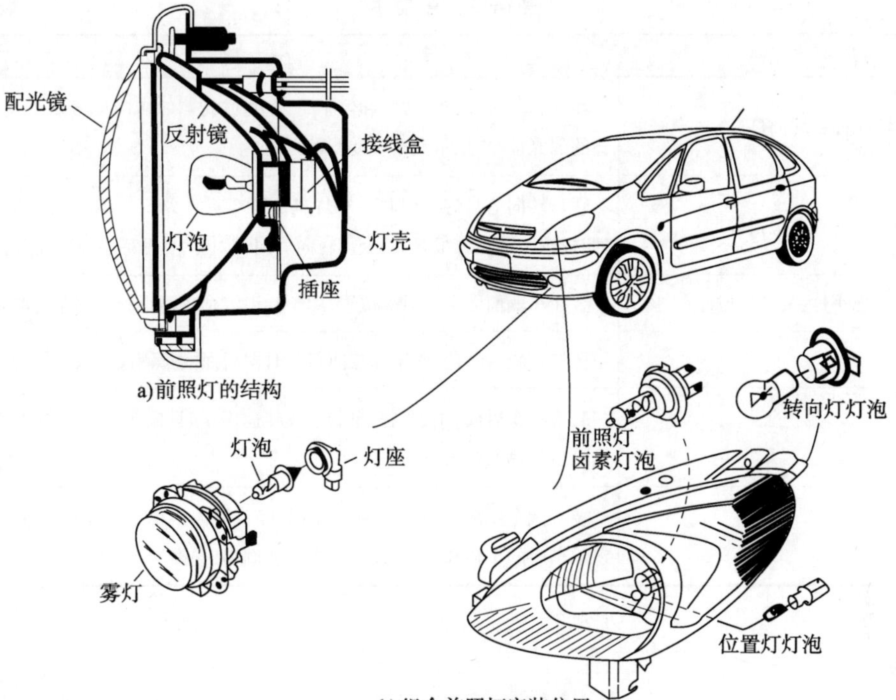

图4-14　前照灯的结构和安装位置

其他照明灯的功用　　表4-3

灯	功　用
雾灯	用于雨、雪、雾或尘埃弥漫天气时的行车照明并具有信号作用
牌照灯	装于汽车尾部的牌照上方，用于夜间照亮汽车牌照
仪表灯	装于汽车仪表板上，用于仪表照明
车顶灯（又称车内灯或室内灯）	装于驾驶室或车厢顶部，主要用于车内照明
工作灯	对排除汽车故障或检修提供照明
阅读灯（又称地图灯、个人灯、内小灯等）	安装在前座椅上方，为了便于乘客阅读
点火开关照明灯	所有车门关闭后，点火开关照明灯会持续点亮10～15s才熄灭，以方便驾驶人插入钥匙
车门灯又称探照灯	装在4个车门下方，当车门打开时灯亮，照亮地面，以方便进出车辆的驾驶人及乘客
行李舱灯	装于行李舱顶部，用于夜间行李舱门打开时照亮行李舱
发动机罩灯	装于发动机罩内侧，用在夜间发动机舱打开时照亮发动机舱

二 信号系统

信号系统功用见表4-4。

信号系统功用 表 4-4

信号系统	功用
转向信号灯(简称转向灯)	在汽车起步、超车、转弯和停车时,左侧或右侧的转向信号灯会发出明暗交替的闪光信号,以示汽车改变行驶方向
危险警报灯(又称危险报警灯)	它与转向信号灯共用同一套灯具。当车辆在路面上遇到紧急情况需要处理时,按下危险警报开关,全部转向灯同时闪烁,提醒后方车辆避让
示宽灯(又称小灯、驻车灯或停车灯)	装在车辆前面两侧对称位置,用于标识汽车夜间行驶或停车时的宽度轮廓
尾灯	尾灯一般为红色,用于在夜间行驶时向后面的车辆或行人提供位置信息
制动灯	装于汽车后面,用于当汽车制动或减速停车时,向车后发出灯光信号,以警示随后车辆及行人
倒车灯	装于汽车尾部,左右各一只。倒车灯一般为白色。用于照亮车后路面,并警示车后的车辆和行人,表示该车正在倒车,提高倒车时的安全性

三 喇叭

汽车喇叭是用来警告路上车辆或行人的警报装置。喇叭的种类主要有电磁式、电子式和压缩空气式等3类。

电磁式喇叭(图4-15)一般包括高音喇叭、低音喇叭、喇叭继电器、喇叭按钮、电源、熔断丝等。因喇叭耗电量大,故使用继电器,以避免按钮处产生过大的火花,以延长使用寿命。常见的电磁式喇叭为螺旋形喇叭和盆形喇叭。

电子式喇叭的结构如图4-16所示,其发音体采用压电元件,以产生悦耳的声音,电子式喇叭具有省电、低噪声等优点。

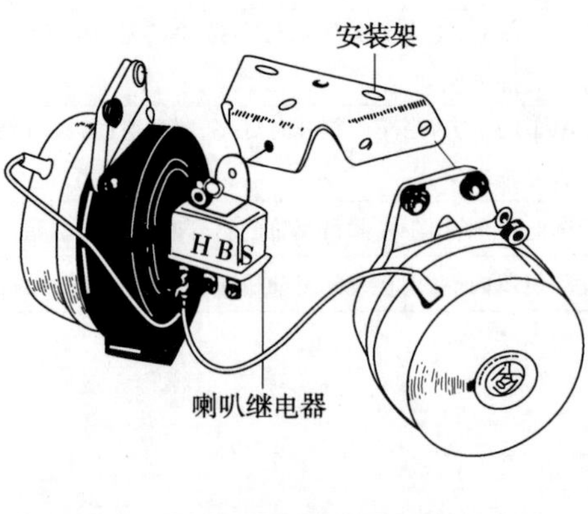

图4-15 电磁式喇叭的结构

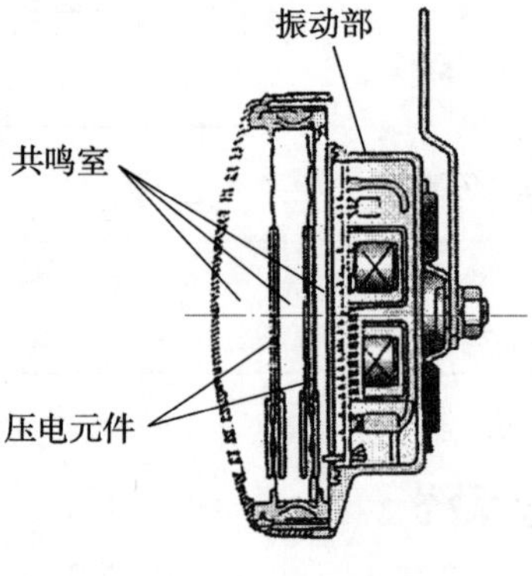

图4-16 电子式喇叭的结构

第三节　刮水器和洗涤器系统

一、刮水器和洗涤器系统的功用和组成

刮水器的功用是用来清除风窗玻璃上的雨水、雪或尘土,以确保驾驶人有良好的视野。在行驶中,由于泥土的飞溅或其他原因污染风窗玻璃,所以刮水器还设有洗涤装置,有些乘用车还装备有前照灯冲洗装置。刮水器和洗涤器系统在车上的布置如图 4-17 所示。

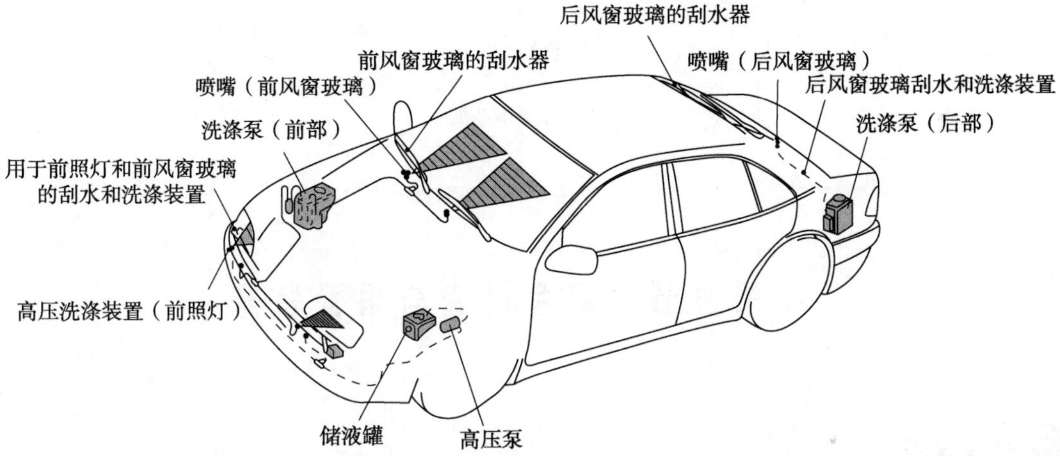

图 4-17　刮水器和洗涤器系统在车上的布置

二、刮水器的结构

现代汽车均使用电动机驱动刮水器，这样可以保持一定速度摆动,不受发动机转速与负荷变动的影响,且可以随驾驶人需要,视雨势大小调整动作速度。电动刮水器更可以做每秒一次至 30s 一次间歇动作的无段变速调整。

如图 4-18 所示,刮水器是由直流电动机、涡轮箱、曲柄、连杆、摆杆、摇臂和刮水片等组成。

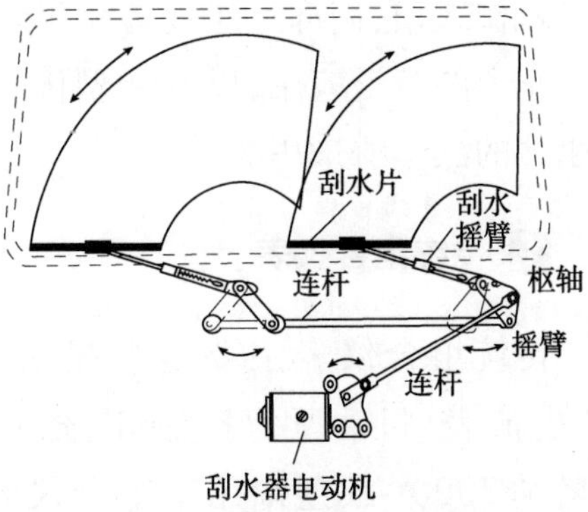

图 4-18　刮水器的结构

三 洗涤器的结构

目前汽车使用的洗涤器均为电动式，其结构包括储水箱、水管及喷嘴等，电动机（永久磁铁式）及水泵（离心式）安装在储水箱上，如图4-19所示。

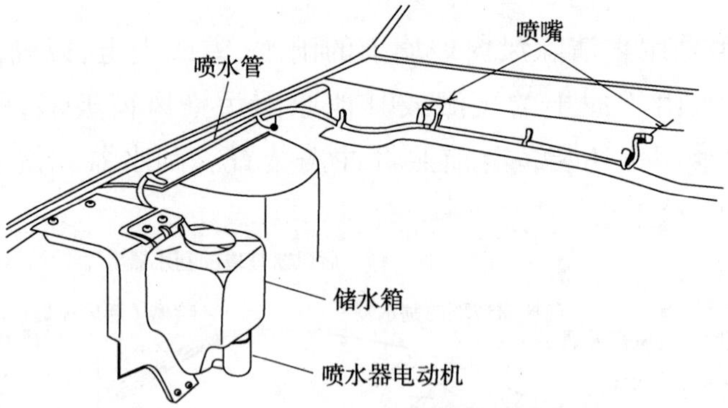

图4-19 风窗玻璃洗涤器系统

第四节 组合仪表与报警装置

一 组合仪表

为了使驾驶人随时观察与掌握汽车各系统的工作状态，在驾驶室仪表板上安装有组合仪表、指示灯和报警装置。

汽车组合仪表分为传统组合仪表和电子组合仪表。传统组合仪表是机械式或电气机械式，它们都是通过指针和刻度来实现模拟显示的。随着电子及计算机技术在汽车上的广泛应用，以及新型传感器和电子显示器的出现，电子组合仪表已被越来越多的汽车所采用。

1 传统组合仪表

传统组合仪表主要包括机油压力表、冷却液温度表、发动机转速表、燃油表、电流表、机油压力报警灯、充电指示灯等，这些仪表通常都组装在仪表板上。桑塔纳2000GSi型乘用车组合仪表的组成如图4-20所示。传统组合仪表的功用见表4-5。

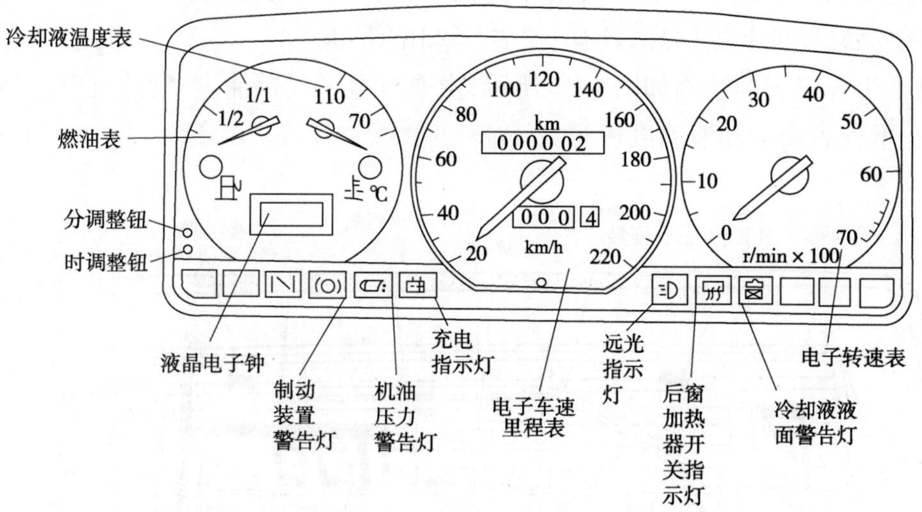

图 4-20 桑塔纳 2000GSi 型乘用车组合仪表的组成

传统组合仪表的功用 表 4-5

仪 表	功 用
车速里程表	指示汽车行驶速度和记录汽车已行驶过距离
车速报警装置	为保证行车安全而在车速表内设置的速度音响报警系统
机油压力表	发动机工作时,指示发动机润滑系统主油道中机油压力的大小,以便了解发动机润滑系统工作是否正常
机油低压报警装置	当发动机润滑系统主油道中的油压低于正常值时,对驾驶人发出报警信号
燃油表	指示汽车燃油箱内所储存的燃油量
燃油油面报警装置(即燃油液位报警灯)	当燃油箱内的燃油量少于某一规定值时立即发出报警,以引起驾驶人的注意
冷却液的工作温度表	指示发动机汽缸盖水套内冷却液的工作温度
冷却液报警灯	在冷却液温度升高到接近沸点时发亮,以引起驾驶人的注意
电流表	指示蓄电池充电或放电的电流值(目前很少采用传统的电流表,而普遍采用充电指示灯。灯亮表示不充电,灯不亮则表示充电),供驾驶人判断电源系统工作是否正常
充电指示灯	在发电机不对蓄电池充电时发亮
发动机转速表	用来指示发动机运转速度

2 电子组合仪表

电子组合仪表是以数字显示、字母数字混合显示、曲线图或柱状图表等形式向驾驶人显示汽车各种工作状态的信号和报警信号,具有高精度和高可靠性,可为驾驶人提供高精度的数据信息,具有一“表”多用的功能。

电子组合仪表的结构如图4-21所示,主要有电子式燃油表、发动机电子转速表、车速表、里程表和冷却液温度表等。

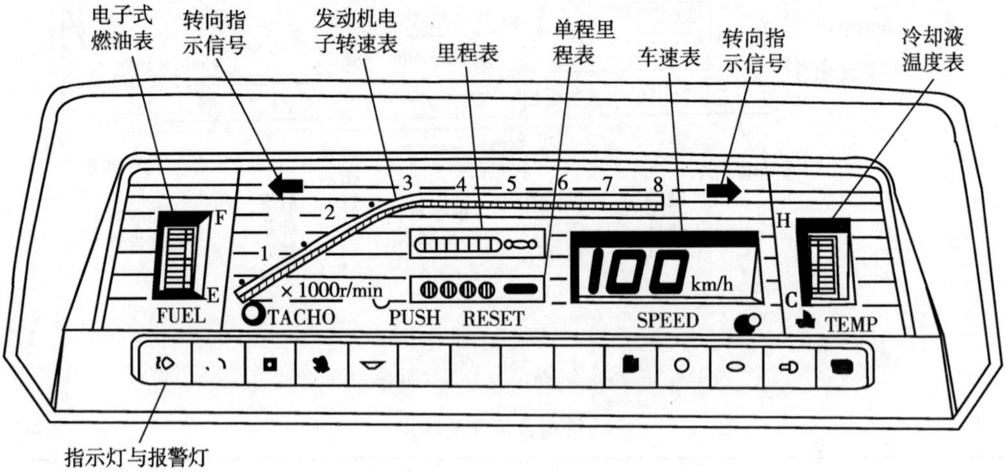

图4-21 乘用车电子组合仪表的结构

二 报警装置

现代汽车为保证行车安全和提高车辆的可靠性,安装了许多报警装置。报警装置一般由传感器、报警灯(或蜂鸣器)等组成。报警装置如图4-22所示。

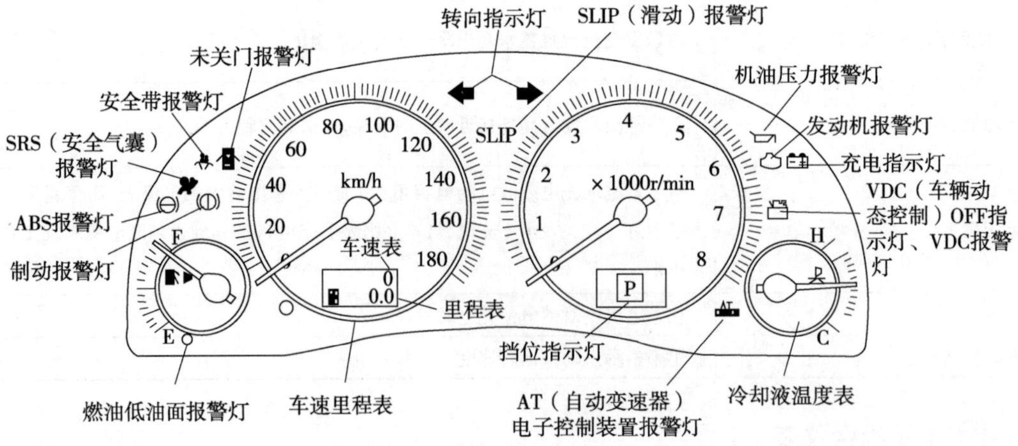

图4-22 组合仪表报警装置

现代汽车的电气设备越来越多，为了便于识别、控制它们，在汽车驾驶室的仪表板、操纵杆、开关、按钮等处标有各种醒目的形象化的符号，常用的标识符号如图4-23所示。

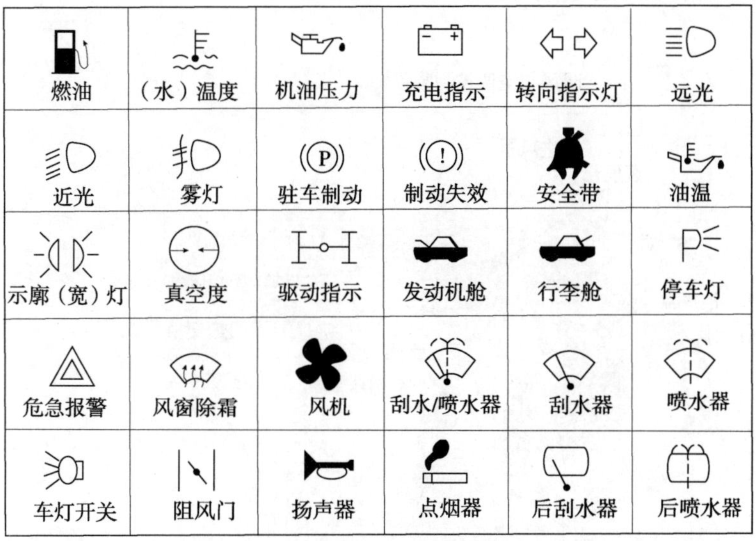

图4-23　常见的标识符号

第五节　空调系统

一　空调系统概述

1　空调系统功用

汽车空调系统即车内空气调节装置，是指对车内空气的温度、湿度及清洁度进行调节控制的装置。汽车空调系统功用是在各种气候和行驶条件下，为乘员提供舒适的车内环境，并能预防或除去附在风窗玻璃上的雾、霜或冰雪，以确保驾驶人的视野清晰与行车安全。

2　空调系统的组成

汽车空调系统在车上布置如图4-24所示，它主要由制冷系统、采暖系统、通风装置、加湿装置、空气净化装置和控制装置等组成。

3 制冷剂

在制冷系统中用于转换热量并且循环流动的物质称为制冷剂。目前,汽车空调制冷系统使用的制冷剂通常为 R134a。

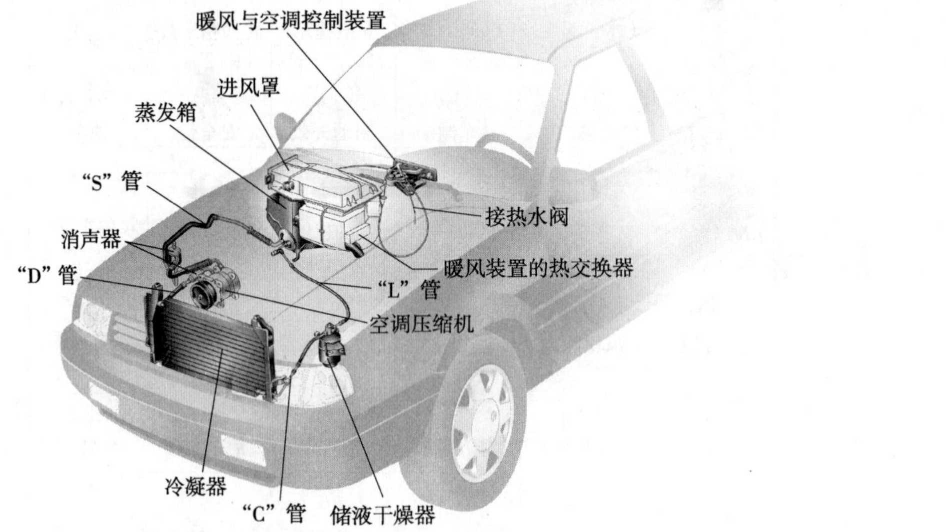

图 4-24 空调系统在车上布置图

4 冷冻润滑油的选择

冷冻润滑油又称冷冻油,是制冷压缩机的专用润滑油,冷冻润滑油在空调制冷系统中完全溶于制冷剂中,并随制冷剂一起在制冷系统中循环,它可保证压缩机正常运转、可靠工作和延长使用寿命。冷冻润滑油具有润滑、密封、冷却和降低压缩机噪声等作用。

按黏度的不同,国产冷冻润滑油牌号有 13 号、18 号、25 号和 30 号 4 种,牌号越大,其黏度也越大。进口冷冻润滑油有 3 种牌号:SUNISO 3GS、SUNISO 4GS 和 SUNISO 5GS。目前,汽车空调制冷系统通常选用国产 18 号和 25 号冷冻润滑油,或进口 SUNISO 5GS 冷冻润滑油。

二 制冷系统的组成与工作原理

1 汽车空调制冷系统的组成

汽车空调制冷系统主要由压缩机、冷凝器、储液干燥器、膨胀阀、蒸发器、导管与软管、压力开关等组成，如图 4-25 所示。

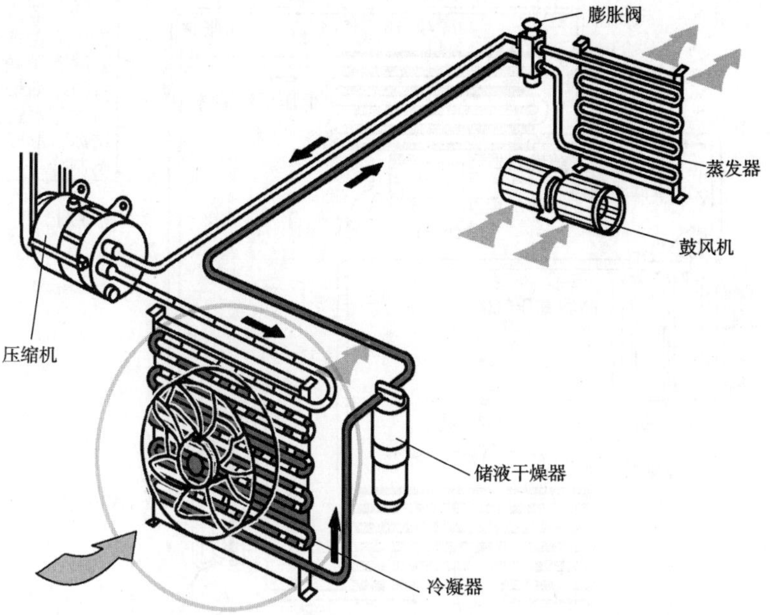

图 4-25　空调制冷系统的组成

2 空调制冷系统的工作原理

汽车空调制冷系统的工作原理如图 4-26 所示，分为压缩过程、放热过程、节流过程和吸热过程。

(1)压缩过程。汽车空调压缩机吸入蒸发器出口处的低温低压制冷剂气体，把它压缩成高温高压气体排出压缩机，经管道进入冷凝器。

(2)放热过程。高温高压的过热制冷剂气体进入冷凝器后，由于温度的降低，达到制冷剂的饱和蒸气温度，制冷剂气体冷凝成液体，并放出大量的液化气热。

(3)节流过程。温度和压力较高的液态制冷剂通过膨胀装置后体积变大，压力和温度急剧下降，以雾状排出膨胀装置。

(4)吸热过程。雾状制冷剂液体进入蒸发器，由于压力急剧下降，达到饱和蒸气压力，液态制冷剂蒸发成气体。蒸发过程中吸收大量的蒸发器表面热量，变成低温低压气体后，再次循环进入压缩机。

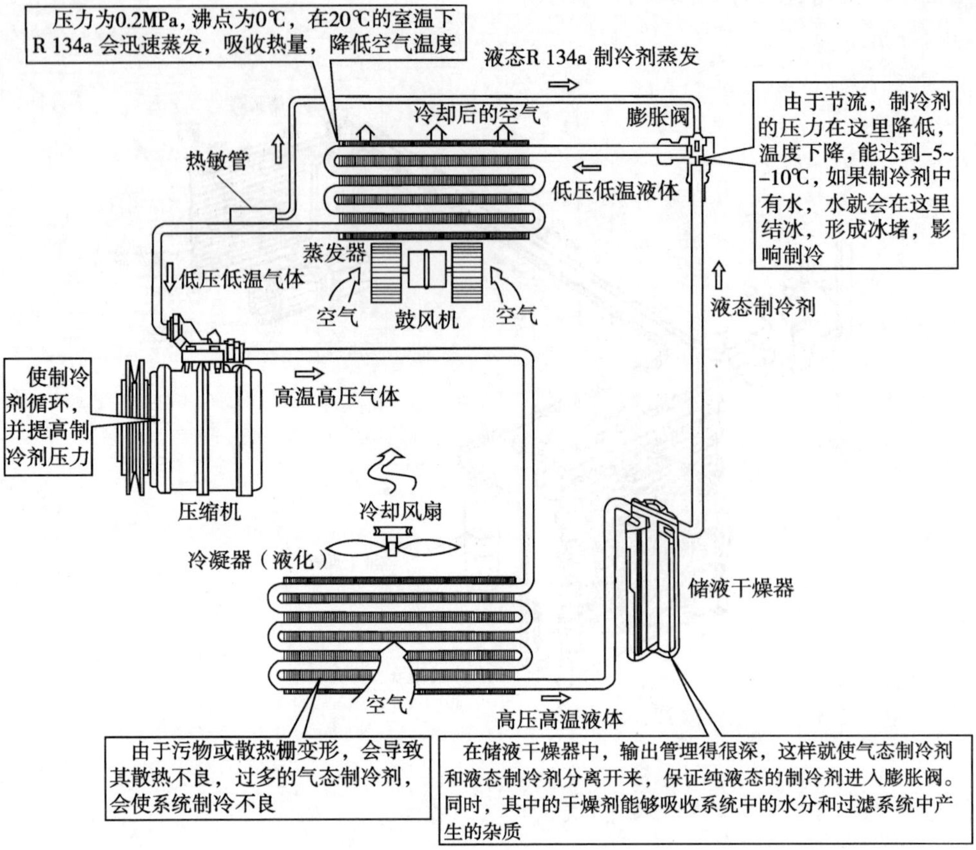

图 4-26　汽车空调制冷系统的工作原理

三 空调系统的采暖与通风

1 汽车空调采暖系统

水暖式采暖系统实际上是发动机冷却系统的一部分，大致可分为两大部分，即热水循环回路和配气装置。热水循环回路与发动机的冷却系统相连通，借助于发动机的水泵实现热水循环。来自发动机冷却系统的热水从进水管流经加热器控制阀进入散热器，然后经由出水管回到发动机的冷却系统，实现回路的循环，如图 4-27 所示。

在通风装置中，由电动鼓风机强制使空气循环运动。空气经由进风口被吸入，流经加热器时空气将被加热，并由出风口导出，进入车厢内实现取暖或为风窗玻璃除霜，如图 4-28 所示。

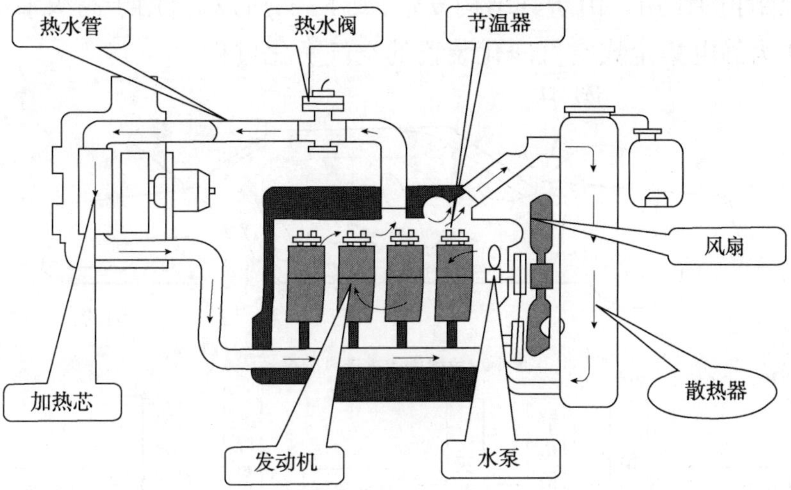

图 4-27　热水循环回路

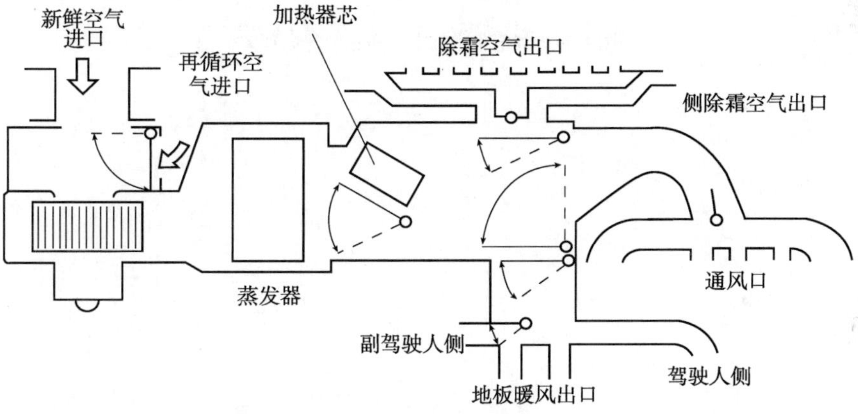

图 4-28　水暖通风系统

2 汽车空调通风配气系统

(1)通风装置。将新鲜空气送入车内,取代污染空气的过程,称为通风。汽车空调的通风方式一般有动压通风(图 4-29)、强制通风和综合通风。

(2)空气净化装置。汽车空调系统采用的空气净化装置通常有空气过滤式和静电集尘式两种。前者是在汽车空调系统的送风和回风口处设置空气滤清装置,它仅能滤除空气中的灰尘和杂物,因此,结构简单,只需定期清理过滤网上的灰尘和杂物即可,故广泛用于各种汽车空调系统中。后者则是在空气进口的过滤器后再设置一套静电集尘装置或单独安装一套用于净化车内空气的静电除尘装置,它除具有过滤和吸附烟尘等微小颗粒杂质的作用外,还具有除臭、杀菌、产生负氧离子以使车内空气更为新鲜洁净的作用。由于其结构复杂，成本高，所以，只用于高级乘用车上。

图 4-30 为静电集尘式空气净化装置的空气净化过程。

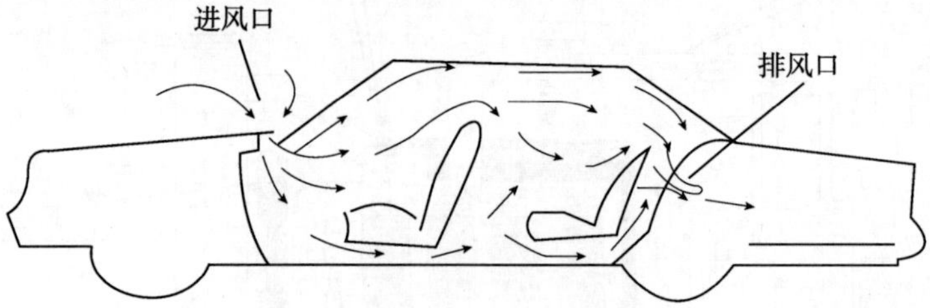

图 4-29　动压通风进风的循环

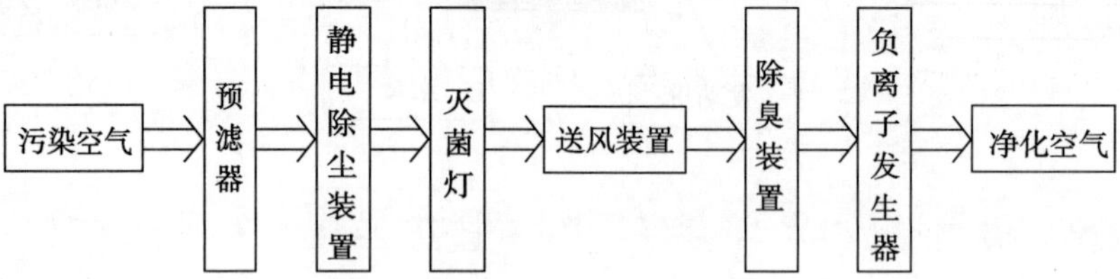

图 4-30　静电集尘式空气净化装置原理图

第五章 Chapter 5

汽车维修安全常识

知识目标

1. 明确车间安全的重要性；
2. 了解保障车间人身安全的基本原则，包括身体各个部位的防护方法；
3. 了解车间内各种工具和设备的使用注意安全事项；
4. 认识维修车间各种安全警告标示。

在所有的汽车维修车间内，最重要的就是安全和事故的防范。由于汽车维修行业的特点和所用的设备，使得在汽车维修车间里存在着严重的事故隐患。事实上，汽车维修行业被认为是最需要安全防护的职业之一。

车辆、设备和许多零件都很重，而且零部件之间安装的非常紧固。许多元件在运转过程中会很热，另外在冷却系统、燃料系统或蓄电池中会形成很高的液体压力。蓄电池中装的酸性物质具有强烈的腐蚀性和潜在的爆炸危险。燃料和清洁剂都是易燃的，而且发动机燃烧废气有很强的毒性。进行某些维修时，修理工完全暴露在有害的尘粒和烟雾中。

良好的安全操作会减少或消除这些潜在的危险。粗心的工作态度和不良的工作习惯会导致灾难。车间事故会造成严重的伤害、暂时或永久的残疾甚至死亡。安全是一个非常重要的问题，车间内的每个人都应对车间安全负有责任，必须共同努力，保护健康和安宁。

第一节 汽车维修个人安全知识

简单说，个人安全就是保护好自己免受伤害，包括使用防护装置、穿戴规范、职业行为和正确的使用工具和设备。

一 眼睛的防护

维修车间在很多情况下会使工作人员的眼睛发生感染或永久损伤：有些作业（如磨削）会散发出高速运动的细小金属颗粒和尘埃，这些金属颗粒和尘埃很容易进入作业者的眼睛中，将眼球擦伤或割伤；从有裂纹的管子或管接头中泄漏出的压力气体和液体可以喷射很远距离，这些化学品进入眼睛会导致失明；在汽车底下进行作业时，从腐蚀的金属上脱落下来的碎屑很容易落入眼睛中。

当工作环境存在损伤眼睛的风险时，就要戴上安全眼镜，对眼睛进行保护。可供使用的护目器材有多种，如图5-1所示，为了对眼睛进行足够的保护，安全眼镜的镜片要用安全玻璃制成，还要对眼部侧面进行防护。普通眼镜不能对眼睛提供足够的防护，因此，普通眼镜不能作为安全眼镜使用。在车间里戴普通眼镜时，应该配上侧面护罩。

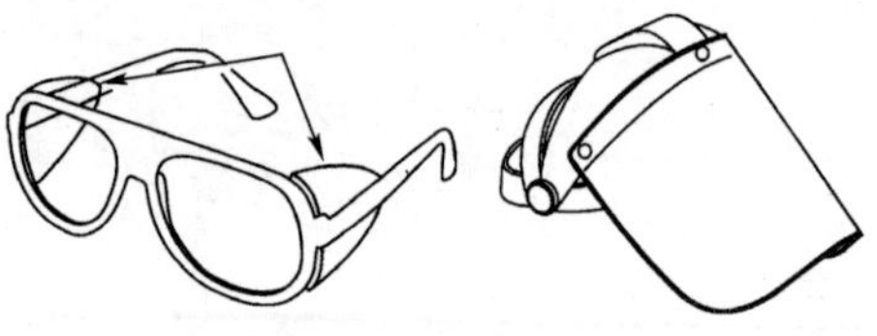

图5-1 常见的眼睛防护用品

一直戴着安全眼镜工作是个良好习惯，为了养成这样的习惯，应该选择戴着感到舒适的安全眼镜。

进行某些作业时，应该戴其他的护眼器材，而不是安全眼镜。例如维修汽车制冷系统时，就应当戴着防溅护目镜；用压力喷射清理零部件时就要戴上防护面罩，防护面罩不仅能对眼部进行保护，还能对面部进行保护。

在蓄电池酸液、燃油、溶剂等化学品不慎进入眼睛时，要用清水长时间冲洗眼睛，还要及时让医生进行药物处理。

许多维修车间都设有洗眼池和安全淋浴，当有化学品溅入眼睛时，可以用它进行清洗。

二 服装及装束要求

1 服装

工作时穿着的服装不但要合体舒适，还要结实。图5-2为汽车维修工工作着装的对比。宽松的服装很容易被运动的零部件和机器挂住，也不要系领带，有些技师喜欢将工作服套在自己的衣服外面，穿工作服是为了保护自己，而不能妨碍自己的活动。

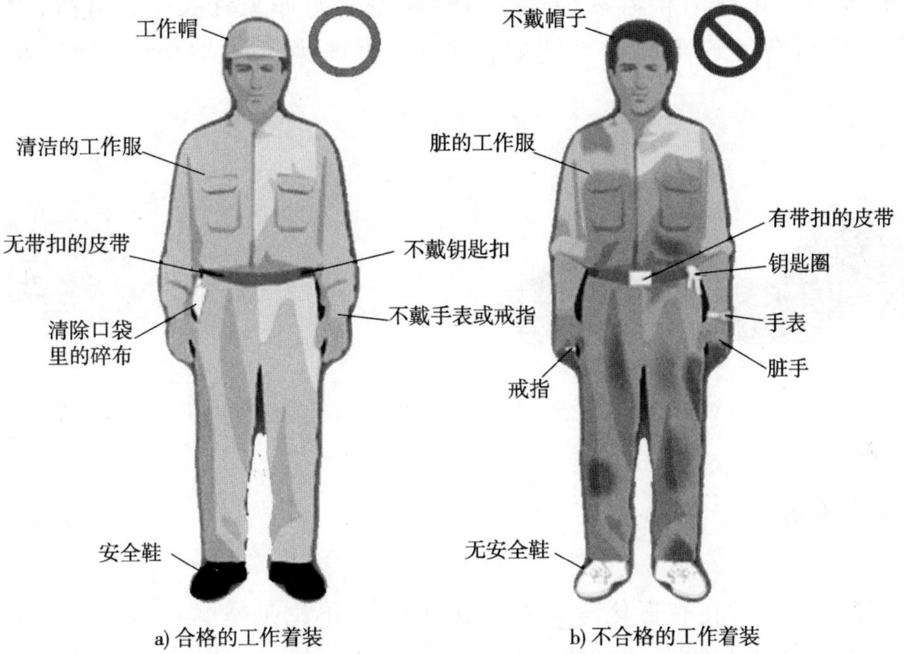

图 5-2 维修工工作着装比较

2 头发

和宽松的衣服一样，蓬松的长发和悬挂的饰物也很容易引发事故，在靠近运动零部件和机器时头发很可能被挂住。如果头发很长，工作时就应将其扎在脑后，或者塞到帽子里。不要戴戒指、手表、手镯和项链，这些都很容易被运动的零部件挂住，造成严重损伤。

3 鞋

维修汽车时会拿放很多重物，这些重物意外掉落会砸到脚面或脚趾上，所以，一定要穿用皮革或类似材料做成的并具有防滑底的鞋或者靴子。如图 5-3 所示，铁头安全鞋可以增强对脚部的保护。运动鞋、休闲鞋和凉拖鞋都不适合在车间穿。

4 手套

维修工常常忽视对手的保护。戴上手套不仅可以保护手，避免损伤手，而且防止通过手染上疾病，也能使手保持干净。有多种不同的手套可供选戴，进行磨削、焊接作业或拿高温物件时,应该戴上厚手套;在处理强腐蚀性或危险性化学品时,应该戴上聚亚安酯或维尼龙手套,如图5-4所示,以免皮肤被这些化学品烧伤。戴上乳胶手套和橡胶手套可以防止油污沾到指甲上,以预防疾病。戴乳胶手套很舒服,但在接触汽油、机油和溶剂时很容易损坏。戴橡胶手套不如戴乳胶手套舒服,但不怕汽油、机油和溶剂腐蚀。在进行不同的作业时,要选戴不同类型的手套,对手进行保护。

图5-3　防护鞋的类型

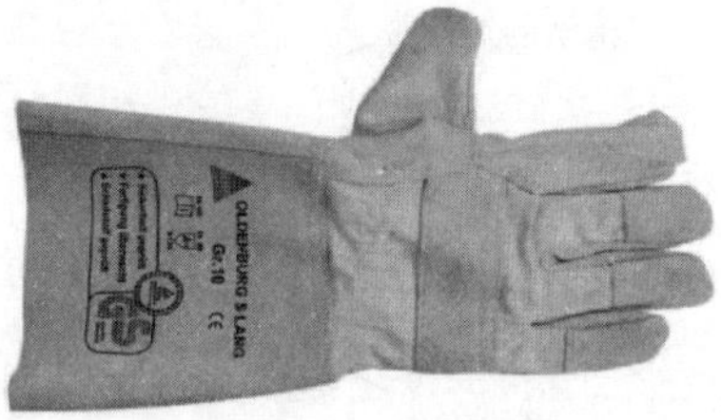

图5-4　维尼龙手套

三 呼吸系统防护

汽车维修工经常在有毒化学气体环境中工作,不论是暴露在有毒气体中还是过量尘埃中,都要戴上呼吸器或呼吸面罩,如图5-5所示。用清洗剂清洗零件、部件和喷漆时是最常见的需要戴上呼吸面罩进行的作业。处理吸附了灰尘的部件或有害物质时,也一定要戴高效呼吸面罩。

a) 可重复使用的全面罩

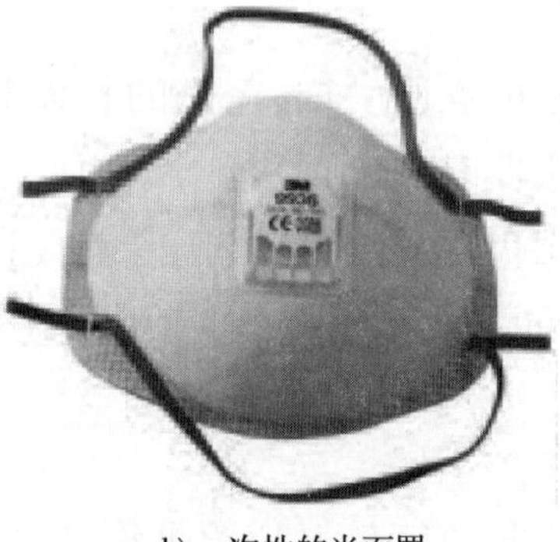

b) 一次性的半面罩

图5-5　呼吸面罩

四 耳朵保护

在噪声级很高的环境里时间过长,会导致听力下降甚至丧失。气动扳手、发动机带负荷运转、汽车在封闭空间里运转，都会产生恼人并有害的噪声。在经常有噪声的环境里，应该戴上耳罩或耳塞。常见耳朵防护装置如图 5-6 所示。

a) 带架耳机　　b) 耳罩　　c) 耳塞

图 5-6　常见耳朵防护装置

五 举升和搬运

掌握举升和搬运重物的正确方法非常重要，举升和搬运重物时，也要采取保护措施。只能举升和搬运那些在个人能力范围内的重物，对搬运物品的尺寸和质量没有把握时，应该找人帮忙。体积很小、很紧凑的零部件有时也会很重，或者不好平衡。在举升和搬运物品前要考虑如何进行举升和搬运。搬运任何物体时都应遵循以下方法：

(1) 双脚要靠近搬运的物体，这样有利于在搬起物体时保持身体平衡。

(2) 尽量使背部和肘部保持伸直，弯曲双膝，将双手放到能够牢牢抓住物品的最佳位置，如图 5-7 所示。

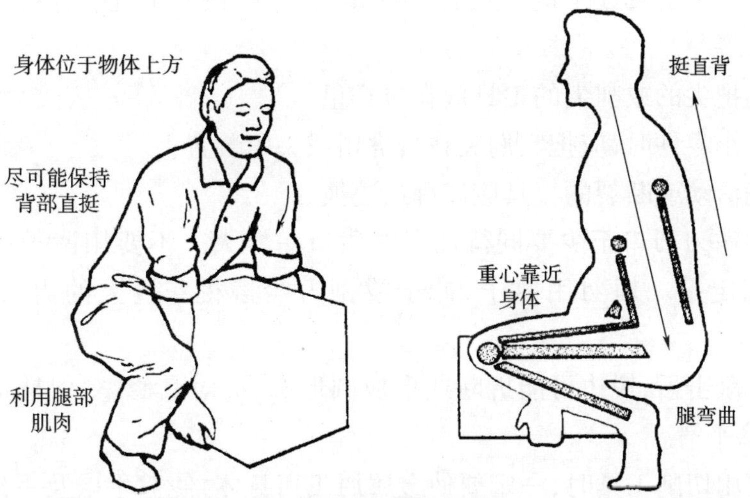

图 5-7　搬运重物和合理姿势

(3)如果物品装在纸箱内,一定要确认箱子是结实的。旧的、潮湿的和封闭不良的纸箱很容易被撕烂,其中的物品就会掉落。

(4)双手要抓牢物品或容器,在抬起物品移动时,不要再改变手的位置。

(5)将物品靠近身体,通过伸直双腿举起物品,要利用双腿的肌肉,而不要用背部的肌肉。

(6)不要通过扭转身体来改变移动方向,一定要转动包括双脚在内的整个身体。

(7)将物品放到货架或柜台上时,不要向前弯曲身体,应将物品的边缘先放在货架上,然后向前推重物,注意不要将手指夹住。

(8)在放下重物时,弯曲膝盖,但要挺直背部,不要向前弯曲身体,否则会拉伤背部肌肉。

(9)将重物放到地面上时,应将物品放在木头垫块上,以保护手指免受损伤。

第二节　工具设备的使用安全及环境安全

汽车维修工人终日与工具、设备打交道,许多工伤事故是因为对工具设备使用不当和使用时粗心大意引起的。维修汽车时需注意以下安全规则:

一　手工工具的使用安全

(1)选择大小和类型都合适的手工工具来做一项工作,而且只用指定用来做该项工作的手工工具。

(2)保持手工工具处于良好状态,不用时应存放在安全处。保持切削工具有合适的磨锋。

(3)切勿把尖的或削尖的工具放在衣袋里。

(4)加工小零件时,应把它们夹在台虎钳或夹紧装置上。

(5)手柄活动或断裂的工具应修理或更换。

(6)选用凿刀刀口至少要同待加工的凿口一样大。不要用凿子或冲子去冲坚硬部件,如固定销。切勿用錾子、冲子或刮刀当撬棍。过大的力会损坏或折断工具。

(7)多次敲击后,锐边可能折断或形成圆形头,应对其修整,保持全部冲子和凿刀的头部打磨平滑。

(8)当使用切削工具时,一定要使金属屑飞离身体,使双手以及手指处在刀口的后面。手柄应清洁、干燥及确保牢固地握住。

(9)切勿用锤子敲击锉刀或把锉刀当作撬棍用。使用锉刀时,锉削行程总是朝向远离自己的方向并用锉刷刷净锉刀。

(10)一字螺丝刀或十字螺丝刀只能用来拧螺钉,切勿当作冲子或撬棍用。确保螺丝刀的刀刃完全固定到螺钉槽中。不正确的配合可能损坏螺钉槽和螺丝刀刀刃。保持螺丝刀刀刃垂直于螺钉槽,使滑移量减至最少。

(11)使用敲击工具时,最好要配戴合适的眼睛保护装置。对坚硬表面应用软锤。切勿用一个手锤敲打另一个手锤,否则手锤将会损坏或敲碎,且飞出碎片引起伤人。

(12)作业中应使用大小合适的扳手。打滑的扳手会损坏螺栓头和螺母,且引起人身伤害。使用扳手时,应对扳手施加垂直的、均匀的拉力。若必须推扳手,则用手掌跟部,不要用手指抓住扳手,扳手不得翘起来,否则会使接触点受力增加,导致扳手损坏。

(13)不要用管子来加长扳手,在过大的作用力下,扳手或螺栓会打滑或断裂,如图5-8所示。也不要把扳手当锤子用,除非该扳手有此特定用途。

图5-8　扳手的错误使用

(14)更换有裂纹或已磨损的扳手,不要试图把弯曲的扳手矫直,这样只会进一步降低扳手的强度。

(15)鲤鱼钳有固定、夹紧、挤压和剪切的作用,但不能用于转动。不要用鲤鱼钳代替扳手,因鲤鱼钳会打滑而损坏螺栓头和螺母。

(16)动力、手动或冲击工具的套筒不应互换使用,否则会导致损坏或伤害。

(17)扭力扳手只用于拧紧螺栓或螺母,不应把它当一般扳手来使用。

二　动力工具设备的使用安全

以电力和压缩空气为动力的工具设备称为动力工具设备。使用时需要注意以下事项:

(1)对动力工具设备的操作不了解或未经正确使用培训,切勿操作动力工具设备。

(2)开动动力工具设备前,应确保没有别的物件会碰到设备的运转部件。

(3)全部电动工具,除非是双绝缘式的,都必须搭铁。不要使用两脚插头插入三脚插座(第三脚是设备搭铁线)。切勿使用卸下第三搭铁线插头的设备。

(4)动力工具设备正在运转或电源接通时,切勿试图调整、上油或清洁等。将全部防护装置按照顺序保存在适当位置。

(5)确保气动工具和管路正确连接。

(6)当不用动力工具设备时,关闭电源和拔出全部插头,并把所有设备返回到适当位置。

(7)操作某些设备时,应按规定戴安全眼镜、手套、面罩等保护用品。如在砂轮机修磨零件时须戴安全眼镜,如图5-9所示。

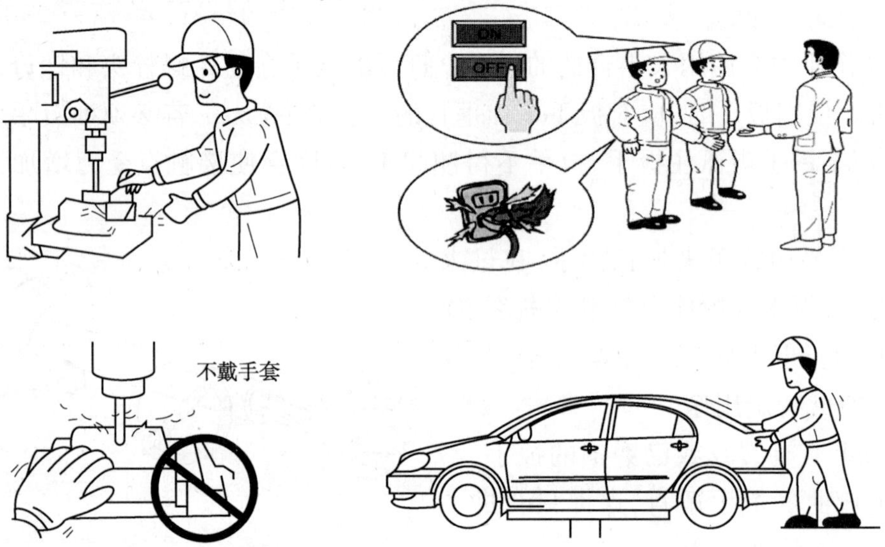

图5-9　使用电器设备时的安全操作规范

(8)在没有得到正确操作程序说明书时,不要开动任何机器。开动机器前应阅读使用说明书,学会正确使用设备和了解它的局限性。确保全部保护装置就位。

(9)操作机器设备要全神贯注,不要环顾其他和与别人交谈。工作场所应清洁、明亮,切勿在潮湿的地方工作。

图5-10　电器电线的错误操作

(10)如图5-10所示,不要从插座上猛拉电线或将汽车和设备压在电线上。

(11)使用前,检查设备是否有故障。接通动力之前应做好所有调整工作。每当去掉安全设施进行调整、更换刀具或进行修理时,都要关掉设备电源,拔出插头。在检查期间,应锁上主开关和加上警示标记,或使断开的动力线随时看得见。

（12）操作时要等待机器全速稳定运转后才能开始工作。

（13）在机器完全停转后方可离开现场。手与任何刀具或运转零件之间要保持安全距离。手不要伸得太长，要保持身体平衡。

三 举升车辆的安全

举升机可以举升车辆，这样技师就可以在汽车下工作，举升臂必须安置在汽车生产商推荐的举升部位。还应注意以下安全事项：

（1）举升机提升后一定要确保保险锁锁止。松开保险锁后，缓慢操作控制手柄降低车辆。决不能用举升机或千斤顶去支承超过其承载能力的物体，使用前检查它们的额定承载能力。如果千斤顶的额定载荷为2t，不要尝试用它去支承大于2t的载荷，因为这对维修工和车辆都是很危险的。

（2）引导别人把车开上举升机时，要站在驾驶人的侧面而不是车前方。然后用清楚明白的手势或/和口令向驾驶人指示行车方向。如果汽车有意外动作，确保自己有一个明确逃离方向。把车开到举升机上要先检查车底的间隙，这非常重要。如果悬架系统或发动机排气系统的位置较低也许会碰到举升机，使它们损坏。

（3）把车开到举升机上之前，应安放好举升臂并确保没有任何阻碍。不要撞击、开车碾过举升臂、连接器、支撑轴，这样会破坏举升机、汽车或轮胎。

（4）放好举升臂接触垫，使之位于车辆支承点位置。升起举机使接触垫接触到汽车。然后，检查接触垫，确保接触垫和汽车完全接触，如图5-11所示。最后将车辆举升到所需高度。

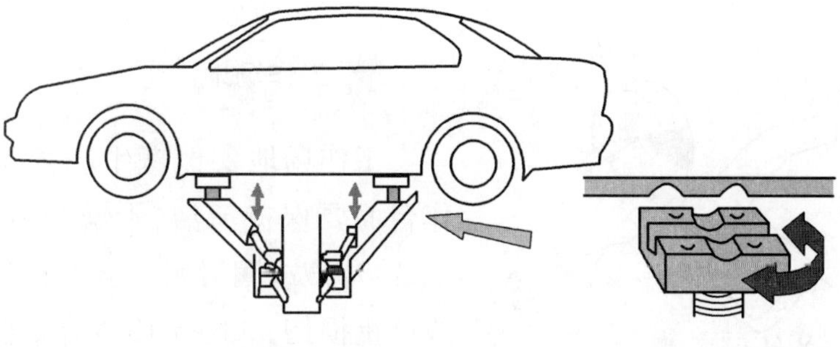

图5-11　确保接触垫与车辆可靠接触

（5）举升车辆前，车门、发动机罩和行李舱盖一定要完全关闭，车内有人时绝不能将车辆升起，如图5-12所示。在车底工作前，确保举升机的保险锁装置是正常。

（6）当车辆升到所需高度后，将车辆降低至其机械保险装置。有些车上，组件的拆卸(或安装)会造成车辆重心的改变,这可能导致车辆在举升机上不稳。要参看车辆维修手册推荐的程序,以避免这种情况发生。

(7)车辆下面一定不要有工具箱、案台或其他设备。降下举升机前要按照操作程序打开保险锁装置。

图5-12　举升前的注意事项

四 环境安全

图5-13　湿滑的地面会造成伤害

1 工作场地

工作场地要保持干净和安全,地面和工作台面要保持清洁、干燥和有序。地面有机油、冷却液或润滑脂后会变得很滑,滑倒会造成严重损伤,如图5-13所示,可以用吸油剂清除油污。要保持地面干燥无水,地面有水后也会变得很滑,而且很容易导电。走廊和过道应该保持通畅和干净,并留出足够的宽度,能够方便地通过。机器周围的作业区域要足够大,保证能够安全地操作机器。

所有水渠都要用盖板盖好，敞开的水渠和不平的盖板很容易造成脚趾、脚踝和腿部受伤。

在电话附近要张贴最新的包括医生、医院、消防部门和警察部门在内的紧急电话号码，工作场所还要备有急救箱，如图 5-14 所示，以便对一些轻伤进行处理，还要有眼睛冲洗包随时备用，汽车维修工要知道这些应急用品的存放地点。

2　汽油及易燃液体

汽油是一种易燃的挥发性液体，易燃品遇火后很容易燃烧，挥发性液体可以很快蒸发，易燃的挥发性液体就是潜在的燃烧弹。一定要将汽油和柴油装在安全油箱中，如图 5-15 所示，不要用汽油擦洗手和工具。

图 5-14　典型的急救箱

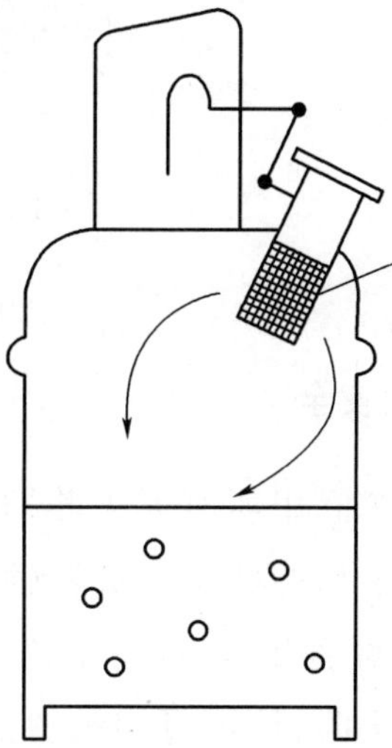

图 5-15　安全储存汽油的容器

要小心地处理各种溶剂（或液体），以防泄漏。除了在倒出溶剂时，所有盛装溶剂的容器都应保持密封，保持使用溶剂和化学品的区域适当通风非常重要。溶剂和其他易燃物品必须存放在符合安全要求的专用存储柜中或房间中。

从大容器中倒出易燃物品时要格外小心，静电产生的火花能够引起爆炸。用过的溶剂容器要及时丢弃或清理，容器底部残余的溶剂非常易燃。不要在易燃溶剂和化学品（包括蓄电池电解液）附近点火或吸烟。

沾油抹布也要存放在符合标准的金属容器中，如果将沾有机油、润滑脂或油漆的抹布随意丢弃或存放不当，很容易产生自燃。自燃是由物品自身状态而不是由其他火源点燃引起的着火现象。

3 蓄电池

维修汽车电气系统或进行焊接作业之前,要断开汽车蓄电池负极接线柱以防由电气系统引起的着火和伤害。断开汽车蓄电池就是将负极电缆从蓄电池上拆下,并将其放置在远离蓄电池的地方,如图5-16所示。

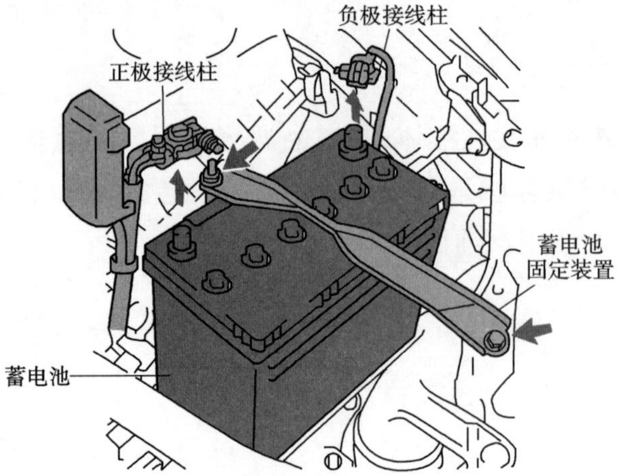

图5-16　蓄电池安装连接情况

4 防火安全

要了解车间里所有灭火器的放置地点及其适用的火险类别(表5-1),在灭火器标签上都清楚地标明了灭火器的类型及其适用的火险类别。灭火时,一定要使用适合火险类别的灭火器,通用干粉灭火剂适用于扑灭一般易燃物、易燃液体和电气着火。汽油着火时,切不可向火中浇水,水会使火焰进一步蔓延,适当类型的灭火器能够使火焰窒息。

灭火时,要站在距离火焰2~3m以外,将灭火器牢牢地向上拿住,对准火焰根部来回摆动喷嘴,扫过整个火焰区,低下身子以免吸入烟气,如果温度太高或烟气太大,就要撤离。记住,无论如何不要返回着火的建筑物内。

汽车维修常用灭火器有手提泡沫灭火器、鸭嘴或开关灭火器、干粉灭火器,手提式1211灭火器等,使用方法如下:

(1)使用手提泡沫灭火器救火时,应用一只手握着灭火器上端的提环,另一只手握着灭火器的底边,把灭火器倒转过来并摇动几下,灭火泡沫就会从喷嘴喷出。

(2)鸭嘴式开关灭火器使用时,先将灭火器提到着火处,将喷嘴对准火焰,拔出开关的保险销,握紧喇叭柄,将上面的鸭嘴向下压,二氧化碳气体即从喷嘴喷出。

(3)干粉灭火器使用时,先将干粉灭火器送到火场,需要上下颠倒几次,在离着火点3~4m远处撕去灭火器上的封记,拔出保险销,一手握紧喷嘴对准火源,另一只手的大拇指将压把按下,干粉即可喷出。迅速摇摆喷嘴,使粉雾横扫整个火区,由近而远向前推移可很快灭火。

灭火器选择列表　　表5-1

火情类别	火险类别	典型燃料	灭火器类型
A类火情 (绿色)	一般易燃物 降低温度或覆盖可以灭火	木头、纸、布、橡胶、塑料、垃圾、装潢材料等	水灭火器 泡沫灭火器 通用干粉灭火器
B类火情 (红色)	易燃液体 可用毯子将整个着火液体表面盖住,通过隔离灭火	汽油、机油、润滑油、油漆、轻油等	泡沫灭火器 二氧化碳灭火器 卤化物灭火器 干粉灭火器 紫色K干粉灭火器 通用干粉灭火器
C类火情 (蓝色)	电气设备 应尽快切断电源,一定要使用不导电的灭火器,以免受到电击	电动机、用电设备、电线、熔断器、开关板等	二氧化碳灭火器 卤化物灭火器 干粉灭火器 紫色K干粉灭火器 通用干粉灭火器
D类火情 (黄色)	可燃金属 金属片、车削或刨削形成的火险要用专用灭火剂通过窒息或覆盖灭火	铝、锰、钾、钠、锆等	只能用干粉灭火器

5 危险废弃物

汽车维修企业可以说是一个产生危险废弃物的地方,维修企业所维修的汽车才是真正产生危险废弃物的机器。新机油不是有害废弃物,废机油才是有害废弃物,一旦将机油从发动机里放出来,便产生了一种废弃物,这时,一定要有责任心地合理处置这种危险废弃物。还有很多从车上卸下来的其他废弃物需要进行正确的处理,如蓄电池、制动液和自动变速器液压油等。

发动机冷却液不允许倒入下水道,所有从车上排放出来的液体都不允许这么做。可以将冷却液回收并再利用或进行正确处理。

汽车上的各种油液滤清器(自动变速器液压油、燃油和机油滤清器)也需要按照既定的方法进行处理。旧滤清器应当将液体排空并压碎或用特殊的转运桶盛放。多数国家规定要求机油滤清器在处理或压碎之前至少要排油24h。

(1)汽车维修产生的废弃物主要有以下几种:

①喷漆和车身修理产生的废弃物。

②清洗零件和设备的溶剂。

③蓄电池和蓄电池酸性溶液。

④用于清洗金属和预备喷涂表面的弱酸。

⑤废机油、发动机冷却液和防冻液。

⑥空调制冷剂。

⑦机油和滤清器。

(2)任何情况下,都不要使用下列方法来处理危险废弃物:

①将危险废弃物倒到杂草上来除掉杂草。

②将危险废弃物倒在铺满沙砾的街道上以防止灰尘。

③将危险废弃物扔到垃圾桶里。

④在许可的处理厂以外的地方处理危险废弃物。

⑤将危险废弃物倒入下水道、洗手间、水池或地面排水管里。

⑥将危险废弃物埋入地下。

(3)废弃物和带有污物的废油应遵守以下原则:

①避免产生废弃物。

②回收利用废弃物。

③在无法避免产生废弃物和循环利用废弃物的情况下,对废弃物进行分离、分类和废弃处理,如图5-17所示。

回收利用的意义在于,将诸如已知来源的废油、有色金属废料、纸张等有价值物质作为原料再次投入到经济循环中。除回收利用外也可以通过回收循环转化为能量,转化为能量时在不污染环境的情况下燃烧这些废弃物并利用其产生的热能。

图5-17 分类回收废弃物

一些废弃物无法回收利用,其中包括来自沉积物收集装置的物质、带有污物的废油、清洗零件后的油水混合物,这些废弃物必须按环保要求清除。

五 日常安全守则

(1)工具不使用时应保持干净并放到正确的位置。

(2)各种设备和工具要及时检查和维护。

(3)手上应避免油污,以免工具滑脱。

(4)起动发动机的车辆应保证驻车制动正常。

(5)不要在车间内不同工位乱转。

(6)在车间内起动发动机要保持通风良好。

(7)在车间内穿戴、着装要合适,并配戴必要的装备,如手套、护目镜、耳塞等。

(8)不要将压缩空气对着人或设备吹。

(9)尖锐的工具不要放到口袋里,以免扎伤自己或划伤车辆。

(10)常用通道上不要放工具、设备、车辆等。

(11)用正确的方法使用工具。

(12)手、衣服、工具应远离旋转设备或部件。

(13)开车进出车间时要格外小心。

(14)在极疲劳或消沉时不要工作,这种情况会降低注意力,有可能导致自身或他人的伤害。

(15)如果不知道车间设备如何使用,应先向明白的人请教,以得到正确、安全的使用方法。

(16)用举升机或千斤顶升起车辆时一定要按正确的规程操作。

(17)应知道车间灭火器、医疗急救包、洗眼处的位置,并掌握使用方法。

第三节　常见安全标志认识

安全标志应起到提高工作岗位安全的作用。为此使用国际标准的指示、禁止、警告、救援和防火标志。

一 指示标志

指示标志为蓝白色圆形标志,见表5-2,这种标志表示注意,作为行为规定的指示性保护措施。因此必须在标注区域内采取相应保护措施。

常见的指示标志　　表 5-2

含　义	标　志	含　义	标　志
戴防护眼镜		戴安全帽	
使用防护面罩	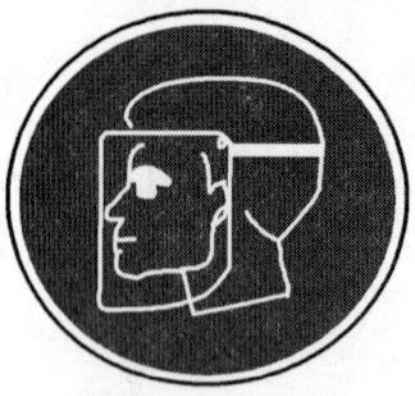	一般性指示标志，只与其他附加标志一起使用	
戴呼吸防护装置		人行道	
穿防护服		戴耳罩	
穿防护鞋		打开前拔下电源插头	
戴防护手套		工作前断开电气装置	

二 警告标志

警告标志是带有黑色标志、黑色边框和黄底的三角形标牌，见表5-3。警告标志表示警告人们注意某些危险。

常见的警告标志　　表5-3

含　义	标　志	含　义	标　志
危害健康或刺激性物品警告		场地运输车辆警告	
危险区域警告		铣削轴警告	
易燃物品警告		气瓶警告	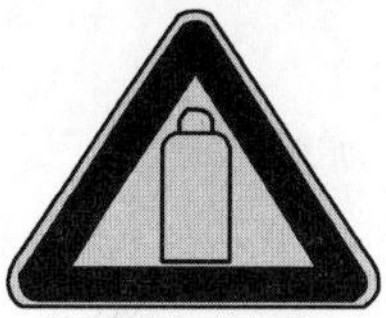
易爆物品警告		手部受伤警告	
危险电压警告		热表面警告	
腐蚀性物品警告		有毒物品警告	

续上表

含　义	标　志	含　义	标　志
电池危险警告		激光束警告	
坠落危险警告		磁场警告	
自动启动警告		挤伤危险警告	
助燃物品警告		滑倒危险警告	
电磁场警告		悬浮负荷警告	
可爆炸气体警告		绊倒危险警告	

三 禁止标志

禁止标志采用圆形白底标牌，黑色标志表示禁止内容，有一个红色斜杠和红色圆形边缘，见表5-4。

常见的禁止标志　　表 5-4

含　义	标　志	含　义	标　志
禁止行人通行		禁止使用移动电话	
禁止用水灭火		禁止接触，外壳带电	
禁止饮食		禁止接通	
非饮用水		禁止存放或储存	
禁止明火、火焰和吸烟		禁止吸烟	
非工莫入		禁止携带动物	
禁止触摸		一般性禁止标志。只与其他附加标志一起使用	

续上表

含　义	标　志	含　义	标　志
禁止场地运输车辆通行		禁止带心脏起搏器的人士通行	
禁止用水喷淋		禁止体内植入金属的人士通行	

四 救援标志

救援标志是带有白色标志的绿底矩形标牌,见表 5-5。箭头表示救援设备或设施所在位置。逃生路线和逃生方向通过这些标志标记出来,以便在危险情况下迅速安全地离开危险区域。

常见的救援标志　　表 5-5

含　义	标　志	含　义	标　志
急救措施		紧急出口(该标志仅布置在某一紧急出口上方)	
眼睛冲洗装置		应急淋浴	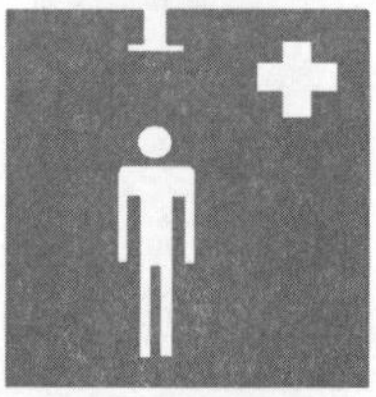
担架	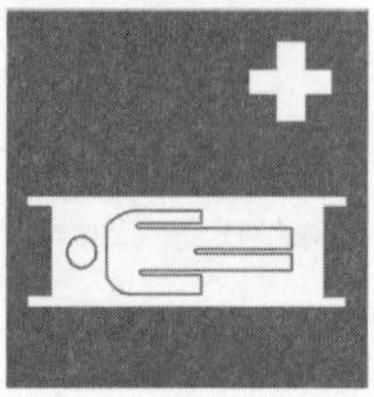	紧急呼叫电话	

续上表

含　义	标　志	含　义	标　志
救援通道向左		救援标志 自动减颤器	
救援通道向右		急救方向(向左)	
医生		急救方向(向上)	
逃生通道(向左)		急救方向(向右)	
逃生通道(向右)		急救方向(向下)	
紧急出口(该标志仅布置在某一紧急出口上方)		集合地点	

五 防火标志

防火标志是带有白色标志的红色矩形标牌，见表5-6。箭头表示防火设备或设施所在位置。这些箭头只允许与另一个防火标志一起使用。

常见的防火标志　　表 5-6

含　义	标　志	含　义	标　志
火警电话		向左方向箭头	
消防器材		向上方向箭头	
灭火器		向右方向箭头	
灭火软管	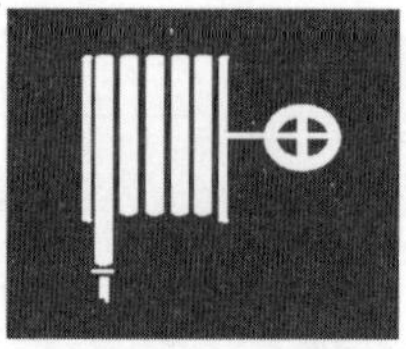	向下方面箭头	
梯子			

六 危险物品

未按规定处理时,危险物品可能导致严重的人员伤害和物品损坏。危险物品容器上带有危险标志、危险说明和安全建议,见表 5-7。

常见的危险物品标志　　表5-7

物　品	危　险	标　志	安全建议
制动摩擦片、离合器摩擦片、磨削粉尘	吸入时对健康有害	刺激性 	吸除粉尘，用合适的方式捆绑并存放在密封性好的容器内
溶剂、清洗剂	吸入和误饮这些物品时可能危害健康	低毒性、较高易燃性  	避免与皮肤直接接触。使用护肤膏，远离火源，禁止吸烟
汽油	爆炸性，高易燃性，吸入、误饮和与皮肤接触时有中毒危险，可能致癌	高易燃性、有毒  	远离火源、禁止吸烟。不要吸入汽油蒸气，避免与皮肤和眼睛接触。使用护肤膏，切勿将其作为清洁剂使用
蓄电池酸液	对皮肤和眼睛有灼伤的危险。吸入时可能刺激或伤害黏膜和呼吸道	灼伤 	避免与皮肤直接接触。运输容器保持密闭状态，只使用原装容器。戴上手套、防护眼镜，必要时使用面部防护用具，确保通风和排风良好

续上表

物　品	危　险	标　志	安全建议
机油和柴油	避免长时间或多次与皮肤接触	刺激性、较高易燃性  	使用护肤膏，与皮肤或衣物接触时必须彻底清洗。远离火源
底部保护和空腔保护，黏结剂、油漆、运输防腐蜡	易燃性，吸入和接触时可能导致皮肤、黏膜、眼睛和呼吸道受刺激或发炎，可能出现麻醉现象	较高易燃性、低毒性  	远离火源，工作时确保通风良好，存放在密闭容器内且保持存放地点通风良好。使用护肤膏，戴上防护手套，必要时戴上防护眼镜

第六章 Chapter 6

汽车维修工具和量具的使用

知识目标

1. 能够熟悉各种常见通用维修工具的使用及注意事项;
2. 掌握正确选用各种常见通用维修工具的方法;
3. 了解汽车维修中常见量具的名称、规格和工作原理;
4. 熟悉汽车维修过程中常用量具的正确使用方法和读数方法;
5. 能够正确掌握汽车维修中常用量具的维护和存放方法。

常言道"工欲善其事,必先利其器",对于汽车维修工作来讲也有"三分技术,七分工具"的说法,由此可见,正确地选用工具对汽车维修来说是何等重要。但很多维修技术人员不太重视工具和量具的使用方法,导致不能顺利完成维修工作。使用工具和测量仪器的基本要求如下:

(1)了解正确的用法和功能。了解每件工具和测量仪器的功能和正确用法,如果用于规定之外的用途,工具或测量仪器会损坏,而且零件也会损坏或者导致工作质量降低。

(2)了解使用仪表的正确方法。每件工具和测量仪器都有规定的操作程序,要确保在工作部件上正确使用工具,用在工具上的力要恰当,工作姿势要正确。

(3)正确选择。根据尺寸、位置和其他条件的不同,有不同的工具可用于松开螺栓,要根据零件形状和工作场地选择适合的工具。

(4)力争保持安排有序。工具和测量仪器要放在容易拿到的位置,使用后要放回原来的正确位置。

(5)严格坚持工具的维护和管理。工具要在使用后立即清洗并在需要的位置涂油。如需要修理,就要立即进行,这样工具就可以永远处于完好状态。

常用的维修工具、量具及设备是每一个维修企业开业的必备条件,认识和掌握这些维修机具对规范维修操作、保证维修质量、提高工作效率至关重要。

第一节 常用维修工具的使用

汽车维修常用工具包括套筒、扳手、钳子、螺丝刀、电动工具及气动工具等。

一 扳手

扳手是汽车修理中最常用的一种工具,主要用于扭转螺栓、螺母或带有螺纹的零件。如果扳手选用不当或使用不当,不但会造成零件和扳手损坏,还可能引发危及人身安全方面的事故。因此,正确地选用和使用扳手显得尤为重要。

扳手种类繁多,常见的有梅花扳手、呆扳手(开口扳手)、组合扳手、活扳手等。在拆卸螺栓时,应按照“先套筒扳手、后梅花扳手、再呆扳手、最后活扳手”的选用原则进行选取,如图6-1所示。

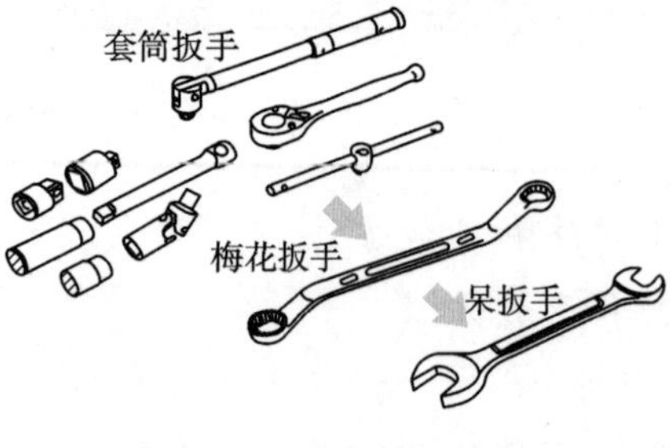

图6-1 扳手的选用原则

在选用扳手时,要注意扳手的尺寸,尺寸是指它所能拧动的螺栓或螺母正对面间的距离。例如扳手上表示有22mm,即此扳手所能拧动螺栓或螺母棱角正对面间的距离为22mm。

现在常见的工具都有米制、英制两种尺寸单位。米制和英制之间的换算关系为:1mm = 0.03937in。

注意

禁止使用米制的扳手旋动英制的螺栓或螺母;禁止使用英制的扳手旋动米制的螺栓或螺母。

1 呆扳手

(1)呆扳手(又称开口扳手)结构特点。呆扳手两头均为U形的钳口,可套住螺栓或螺母六角的两个对向面。呆扳手主要适用于无法使用套筒扳手和梅花扳手操作的位置。因为有些螺栓或螺母必须从横侧插入，此时呆扳手可以做到，而其他扳手则不行，如图 6-2 所示。

呆扳手的钳口与手柄存在一定的角度，这样可以通过反转呆扳手来增加适用空间，如图 6-3 所示。

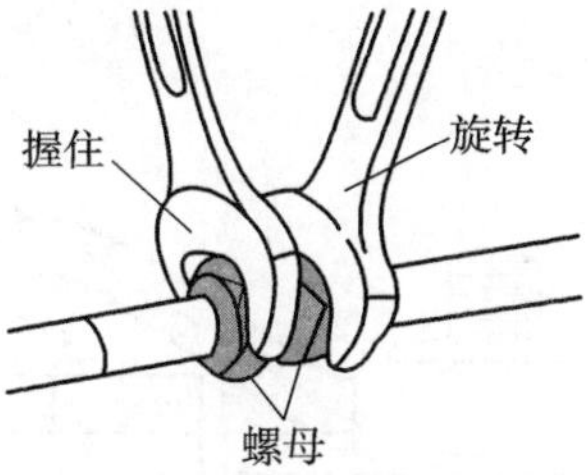

图 6-2　呆扳手的使用方法(一)

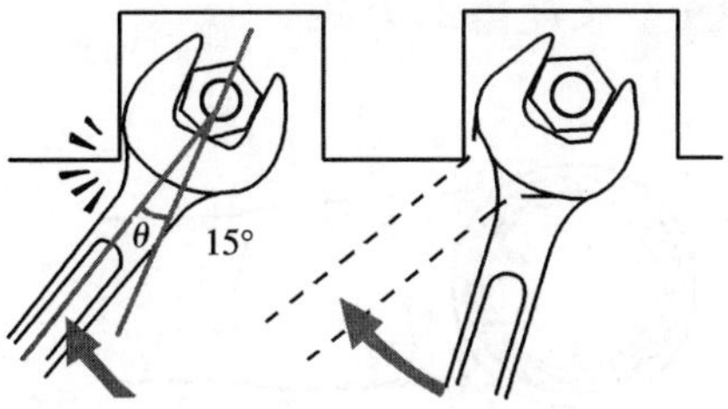

图 6-3　呆扳手的使用方法(二)

(2)呆扳手的选用。选择呆扳手时，要根据螺栓头部的尺寸来确定合适的型号，并确保钳口的直径与螺栓头部直径相符，配合无间隙，然后才能进行操作。

注意

不能在扳手手柄上套管，这样会损害扳手。扳手不能提供较大力矩，由此不能用于最终拧紧。禁止将呆扳手当撬棍使用，这样会损坏工具。

2 梅花扳手

(1)梅花扳手的结构特点。梅花扳手两端呈花环状，其内孔是由 2 个正六边形且互同心错开 30°而成。很多梅花扳手都有弯头，常见的弯头角度在 10°～45°之间，从侧面看旋转螺栓部分和手柄部分是错开的。这种结构方便于拆卸装配在凹陷空间的螺栓、螺母，并可以为手指提供操作间隙，以防止擦伤。

(2)梅花扳手的使用方法。在使用梅花扳手时，左手推住梅花扳手与螺栓连接处，保持梅花扳手与螺栓完全配合，防止滑脱，右手握住梅花扳手另一端并加力。扳手转动 30°后，就可更换位置，特别适用于拆装处于空间狭小位置的螺栓、螺母。

梅花扳手可将螺栓、螺母的头部全部围住，因此不会损坏螺栓角，可以施加大力矩，如图 6-4 所示。

由于梅花扳手是有角度的，因此可用于在凹进空间里或在平面上旋转螺栓/螺母，如图 6-5 所示。

注意

严禁使用锤子敲击扳手以增加力矩,否则会造成工具损坏。严禁使用带有裂纹和内孔已经严重磨损的梅花扳手。严禁将加长的管子套在扳手上,以延伸扳手长度增加力矩。

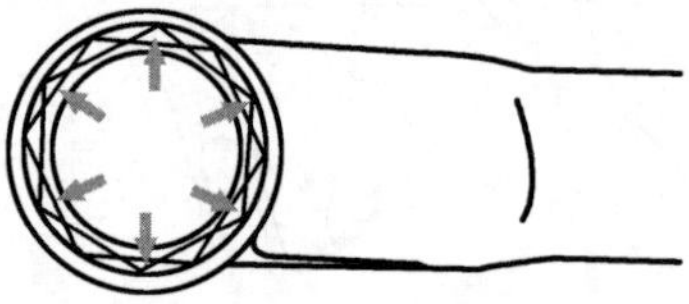

图6-4　梅花扳手的使用方法(一)

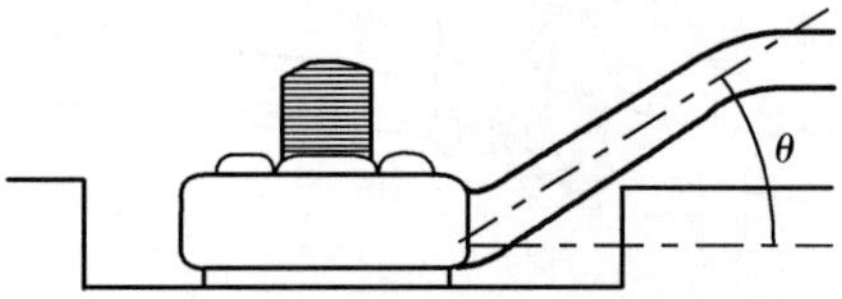

图6-5　梅花扳手的使用方法(二)

3 成套的套筒扳手

1 套筒头的规格和类型

套筒扳手是拆卸螺栓最方便、灵活而且安全的工具。使用套筒扳手不易损坏螺母的棱角。根据工作空间大小、力矩要求和螺栓或螺母的尺寸选用合适的套筒头。根据尺寸大小,套筒头有大和小两种,如图6-6所示。大尺寸套筒头可以获得比小尺寸套筒头更大的扭矩。

根据套筒钳口形状分类有双六角形和六角形两种,如图6-7所示。六角部分与螺栓/螺母的表面有很大的接触面,这样就不容易损坏螺栓/螺母的表面:双六角型套筒各角之间只间隔30°,可以很方便地套住螺栓,适合于在狭窄的空间中拆卸螺栓。

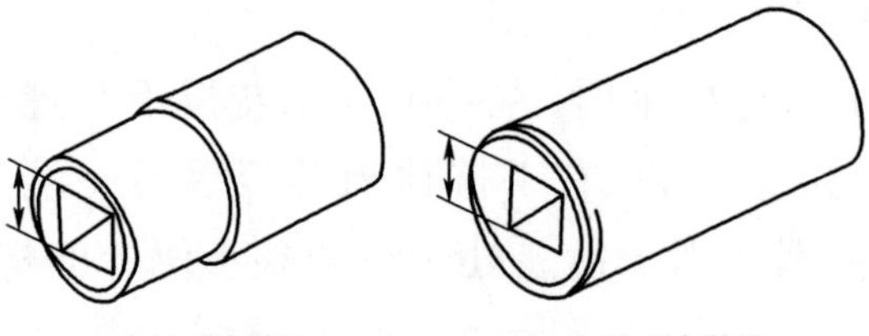

a) 大尺寸套筒头　b) 小尺寸套筒头

图6-6　套筒头的尺寸

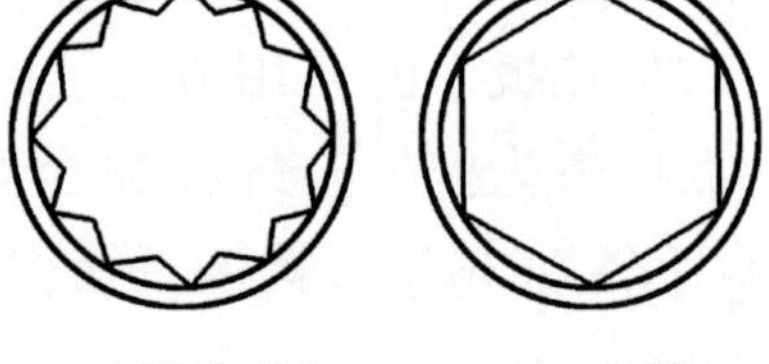

a)双六角形　b)六角形

图6-7　套筒头钳口的两种形状

双六角型套筒不能拆卸大力矩或棱边已经磨损的螺栓,因为它与螺栓的接触面小,容易损坏螺栓的棱角或出现滑脱,产生安全事故。

2 套筒接合器

套筒接合器又称套筒转换接头，是将现有的不同尺寸规格的手柄和套筒配合使用，例如10mm系列的手柄接12.5mm系列的套筒或者12.5mm系列手柄接10mm系列套筒等都需要转换接头。转换接头有两种，一种是“小”→“大”，另外一种是“大”→“小”，如图6-8所示。

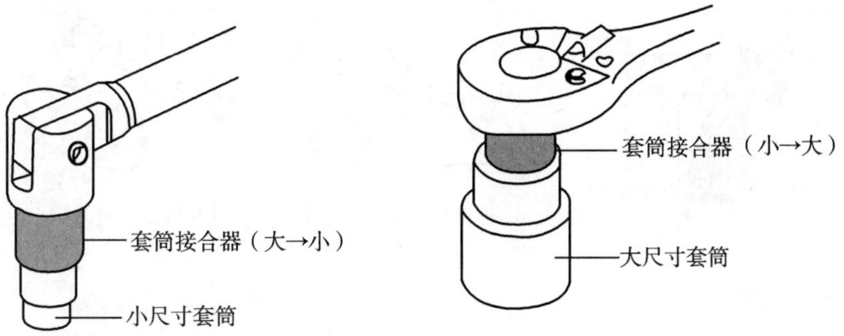

图6-8　套筒接合器的使用方法

套筒接合器在使用过程中，必须要控制力矩的大小。因为套筒和手柄经过转换后，不是同一尺寸范围，如果按照原来的尺寸施加力矩，就会损坏套筒或手柄，如图6-9所示。

3 万向接头

万向接头的方形套头部分可以前后或左右移动，配套手柄和套筒之间的角度可以自由变化，如图6-10所示。其工作原理与前置后驱汽车传动轴使用的万向节基本相同。

图6-9　套筒接合器使用的注意事项

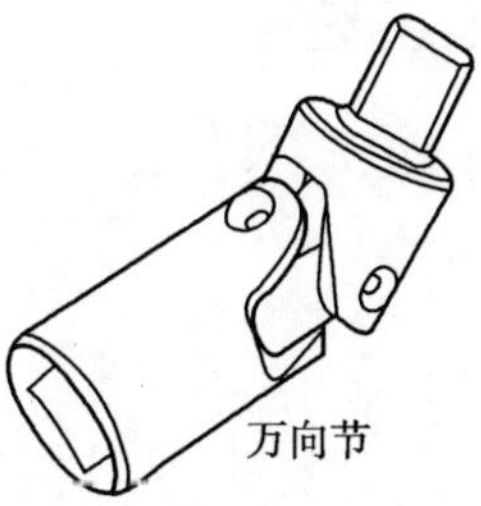

图6-10　万向节结构

套筒扳手与配套手柄是垂直连接的，但车辆上很多地方套筒是无法伸入的，这时候万向接头将提供最大的方便，它可以提供比可弯式接头更大的变向空间，如图6-11所示。

使用万向接头时，不要使手柄倾斜较大角度来施加力矩，如图6-12a）所示。应尽可能在接近垂直状态下使用,因为偏角过大会使力矩的传递效率降低。使用气动工具时严禁使用万向节,因为球节由于不能吸收旋转摆动会发生脱开情况。造成工具、零件或车辆损坏,甚至造成人身伤害,如图6-12b)所示。

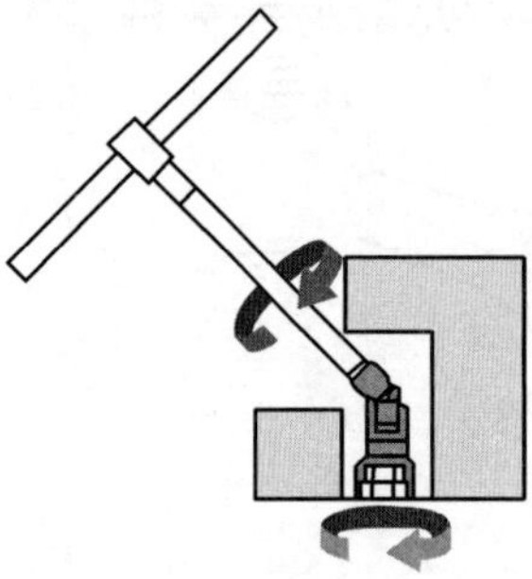

图6-11　万向节使用方法

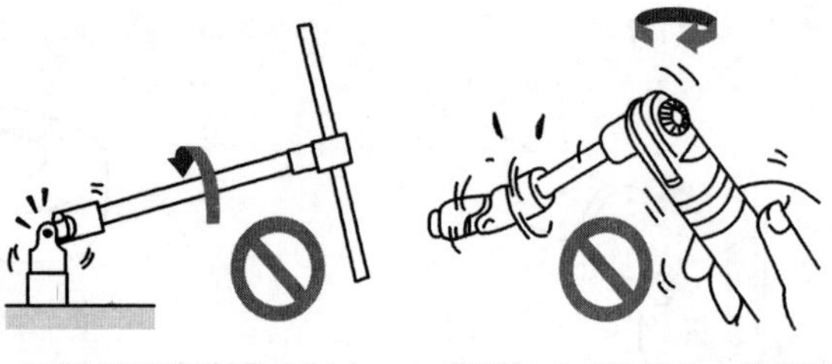

a) 手柄不要倾斜角度过大　b) 使用气动工具时禁止使用万向节

图6-12　使用万向节时注意事项

4 接杆

接杆又称延长杆或加长杆,是套筒类成套工具不可缺少的一部分。日常汽车维修工作中,有75mm、125mm、150mm和250mm等不同长度的接杆供选用,即我们常说的长接杆和短接杆。

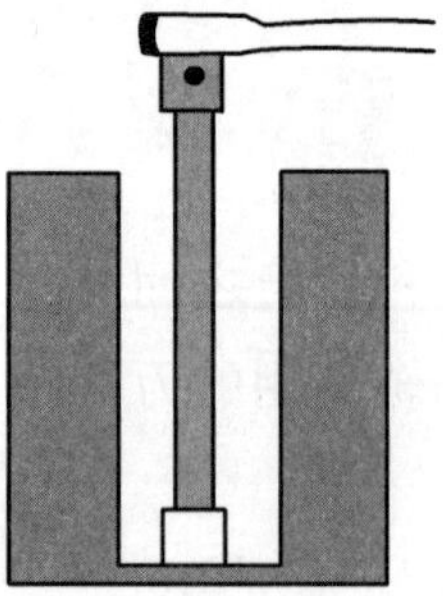

图6-13　接杆的使用方法(一)

接杆的主要作用是加装在套筒和配套手柄之间,用于拆卸和更换装得很深、仅凭套筒和手柄无法接触的螺栓、螺母,如图6-13所示。

另外,在拆卸平面上的螺栓、螺母时,工具会紧贴在操作面上,妨碍正常拆卸,甚至会产生安全事故。接杆可将工具抬离平面一定高度,便于操作,如图6-14所示。

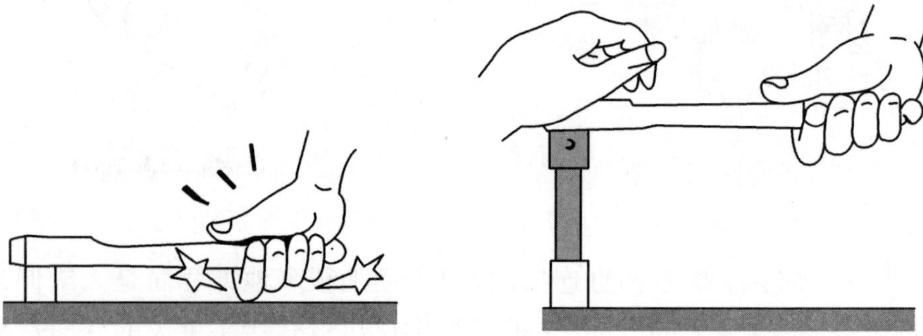

a) 不合理的操作　　b) 接杆的作用

图6-14　接杆的使用方法(二)

有很多接杆经过改进后具有特殊功能，如转向接杆和锁定接杆等。所谓转向接杆，是指普通接杆与套筒连接的方榫部，经过改进再装上套筒后，会产生10°左右的偏角，因而使用非常方便。锁定接杆是指接杆具有套筒锁止功能，也就是说，在使用过程中再也不用为套筒或万向节接头的掉落而烦恼了。

注意

禁止把接杆当冲子使用。

5 手柄

套筒手柄是装在套筒上用于扳动套筒的配套手柄，如果没有配套手柄，套筒将无法独立工作。

(1)滑杆又称滑动T形杆，是套筒专用配套手柄，横杆部可以滑动调节。通过滑动方榫部分，手柄可以有两种使用方法，如图6-15所示。方榫位置在一端，形成L形结构，从而增加力矩，达到拆卸或紧固螺栓的目的，与L形扳手类似。方榫部分在中部位置，形成T形结构，两只手同时用力，可以增加拆卸速度，但要求的工作空间很大。

注意

当拆卸力矩过大时，禁止在滑杆的手柄上再加装套管或用锤子捶击，否则会造成工具或螺栓损坏。

(2)旋转手柄又称摇头手柄或扳杆，可用于拆下或更换要求大力矩的螺栓或螺母，也可在调整好手柄后进行迅速旋转，如图6-16所示。但手柄很长，很难在狭窄空间中使用。旋转手柄头部可以作铰式移动，这样可以根据作业空间要求，调整手柄的角度进行使用。

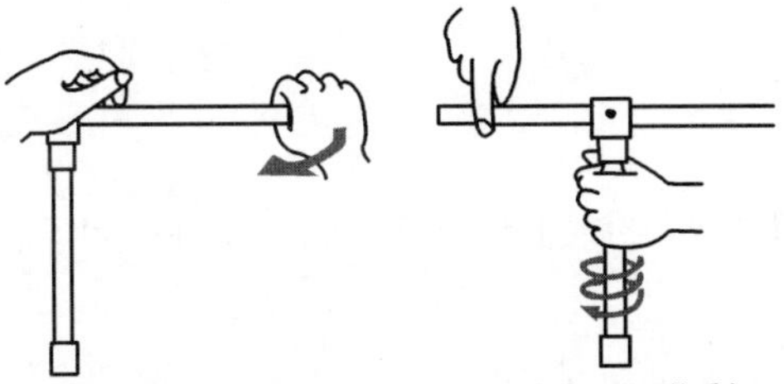

a)“L”形手柄　　b)“T”形手柄

图6-15　滑杆型手柄的使用方法

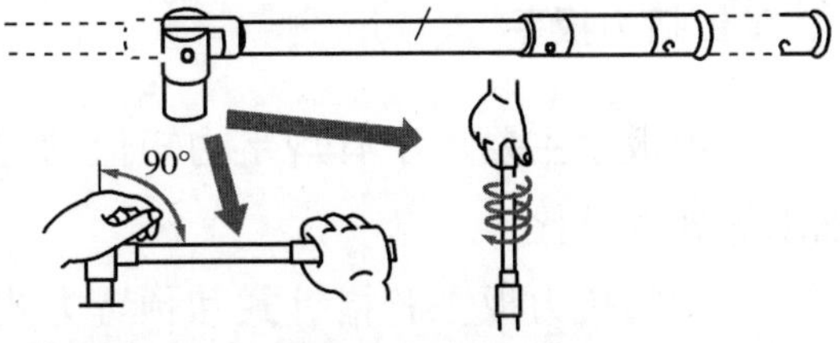

图6-16　旋转手柄的使用方法

注意

滑移手柄需要其碰到使用前的锁紧位置。如果不在锁紧位置上,手柄在工作时可能滑进滑出,这样会改变技师的工作姿势并造成人身伤害。

(3)棘轮手柄是最常见的套筒手柄,如图 6-17 所示。

棘轮手柄头部设计有棘轮装置,在不脱离套筒和螺栓的情况下,可实现快速单方向的转动。通过调整锁紧机构可改变其旋转方向:将锁紧机构手柄调到左边,可以单向顺时针拧紧螺栓或螺母;将锁紧机构手柄调到右边,可以单向逆时针松开螺栓或螺母,如图 6-18 所示。

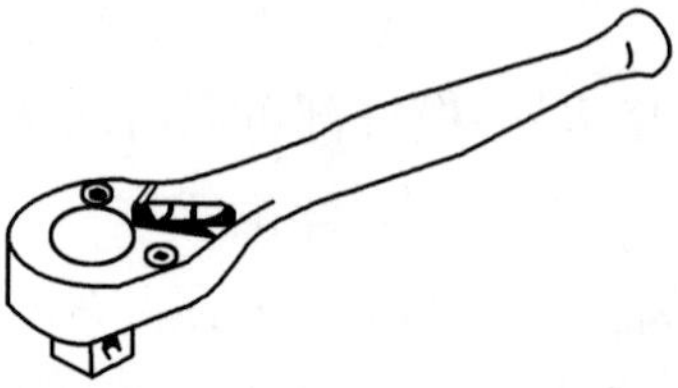

图 6-17　棘轮手柄外部形状

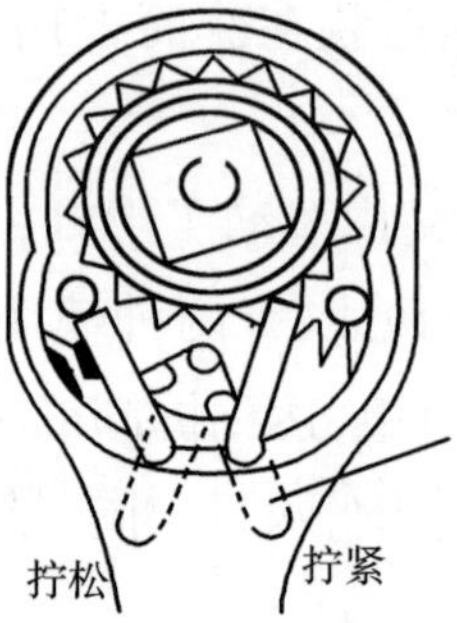

图 6-18　棘轮的换向功能

棘轮手柄使用方便但不够结实。不要使用棘轮扳手对螺栓或螺母进行最后的拧紧,另外,严禁对棘轮手柄施加过大的扭矩,否则会损坏内部的棘爪结构。

有些专业棘轮扳手设计有套筒锁止及快速脱落功能,只需单手操作,可防止在使用过程中,套筒或接杆脱落。使用时,按下锁定按钮,将套筒头套入棘轮扳手的方榫中,松开锁定按钮,套筒即被锁止,如再次按下锁定按钮,即可解除套筒锁定。

4 扭力扳手

扭力扳手主要用于有规定力矩值的螺栓和螺母的装配,如汽缸盖、连杆、曲轴主轴承等处的螺栓。

常用的扭力扳手有指针式和预置力式两种,如图 6-19 所示。

指针式扭力扳手结构相对比较简单,其数值可通过刻度盘读出。汽车维修中常用扭力扳手的规格为300N·m。使用指针式扭力扳手时，应注意左手在握住扳手与套筒连接处时，不要碰到指针杆，否则会造成读数不准。

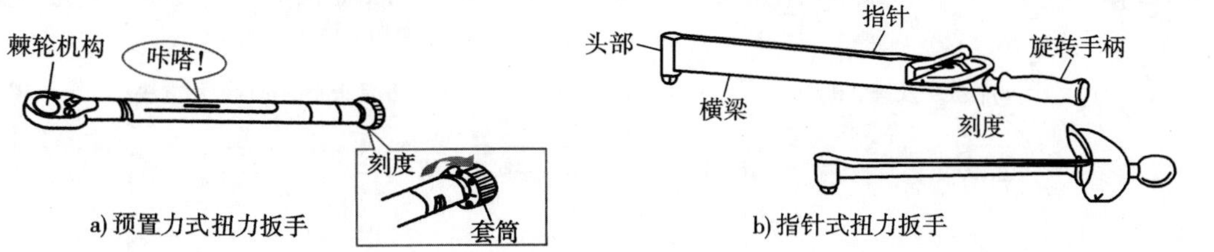

a) 预置力式扭力扳手　b) 指针式扭力扳手

图6-19　常用扭力扳手

预置力式扭力扳手可通过旋转手柄，预先调整设定力矩，达到设定力矩时，该扳手会发出警告声，以提示用户。当听到"咔哒"声响后，立即停止旋力，以保证力矩正确，当扳手设在较低扭力值时，警告声可能很小，所以应特别注意。

注意

拧紧螺栓、螺母时，不能用力过猛，不可施加冲击扭力。当旋紧阻力不断增加时，旋转的速度应相应放缓，以免损坏螺纹。当扭力过大时，禁止在扭力扳手的手柄上再加装套管或用锤子捶击。切勿在达到预置扭力后继续旋力，如继续旋力，会使扭力大大超出预设值，除对扳手造成严重损害外，还会损坏螺栓、螺母。

5 活扳手

(1)活扳手结构特点。活扳手又称可调扳手或活络扳手，适用于拆装尺寸不规则的螺栓、螺母，它能在一定范围内任意调节开口尺寸，如图6-20a)所示。一个活扳手可用来代替多个呆扳手。活扳手由固定钳口和可调钳口两部分组成，活扳手的开度大小通过调节螺杆进行调整。

(2)活扳手的使用方法。使用活扳手时应先将活扳手调整合适，使活扳手钳口与螺栓、螺母两对边完全贴紧，不应存在间隙。使用时，要使活扳手的可调钳口受推力，固定钳口受拉力，只有这样施力，才能保证螺栓、螺母及活扳手本身不被损坏，如图6-20b)所示。如果不按照这种方法转动活扳手，会使压力作用在调节螺杆上，在施力时促使钳口变大，将损坏螺栓、螺母的棱角和活扳手本身。

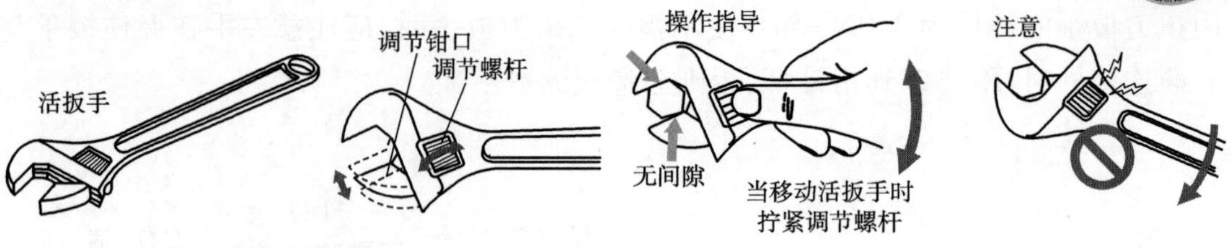

a)活扳手及调节机构　　b)活扳手的正确使用方法

图 6-20　活扳手结构和使用方法

注意

使用时,严禁在活扳手上随意加装套管或锤击活扳手。严禁将活扳手当作锤子来使用,这样会使活扳手损坏。

二 钳子

钳子用于弯曲小的金属材料,夹持扁形或圆形零件,切断软的金属丝等。

在汽车维修中,常用的类型有钢丝钳、鲤鱼钳、尖嘴钳、斜嘴钳、水泵钳、卡簧钳、大力钳、管钳等。

钳子的选用及使用应根据在汽车维修中所要达到的不同目的来选用不同种类的钳子,并且还要考虑工作空间的大小等因素。

1 钢丝钳

钢丝钳是最常见的一种钳子,如图 6-21 所示,它可以用来切断金属丝或夹持零件。

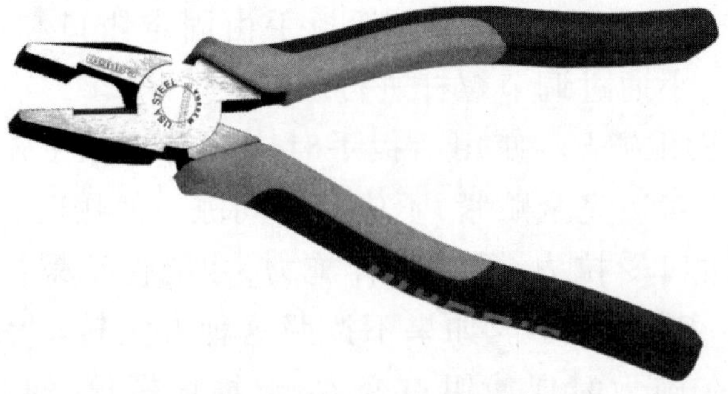

图 6-21　钢丝钳的结构

使用钢丝钳时，用手握住钳柄后端，使钳口开闭，钳口前端主要用于夹持各种零件，根部的刃口可用来切割细导线。当钢丝钳切断较硬的钢丝等物体时，禁止使用锤子击打钳子来增加切削力，这样会损坏钢丝钳。

2 尖嘴钳

尖嘴钳的结构如图 6-22a）所示，钳口长而细，特别适合在狭窄空间里使用。在狭窄的空间中，钢丝钳无法满足工作条件时，可用尖嘴钳代替，如图 6-22b）所示。

严禁对尖嘴钳的钳头部施加过大的压力，这样会使尖嘴钳的钳口尖部扩张成U 形。

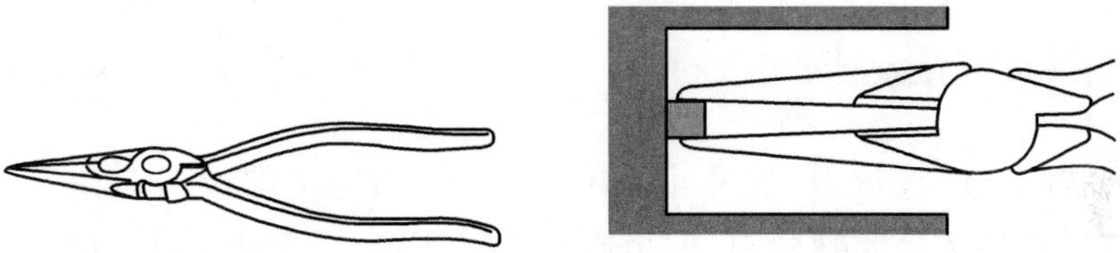

a)尖嘴钳的结构　　b)尖嘴钳的作用

图 6-22　尖嘴钳的结构和作用

3 鲤鱼钳

鲤鱼钳又称鱼嘴钳，主要用于夹持、弯曲和扭转零件。鲤鱼钳的手柄一般较长，可通过改变支点上槽孔的位置来调节钳口张开的程度。在用鲤鱼钳夹持零件前，必须用防护布或其他防护罩遮盖易损坏件，如图6-23所示，防止锯齿状钳口对易损件造成伤害。

4 斜口钳

斜口钳又称剪钳，主要用于切割金属丝或导线，如图 6-24 所示。斜口钳的钳口有刃口，而且尖部为圆形，不具备夹持零件的作用，只能用于切割金属丝或导线。

斜口钳可以剪切钢丝钳和尖嘴钳不能剪切的细导线或线束中的导线。但是严禁用来切割硬的或粗的金属丝，这样会损坏刃口。

三 螺丝刀

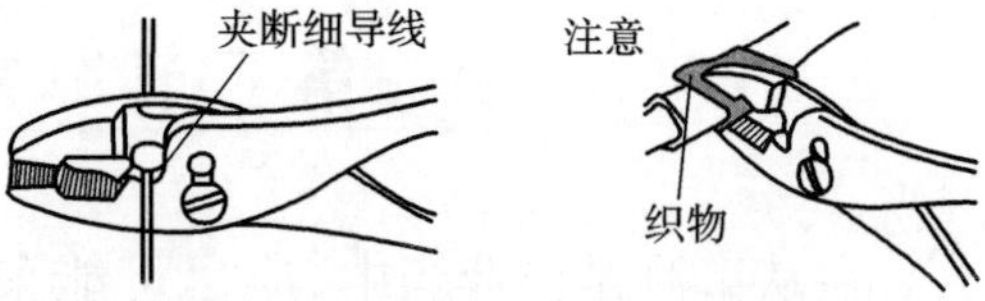

图 6-23　鲤鱼钳使用的注意事项

螺丝刀俗称改锥或起子，主要用于旋拧小力矩、头部开有凹槽的螺栓和螺钉。

螺丝刀的类型取决于本身的结构及尖部的形状，常用的有一字螺丝刀、十字螺丝刀。一字螺丝刀用于单个槽头的螺钉，十字螺丝刀用于带十字槽头的螺钉，如图6-25所示。

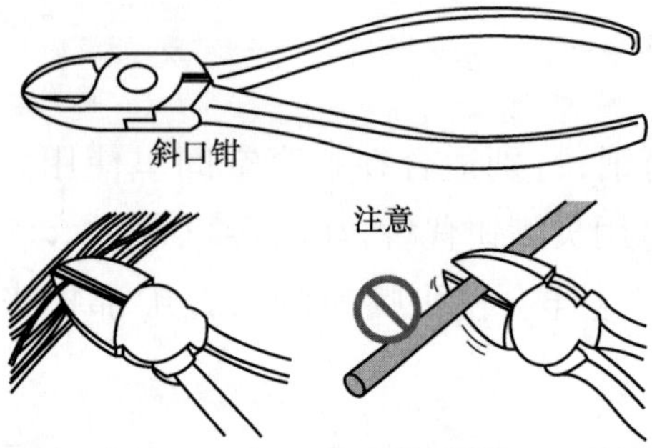

图6-24 斜口钳的使用

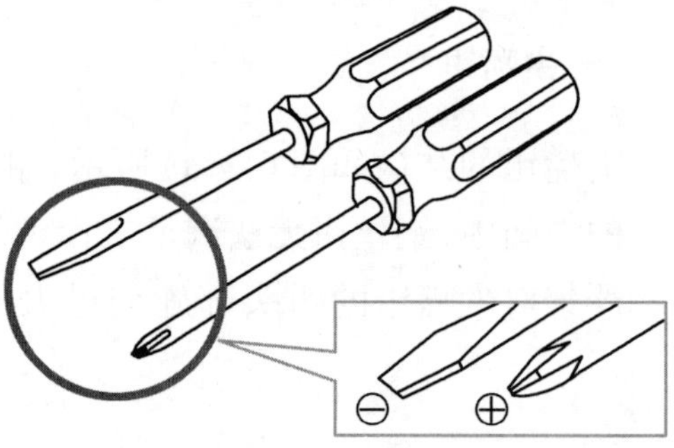

图6-25 螺丝刀的外形结构

尖部形状相同的螺丝刀，尺寸也不完全一样，如梅花螺丝刀。在汽车维修中经常用到头部尺寸是2号的螺丝刀，但也有更大一点的3号螺丝刀和更小一点的1号螺丝刀，甚至还有更小的微型螺丝刀。

选用螺丝刀时，应先保证螺丝刀头部的尺寸与螺钉的槽部形状完全配合，选用不当会严重损坏螺丝刀。选用时应先大后小，即先选择3号，如3号不合适，再依次选择2号、1号。

如果螺丝刀的头部太厚，则不能落入螺钉槽内，否则易损坏螺钉槽；如果螺丝刀的头部太薄，使用时头部容易扭曲。

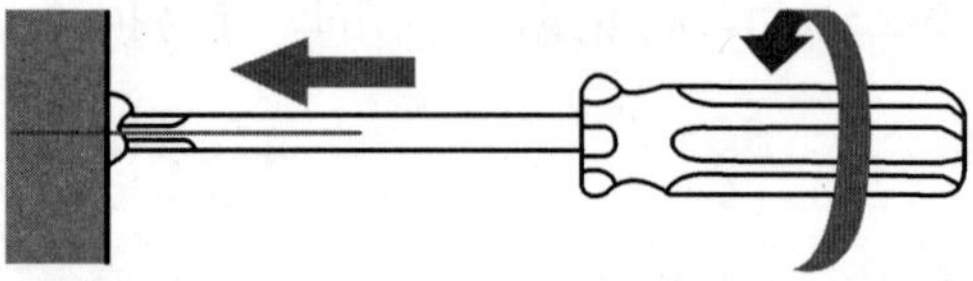

图6-26 螺丝刀的正确使用方法

使用螺丝刀时，应右手握住螺丝刀，手心抵住柄端，螺丝刀与螺钉的轴心必须保持同轴，压紧后用手腕扭转，拆卸时螺钉松动后用手心轻压螺丝刀，并用拇指、食指、中指快速旋转手柄，如图6-26所示。

另外，在使用过程中，要尽量避免将螺丝刀当撬棒，否则会造成螺丝刀的弯曲甚至断裂。禁止将普通螺丝刀当作錾子使用（通心式螺丝刀除外），否则会造成头部缩进手柄内或断裂、缺口。

第二节　常用测量工具的使用

在从事测量作业当中，应尽可能采用精密的测量仪器，但不论何种测量仪器在测量过程中总是会存在测量误差。而误差包括测量仪器的误差（制造和磨损产生的误差)以及测量者本身的误差(因测量者习惯以及视觉因素产生的误差)。因此,测量时应该注意以下事项,方能保持测量数据的精度。

(1)进行测量时,应使测量仪器温度和握持的方法保持在一定的状态。

(2)保持固定的测量动作。

(3)使用后应注意仪器的清洁和维护,并存放在不受灰尘和气体污染的场所。

(4)要定期地检查仪器精度。

一 游标卡尺

1 概述

游标卡尺又称四用游标卡尺,简称卡尺,是由游标(又称副尺)和尺身(又称主尺)制造而成的精密测量仪器,如图6-27所示,能够正确且简单地从事长度、外径、内径及深度的测量。在汽车维修工作中,0.02mm精度的游标卡尺使用最多。

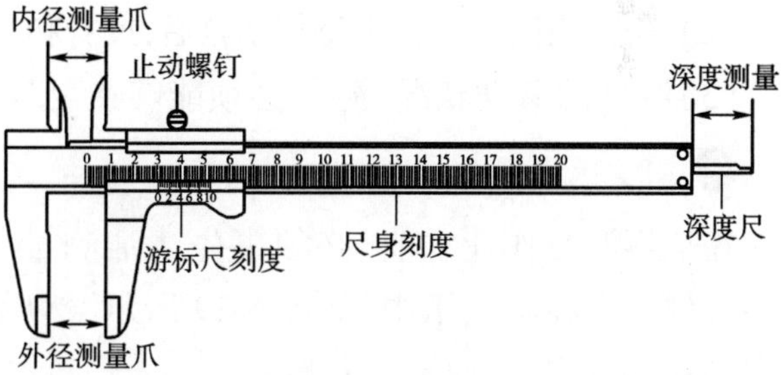

图6-27　游标卡尺的结构

游标卡尺根据最小刻度的不同分为0.05mm和0.02mm两种。若游标卡尺上有50个刻度,则每刻度表示0.02mm;若游标卡尺上有20个刻度,则每刻度表示0.05mm。

有些游标卡尺使用电子读数显示小数部分,这种标尺的测量精度可达到0.005mm或0.001mm。

常用的游标卡尺的测量范围是0~150mm,应根据所测零部件的精度要求选用合适规格的游标卡尺。

游标刻度是将49mm平均分为50等份。尺身是以毫米来划分刻度的,将1cm平均分为10个刻度,在厘米刻度线上标有数字1、2、3等,表示为1cm、2cm、3cm等。

2 游标卡尺的读数

如图6-28所示,读数时,首先读出游标零线左边与尺身相邻的第一条刻线的整毫米数,即测得尺寸的整数值,尺身上的读数为45.00mm。再读出游标上与尺身刻度线对齐的那一条刻度线所表示的数值,即为测量值的小数,游标上的读数为0.25mm。

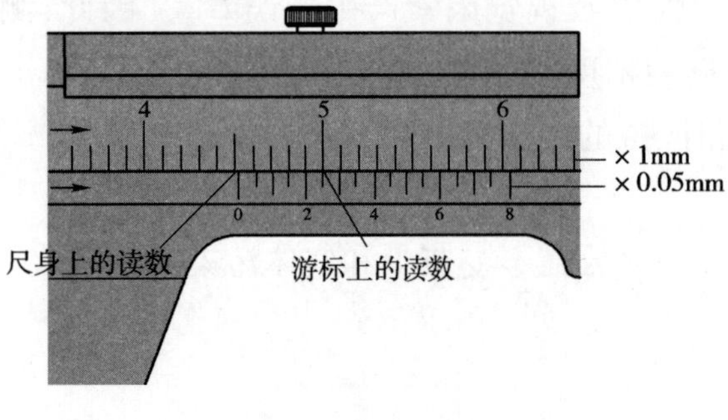

图 6-28　游标卡尺的读数

把从尺身上读得的整毫米数和从游标上读得的毫米小数加起来即为测得的实际尺寸，即：45mm + 0.25mm = 45.25mm。

3 游标卡尺的使用

1 使用前的检查

使用游标卡尺时先应依照下列事项逐一检查：

(1)测定测量爪的密合状态：尺身和游标的测量爪必须完全密合。内径测定用测量爪在密合状态下，能够看到少许光线表示密合良好；反之，如果穿透光线很多，则表示测量爪密合不佳。

(2)零点校正：当测量爪密切结合后，尺身和游标的零点必须相互一致才是正确的。

(3)游标的移动状况：游标必须能够在尺身上轻轻地移动而不会发出声音才行。

2 测量操作

在从事测量作业之前，必须事先清洁测量零件及游标卡尺。在测量外径时，需要将零件深夹在测量爪中，如图 6-29 所示，然后用右手拇指轻压游标卡尺，同时使测定零件和游标卡尺保持垂直状态。

内径尺寸的测量如图 6-30 所示，首先是用拇指轻轻拉开游标，并使尺身测量爪与测定零件保持正确的接触，上下晃动，由指示的最大尺寸读取读数。

此外，用游标卡尺还可以测量汽车零部件的深度。

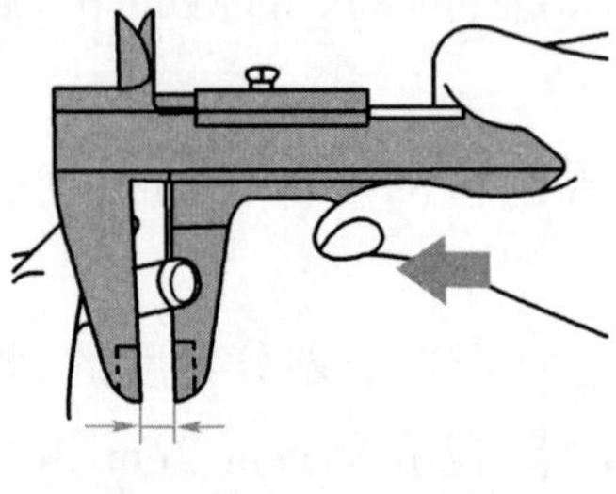

图 6-29　零件外径测量方法

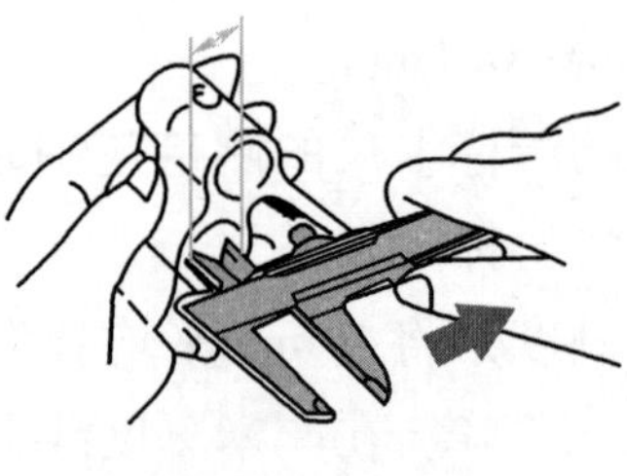

图 6-30　零件内径测量方法

4 游标卡尺的维护注意事项

游标卡尺是一种精密的测量工具，要获得很好的精度应小心轻放和妥善保存。

测量前，应将游标卡尺清洁干净，并将两个测量爪合并，检查游标卡尺的精度情况。在使用之后，应清除灰尘和杂物。读数时，要正对游标刻度，看准对齐的刻线，目光不能斜视，以减小读数误差。

游标卡尺用完后，应清除污垢并涂上防锈油，将其放回盒子里并放在不受冲击及不易掉下的地方保存。

二 外径千分尺

1 概述

千分尺又称螺旋测微器，它是利用螺纹节距来测量长度的精密测量仪器，是一种用于测量加工精度要求较高的零部件，汽车维修工作中一般使用可以测至1/100mm的千分尺，其测量精度可达到0.01mm。

外径千分尺是用于外径测量的千分尺，测量范围一般为0～25mm。根据所测零部件外径大小，可选用测量范围为0～25mm、50～75mm、75～100mm等多种规格的千分尺，如图6-31所示。

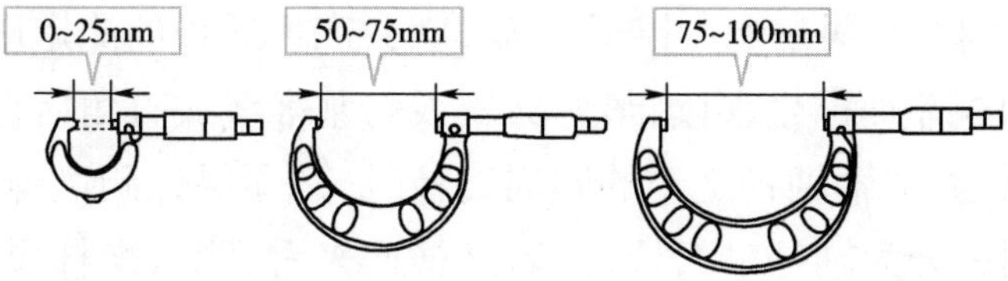

图6-31　不同测量范围的外径千分尺

外径千分尺的构造如图6-32所示，主要由测砧、测微螺杆、尺架、固定套管、微分筒、棘轮旋钮及锁紧装置等部件组成。

固定套管上刻有刻度，测微螺杆每转动一周即可沿轴方向前进或后退0.5mm。微分筒的外圆锥周面上刻有50等份的刻度，在读数时每等份为0.01mm。

棘轮旋钮的作用是保证测微螺杆的测定压力，当测定压力达到一定值时，限荷棘轮即会空转。如果测定压力不固定则无法测得正确尺寸。

2 外径千分尺的读数

固定套管刻度可以精确到0.5mm（可以读至0.5mm），由此以下的刻度则要根据固定套管基准线和微分筒刻度的对齐线来读取读数。

如图6-33所示，固定套管上“A”的读数为55.50mm，微分筒“B”上的0.45mm的刻度线对齐基准线，因此读数是：55.50mm＋0.45mm＝55.95mm。

为便于读取固定套筒上的读数,基准线的上下两方各刻有刻度。

千分尺属于精密的测量仪器,在测量时应注意以下事项:

(1)使用前确保零点校正,若有误差请用调整扳手调整或用测定值减去误差。

(2)被测部位及千分尺必须保持清洁,若有油污或灰尘须立即擦拭干净。

(3)测量时请将被测面轻轻顶住测砧,转动限荷棘轮及固定套管使测微螺杆前进。不可直接转动微分筒。

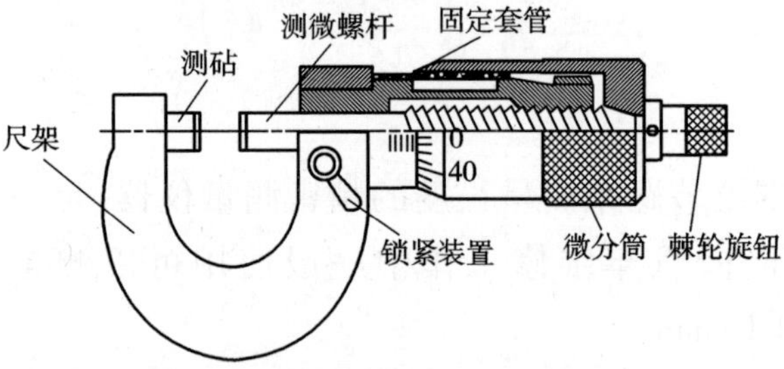

图6-32 外径千分尺的结构

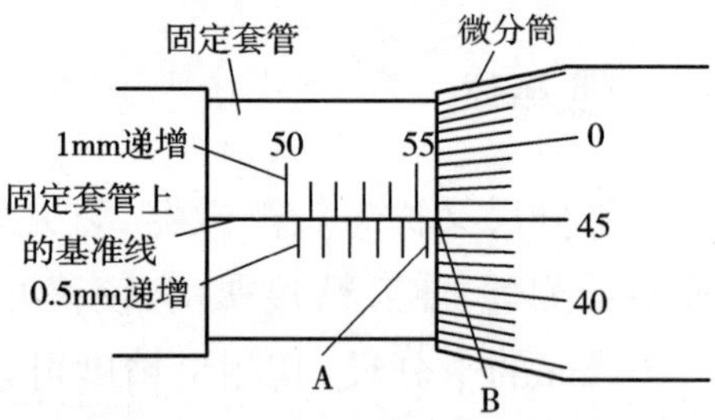

图6-33 外径千分尺的读数

(4)测定时尽可能握住千分尺的尺架部分,同时要注意不可碰及测砧。

(5)旋转后端限荷棘轮,使测砧和测微螺杆端夹住被测部件,然后再旋转限荷棘轮一圈左右,当听到发出两三响"咔咔"声后,就会产生适当的测定压力。

(6)为防止因视差而产生误读,最好让视线与基准线成直角后再读取读数。

(7)当测量活塞、曲轴轴径之类的圆周直径时,必须保证测微螺杆轴线与最大轴径保持一致(即测试处为轴径最大处)。若从横向来看,测微螺杆应与检测部件中心线垂直,只有这样才能保证测试数据正确无误。

3 外径千分尺的使用及维护注意事项

(1)使用时应避免掉落地面或遭受撞击,如果不小心落地,应立刻检查并作适当处理。

(2)严禁放置在污垢或灰尘很多的地点,并且要在使用后将测砧和测微螺杆的测定面分离后再放置。

(3)为防止生锈,使用后须立即擦拭并涂上一层防锈油。保存时应先放置于储存盒内,再置于湿度低、无振动的地方保存。

三 百分表

百分表利用指针和刻度将心轴移动量放大来表示测量尺寸,主要用于测量工件的尺寸误差以及配合间隙。

汽车修理厂采用最小刻度为1/100mm的百分表居多。同时百分表可以和夹具配合使用。

1 测量头的种类

百分表的测量头包括4种类型，如图6-34所示，分别为：长型，适合在有限空间中使用；辊子型，用于轮胎的凸面/凹面测量；杠杆型，用于测量不能直接接触的部件；平板型，用于测量活塞突出部分等。

2 百分表的结构

百分表主要是由尺条和小齿轮装配而成的。其工作原理是：利用尺条和小齿轮将心轴的移动量放大，再由指针的转动来读取测定数值，图6-35为百分表的内部结构及原理示意图。

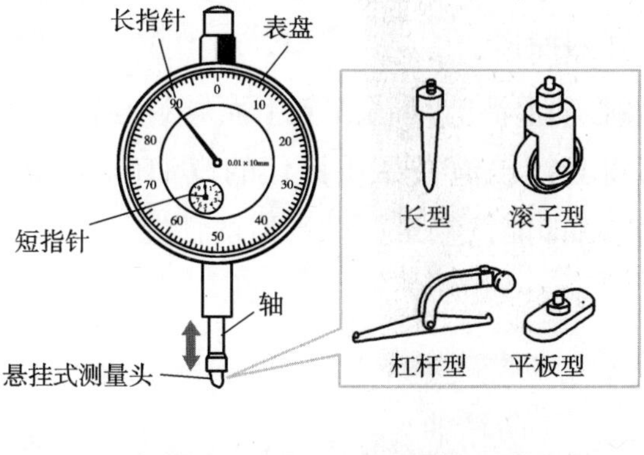

图6-34　百分表的外形和测量头的类型

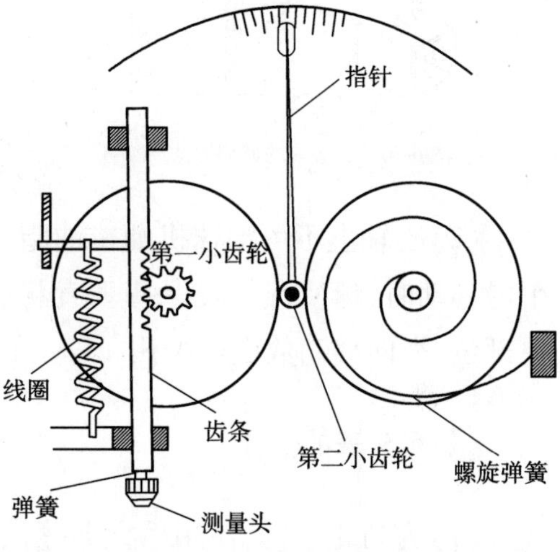

图6-35　百分表的内部结构

百分表利用指针和刻度将心轴移动量放大来表示测量尺寸，主要用于测量工件的尺寸误差以及配合间隙。测量头和心轴的移动量带动第一小齿轮转动，再利用同轴上的传动齿轮传递给第二小齿轮转动，于是装置在第二小齿轮上的指针即能放大心轴的移动量，显示在刻度盘上。而由于长针每一个回转相当于1mm的移动量，将刻度盘分刻100等份，所以测量的移动量可精确到1/100mm。

3 百分表的读数

百分表表盘刻度分为100格，当测量头移动0.01mm时，大指针偏转1格；当测量头移动1.0mm时，大指针偏转1周。小指针偏转1格相当于1mm。

相关提示

百分表的表盘是可以转动的。

4 百分表的使用

百分表要装设在支座上才能使用，在支座内部设有磁铁，旋转支座上的旋钮使表座吸附在工具台上，因而又称磁性表座，如图6-36所示。此外，百分表还可以和夹具、V形槽、检测平板和顶心台合并使用，从事弯曲、振动及平面状态的测定或检查。

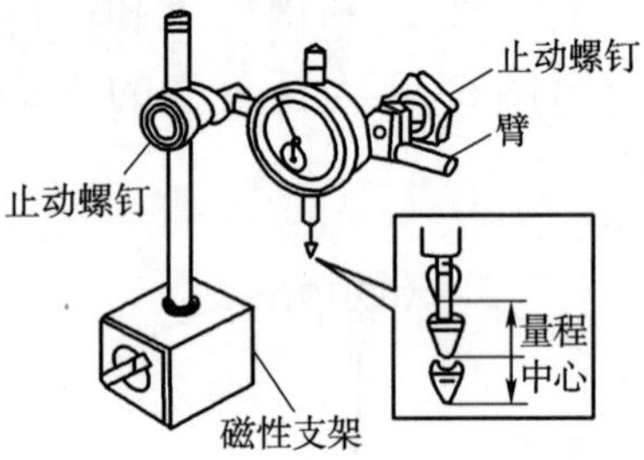

图6-36　百分表的使用方法

5 百分表的使用及维护注意事项

使用百分表时要注意以下两点：

（1）百分表内部构造和钟表相类似，应避免摔落或遭受强烈撞击。

（2）心轴上不可涂抹机油或油脂。如果心轴上沾有油污或灰尘而导致心轴无法平滑移动时，请使百分表保持垂直状态，再将套筒浸泡在品质极佳的汽油内浸至中央部位，来回移动数次后再用干净的抹布擦拭，即能恢复至原来平滑的情况。

6 百分表的保存

（1）为防止生锈，使用后立即擦拭并涂上一层防锈油。

（2）定期检查百分表的精度。

（3）收藏时先将百分表放在工具盒内，再放置在湿度低、无振动的库房内。

四 量缸表

量缸表又称内径百分表，是利用百分表制成的测量仪器，也是用于测量孔径的比较性测量工具。在汽车维修中，量缸表通常用于测量汽缸的磨损量及内径。

1 量缸表的结构

量缸表主要包括百分表、表杆、替换杆件和替换杆件紧固螺钉等。

2 量缸表的使用

(1)使用游标卡尺测量缸径后获得公称尺寸,如图6-37所示,利用这些长度作为选择合适杆件的参考。

(2)量缸表需要经过装配才能使用。首先根据所测缸径的公称尺寸选用合适的替换杆件和调整垫圈,使量杆长度比缸径大0.5~1.0mm。替换杆件和垫圈都标有尺寸,根据缸径尺寸可任意组合。量缸表的杆件除垫片调整式,还有螺旋杆调整式。无论哪种类型,只要将杆件的总长度调整至比所测缸径大0.5~1.0mm即可。

(3)将百分表插入表杆上部,预先压紧0.5~1.0mm后固定。

(4)为了便于读数,百分表表盘方向应与接杆方向平行或垂直。

(5)将外径千分尺调至所测缸径尺寸,并将千分尺固定在专用固定夹上,对量缸表进行校零、当大表针逆时针转动到最大值时,旋转百分表表盘使表盘上的零刻度线与其对齐,如图6-38所示。

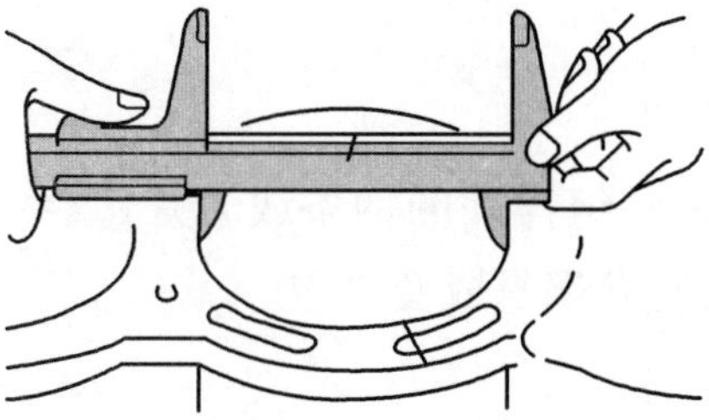

图6-37 使用卡尺获得缸径公称尺寸

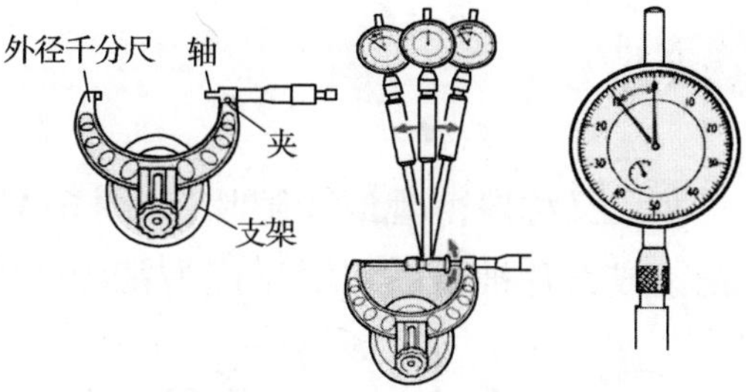

图6-38 量缸表的调校

3 缸径测量

(1)慢慢地将导向板端(活动端)倾斜,使其先进入汽缸内,而后再使替换杆件端进入。导向板的两个支脚要和汽缸壁紧密配合,如图6-39所示。

(2)在测定位置维持导向板不动,而使替换杆件的前端做上下移动并观测指针的移动量,当量缸表的读数最小且量缸表和汽缸成真正直角时,再读取数据。

(3)读数最小即表针顺时针转至最大,在测量位置方面需参考具体的发动机维修手册。

五 卡规

在测量内径很小的配件时,如气门导管等部件,就需要另一种类似于量缸表的量具——卡规，如图 6-40 所示。

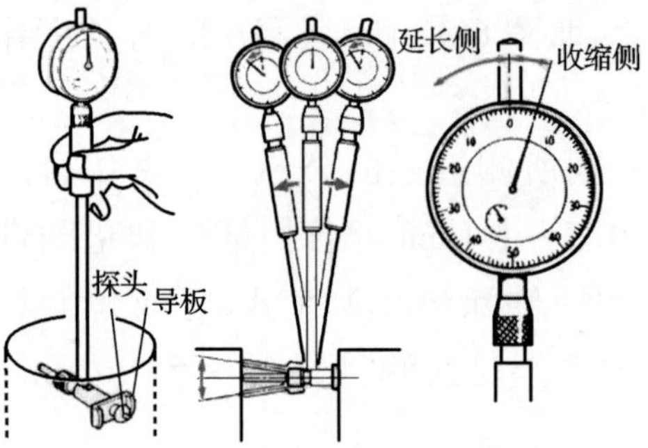

图 6-39　缸径的测量

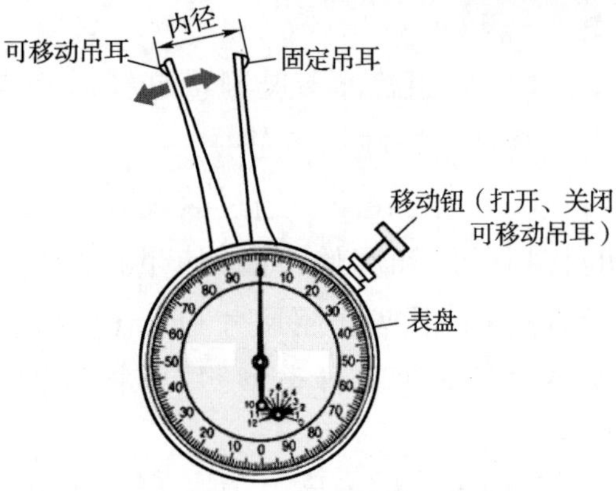

图 6-40　卡规的结构

在使用卡规时，将测量端压缩放入被测物体内，读数与缸径表相同，当移动吊耳移动 2mm 时，则长指针转动一圈，测量精度：0.01mm。

六 塞尺

塞尺又称厚薄规或间隙片，如图 6-41 所示。是一组淬硬的钢条或刀片，这些淬硬钢条或刀片被研磨或滚压成为精确的厚度，它们通常都是成套供应。

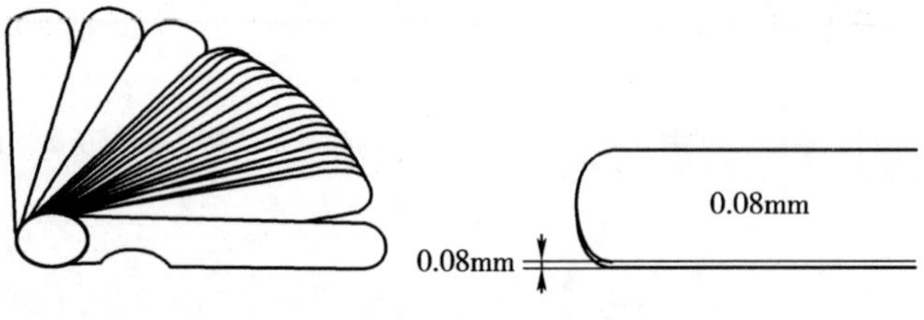

图 6-41　塞尺及其规格

塞尺标出了厚度（单位为 mm），它们可以单独使用，也可以将两片或多片组合在一起使用，以便获得所要求的厚度，最薄的一片可以达到 0.02mm。常用塞尺长度有 50mm、100mm、200mm。

在汽车维修工作中主要用于测量气门间隙、触点间隙和一些接触面的平面度等，如图6-42所示。

使用塞尺测量时，应根据间隙的大小，先用较薄片试插，逐步加厚，可以一片或数片重叠在一起插入间隙内，插入深度应在 20mm 左右。例如，用 0.2mm 的塞尺刚好能插入两工件的缝隙中，而 0.3mm 的塞尺插不进，则说明两工件的结合间隙为 0.2mm。

测量时,必须将塞尺平整插入,松紧适度,所插入的塞尺厚度即为间隙尺寸。严禁将塞尺用大力强硬插入缝隙测量。插入时应特别注意前端,不要用力过猛,否则容易折损或弯曲塞尺。

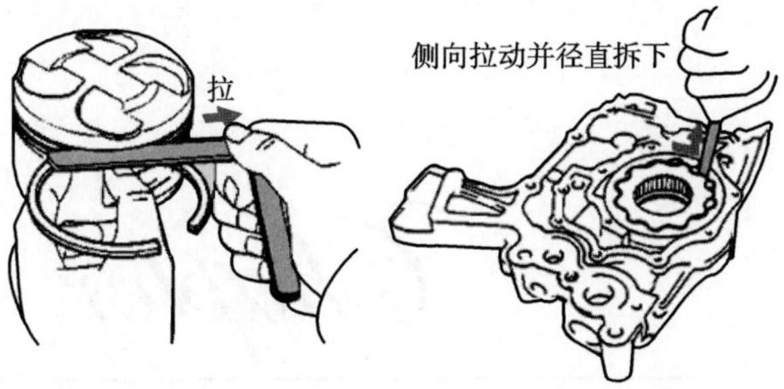

图 6-42 塞尺的应用

注意

使用前必须将塞尺擦净,还应尽量减少重叠使用的片数,因为片数重叠过多会增加误差。

当塞尺同一把直尺一起使用时,塞尺可用来检查零件的平面度,如汽缸盖的平面度。由于塞尺很薄,容易弯曲或折断,测量时不能用力太大,如图 6-43 所示。

测量时应在结合面的全部长度上多处检查,取其最大值,即为两结合面的最大间隙量。测量后及时将测量片合到夹板中去,以免损伤各金属薄片。

塞尺上不得有污垢、锈蚀及杂物;塞尺使用完毕后要将测量面擦拭干净,并涂油,如图6-44所示。已发现有折损或标示刻度已经模糊不清的塞尺应该立即予以更新。

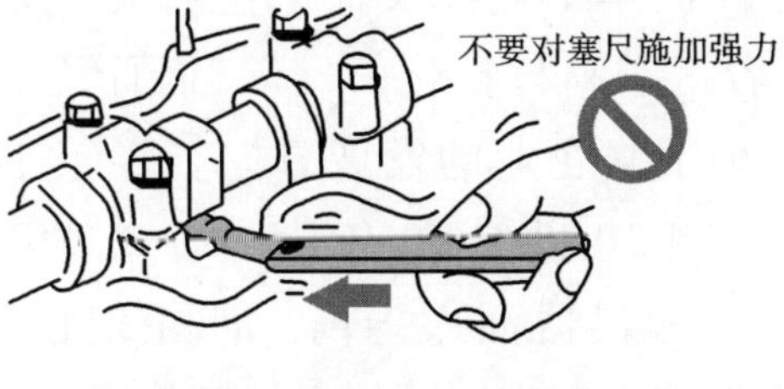

图 6-43 塞尺使用的注意事项

图 6-44 塞尺的存放方法

第七章 Chapter 7

汽车维修常用设备的使用

知识目标

1. 明确仪器、仪表和检测设备的种类；
2. 熟悉各种仪器、仪表和检测设备的结构和工作原理；
3. 了解仪器、仪表和检测设备的使用方法；
4. 明确仪器、仪表和检测设备的使用注意事项。

经过100多年的发展,汽车已成为人类文明史的一大科技进步,汽车工业已成为一个国家和民族工业发展水平的重要标志。汽车工业涉及社会生产的方方面面,而与之关系最密切的汽车维修企业,则随着汽车高科技化的发展,而日益呈现出自身的高科技特征。高科技特征是现代汽车维修企业的发展方向。多年来我国汽车维修设备的生产,也多以机具类为主。当20世纪90年代随着改革开放的不断深入,一批批先进的进口汽车检测设备和仪器涌入国门。四轮定位仪、解码器、扫描仪、汽车专用示波器、汽车专用电表、发动机分析仪、尾气测试仪、电脑动平衡机等这些昔日人们十分陌生的检测设备,已经成为现代维修企业的必备工具。

当前汽车维修检测仪器、仪表的发展趋势是:汽车检测诊断方面的仪器、仪表的比重将有较大幅度增长,以满足贯彻视情修理的可能性,尤其是汽车进入家庭后发展的必然趋势。本章将主要介绍现代汽车维修中常见的仪器、仪表和检测设备的原理和使用方法以及在使用过程中的注意事项。

第一节　仪器、仪表

在汽车检测和维修过程中借助检测仪器、仪表，测量汽车技术状况的有关参数，进行定量的评价，能够作出确切的诊断结论，以科学的识别汽车的技术状况。常用的仪器、仪表有万用表、汽缸压力表、机油压力表、真空表、燃油压力表等。

一 数字式万用表

数字式万用表是目前常用的一种数字化仪表。它具有以下特点：数字显示，读取直观、准确，避免指针式万用表的读数误差；分辨率高；测量速度快；输入阻抗和集成度高；测试功能、保护电路齐全；功率损耗小；抗干扰能力强。下面以 VOLTCRAFT 型汽车万用表为例进行介绍。图 7-1 所示为 VOLTCRAFT 型汽车万用表，其主要功能和使用方法如下。

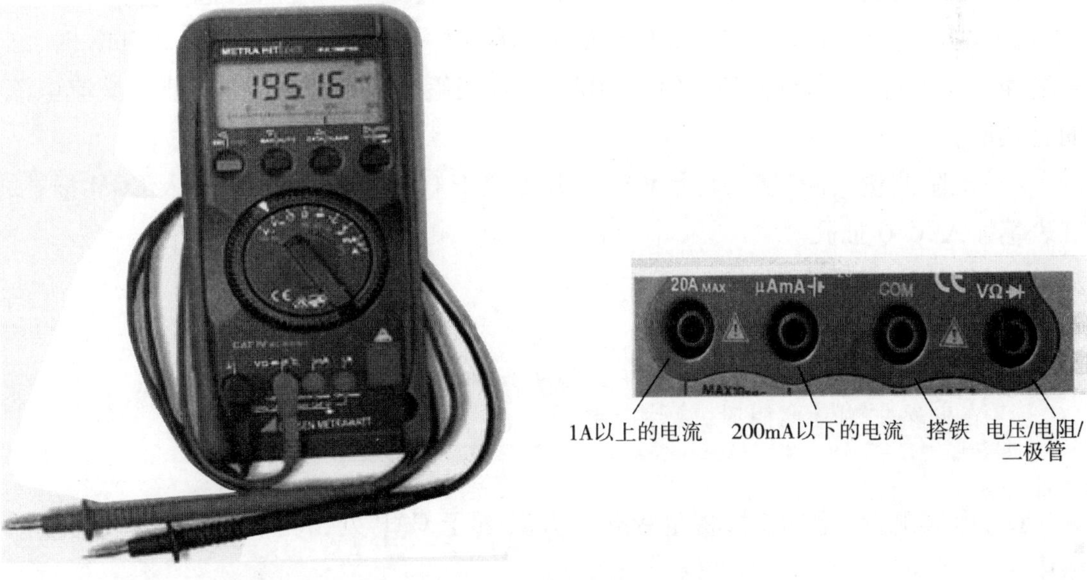

图 7-1　数字式万用表及其测量插孔标记

1 使用方法

操作时首先将 ON/OFF 开关置于 ON 位置。检查 9V 电池，如果电压不足，需更换电池。

(1)直流电压(DCV)测量。将量程转换开关置于 DCV 范围，并选择量程。测量时，将黑表笔插入 COM 插孔，红表笔插入 V/Q 插孔，测量时若显示器上显示“1”，表示过量程，应重新选择量程。

(2)交流电压(ACV)测量。将量程转换开关置于 ACV 范围，并选择量程。测量时，将黑表笔插入 COM 插孔，红表笔插入 V/Q 插孔。测量时不允许超过额定值，以免损坏内部电路。显示值为交流电流的有效值。

(3)直流电流(DCA)测量。将量程转换开关转到 DCA 位置，并选择量程。测量时，将黑表笔插入 COM 插孔，当测量最大值为 200mA 时，红表笔插入 mA 插孔；当测量最大值为 20A 时，红表笔插入 A 插孔。

注意

测量电流时，应将万用表串入被测电路。

(4)交流电流(ACA)测量。将量程转换开关转到 ACA 位置，选择量程。测量时，将测试表笔串入被测电路，黑表笔插入 COM 插孔，当测量最大值为 200mA 时，红表笔插入 mA 插孔；当测量最大值为 20A 时，红表笔插入 A 插孔，显示值为交流电流的有效值。

(5)电阻测量。测量时，将量程转换开关置于 Q 量程，将黑表笔插入 COM 插孔，红表笔插入 V/Q 插孔。

注意

在电路中测量电阻时，应切断电源。

(6)电容测量。测量时，将量程转换开关置于 CAP 处，将被测电容插入电容插座中。

注意

不能利用表笔测量。测量容量较大的电容时，稳定读数需要一定的时间。

（7）二极管测试及带蜂鸣器的连续性测试。测试二极管时，只需将量程转换开关转换到二极管的测试端，显示器显示二极管的正向压降近似值。

（8）晶体管放大倍数 Hfe 的测试。将量程转换开关置于 Hfe 量程，确定 NPN 或 PNP，将晶体管的基极 B、集电集 E、发射集 C 分别插入相应插孔。

（9）音频频率测量。测量时，将量程转换开关置于 kHz 量程，黑表笔插入 COM 插孔，红表笔插入 V/Q/f 插孔，将测试笔连接到频率源上，直接在显示器上读取频率值。

（10）温度测试。温度测试分为 −20 ~ 0℃、0 ~ 400℃、400 ~ 1000℃ 三挡。测试时，将热电偶传感器的冷端插入温度测试座中，热电偶的工作端置于待测物上面或内部，可直接从显示器上读取温度值。

除了这些基本测量，表 7-1 显示了万用表能够进行的一些检测功能。

万用表能够进行的电气测量　　表 7-1

系统/元件	测量类型			
	电压值显示和幅度	电压降	电流值	电阻值
交流发电机	●		●	
调节器	●			
二极管		●		●
点火线圈				●
火花塞高压线				●
电磁传感器	●			●
蓄电池	●	●	●	
起动机		●	●	
电磁线圈	●	●		●

2 使用注意事项

（1）测量电流时应将表笔串联在被测电路中，测量电压时应将表笔并联在被测电路中。

（2）不能测量高于 1000V 的直流电压和高于 700V 的交流电压。

（3）测量高电压时要注意，避免触电。

（4）测量电流时，若显示器显示"1"，表示过量程，量程转换开关应及时置于更高量程。

（5）更换电池或保险管时，应检查确信测试表笔已从电路中断开，以避免电击。

3 用数字万用表测量二极管和晶体管

(1)用数字万用表测量二极管。选用万用表的二极管挡,将红表笔接二极管一极,黑表笔接另一极,万用表有一定数值显示,则二极管处于正偏,此时,红表笔(表内电池的正极)所接的是正极,黑表笔所接的是负极;颠倒两表笔,二极管处于反偏,万用表高位显示为"1"或很大的数值,此时说明二极管是好的。若测量时两次的数值均很小,则二极管内部短路;若两次测得的数值均很大或高位为"1",则二极管内部开路。

(2)用数字万用表测量晶体管。选用数字万用表的晶体管挡,用红表笔去接晶体管的某一管脚(假设作为基极),用黑表笔分别接另外两个管脚,如果表的液晶屏上两次都显示有零点几伏的电压(锗管为0.3V左右,硅管为0.7V左右),那么此管应为NPN管且红表笔所接的那一个管脚是基极。如果两次所显的为"OL",那么红表笔所接的那一个管脚便是PNP型管的基极。

在判别出晶体管的型号和基极的基础上,可以再判别发射极和集电极。仍用晶体管挡,对于NPN管,令红表笔接其基极,黑表笔分别接另两个脚上,两次测得的极间电压中,电压微高的那一极为发射极,电压低一些的那极为集电极;如果是PNP管,令黑表笔接其基极,同样所得电压高的为发射极,电压低一些的为集电极。

判别晶体管的好坏,只要查一下晶体管各PN结是否损坏,通过万用表测量其发射极、集电极的正向电压和反向电压来判定。如果测得的正向电压与反向电压相似且几乎为零,说明晶体管已经短路;若正向电压为"OL",说明晶体管已经断路。

二 汽缸压力表

汽车发动机在运转过程中,如果汽缸压缩压力不足,会使发动机起动困难、汽车行驶无力、油料消耗增加;金属零件由于磨损,使活塞、活塞环和汽缸壁的间隙增大,有的活塞环折断、黏死或因过热疲劳丧失弹性,不起密封作用;由于气门间隙调整不当,气门与气门座因撞击、磨损或高温气体烧蚀发生变形也会造成汽缸密封不严。要排除这些由于汽缸压力过高或过低引起的发动机不正常工作现象,首先要对发动机汽缸压缩压力进行检测。

汽缸压力表用来检查汽缸的压缩压力。汽缸压力表的仪表盘指示压力的数值,它以千帕(kPa)为单位进行显示。量程范围通常在0～2100kPa。

汽缸压力表分为压入式和螺纹旋入式两种类型。压入式汽缸压力表有一个短

图 7-2　压入式汽缸压力表

的连接杆，如图 7-2 所示。杆的尾端是锥形橡胶头，以便适合任何尺寸的火花塞孔。在拆下火花塞后，橡胶头被塞入火花塞孔内并在发动机旋转的几个压缩周期中始终保持安装位置。虽然使用简单，但是，如果压入式汽缸压力表在火花塞孔中安装不紧密，它会显示不精确的读数。

螺纹旋入式汽缸压力表有一个长而灵活的胶管，管的尾部是连接头，如图 7-3 所示。这种压力检测表应用普遍，因为灵活的胶管能进入到压入式检测表很难达到的地方。连接头可以更换，从而得到不同的规格的接头来适应 10mm、12mm、14mm、18mm 的直径孔。连接头通过旋入安装在火花塞插孔中。

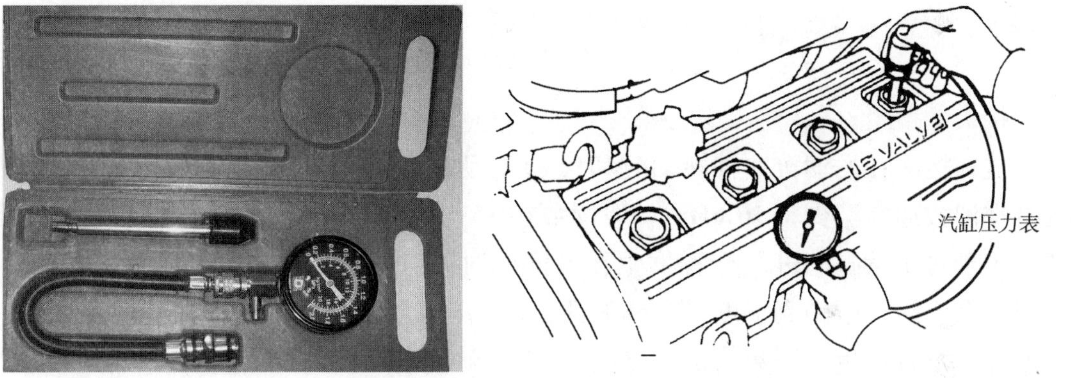

图 7-3　旋入式汽缸压力表

大多数压力表都有一个排气阀，用它来保持仪表盘上最高的压力读数。当测试结束时，打开这个阀门释放压力。

相关提示

磅每平方英寸（1bf/in^2）是常用的英制压强单位。千帕（kPa）是工业上常用的米制压强单位。

三 真空表

测量进气歧管的真空度是另一种诊断发动机工作状况的方法。进气歧管的真空度通过真空表来测量,如图 7-4 所示。真空度是在活塞的进气行程中形成的,当活塞下行时,汽缸内的空气压力降低,这个较低的汽缸压力称为发动机的真空度。如果汽缸存在漏气,空气会在大气压作用下进入汽缸,以至于汽缸进气行程终了时压力不会太低。当存在压差时,高压侧气体就向低压侧运动。

图 7-4 真空表

真空表测量的是进气歧管的压力和大气压力的差值。如果进气歧管的压力低于大气压力,就存在真空度。通常以英寸水银柱高度(inHg)、千帕(kPa)、毫米水银柱(mmHg)作为真空度的度量单位。

要测量真空度,需将真空表的软管连接到进气歧管真空源上,或在进气歧管上,或在节气门阀板下某点。有时需要从进气歧管上拆下一堵塞,并在孔口处安装一个专用接头。

这项检测在发动机曲轴转动时和(或)发动机运转时进行。比较好的发动机进气真空读数通常至少是 16inHg,一般读数在 15 ~ 20inHg(50 ~ 65kPa)之间也是正常的。由于每个汽缸的进气行程发生在不同的时间,产生的真空度数值也是波动的。如果每个汽缸产生的真空度是一样的话,真空表就会显示一个平稳的读数。如果一个或多个汽缸产生不同数值的真空度,真空表就会显示波动的读数。

低的或波动的读数表明许多问题。例如:低的、平稳的读数可能是由于点火正时延迟或气门正时不正确导致的;在规律的时间间隔点上出现大的真空度下降,可能是某个汽缸因烧损的进气门导致的。

相关提示

真空度是指低于大气压力的压力值,大气压力是周围空气的压力。1 个标准大气压≈76cmHg≈100kPa。

四 正时灯

正时灯主要是用来检测与曲轴位置相关的点火正时的仪器。正时灯上的两根接线必须正确地连接到蓄电池的两极。大多数正时灯都有一个感应夹,可以夹在一缸火花塞高压线上,如图 7-5 所示。老式正时灯还有一根可以串联在一缸火花塞高压线和火花塞之间接线。正时灯上有一个扳机控制正时灯的开关。当发动机运转时按下扳机,正时灯就会在每次火花塞点火时发射光束。

正时标记通常位于曲轴传动带轮上或飞轮上。在旋转至正时标记上方有一个静止的指针、刻线或槽口。正时标记是画在曲轴传动带轮或飞轮上的线,表示一缸活塞到达压缩行程上止点前(BTDC)的曲轴转角。上止点(TDC)曲轴位置及转角通常可通过正时标记进行确定。一些正时标记包括表示在上止点后(ATDC)曲轴位置的刻度线,如图 7-6 所示。

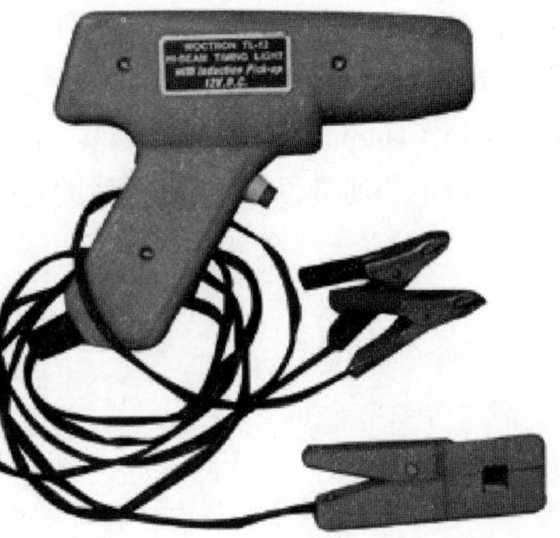
图 7-5　带感应传感器的正时灯

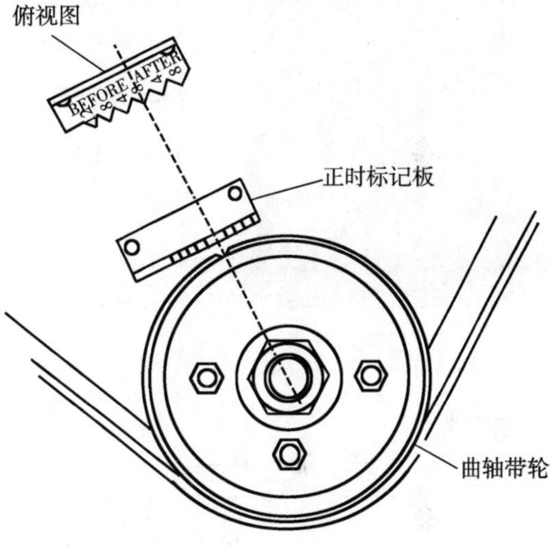

图 7-6　正时参考标记

在检查点火正时以前,需完成汽车制造商推荐的所有程序。燃油喷射发动机需要特殊的正时程序,例如断开正时插头,确保在检查基本的点火正时时,计算机不会提供任何点火提前信号。这些正时说明通常写在发动机舱内的排放标牌上。

相关提示

上止点(TDC)是活塞在汽缸中移动的最高位置,此时活塞向上的运动改变为向下的运动。在改变运动方向的瞬时,活塞是静止的。在上止点(TDC)之前所作的测量称为上止点前(BTDC),通常是以曲轴转角来度量,在上止点之后的任何测量称为上止点后(ATDC)。

正时灯还可以用来进行多种快速测试。例如:将正时灯的感应夹夹在每个火花塞的高压线上,然后观察闪光。如果正时灯闪烁,说明有电流通过火花塞的高压线。

一些正时灯在灯的后面有数字显示器,可以显示发动机加速时的点火提前角。当按下正时灯的开关时,正时灯闪烁,数字显示器显示点火提前角的度数。如果开关松开,此时的读数则为发动机的转速。

五 燃油压力表

适量的燃油供给对于发动机的正常工作十分重要。因此,燃油系统的部件调整不当或有故障会影响发动机的工作。燃油压力表是用来测量燃油系统压力的工具,如图 7-7 所示。燃油压力表对于诊断燃油喷射系统非常重要。燃油系统的工作依靠很高的燃油压力,通常为 35 ~ 70bf/in^2(1bf/in^2 = 6.89476kPa)。油压的降低会减少输送到喷油器中的油量,从而导致较稀的空燃混合比。

图 7-7　燃油压力表

相关提示

英制的压力表是以磅力/平方英寸(1bf/in^2)用来测量气体、液体或大气压力的工具。

燃油压力表是用来检查燃油泵的输出压力、燃油喷射系统的调节压力,以及喷油器的压力降。通过压力检测能够发现有故障的油泵、调压器或喷油器,也能够检测出燃油喷射系统存在的堵塞。堵塞通常是由燃油滤清器脏污、变形的软管引起的。

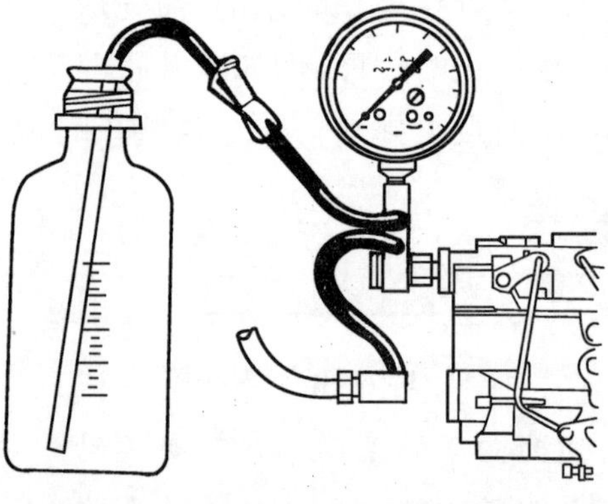

图 7-8　检查燃油泵的流量

一些燃油压力表还有一个阀门和出口管,用来检测燃油泵的排量,如图 7-8 所示,生产厂商规定的排量通常是指在一定时间内泵出的燃油量,以品脱或升为单位。

注意

检测燃油压力时，不要使燃油溢出。防止因为燃油溢出引起爆炸和着火，导致严重的人员伤害和财产损失。

六 冷却系统压力检测仪

冷却系统压力检测仪由一个手持泵和一个压力表组成。一根软管将手持泵和安装在散热器加液口处的一个专用接头连接在一起，如图 7-9 所示。检测仪用来对冷却系统加压，从而检查冷却液是否泄漏。外加的接头能够将此检测仪连接到散热器盖上。将检测仪连接到散热器盖上，可以检测散热器盖的泄压作用。

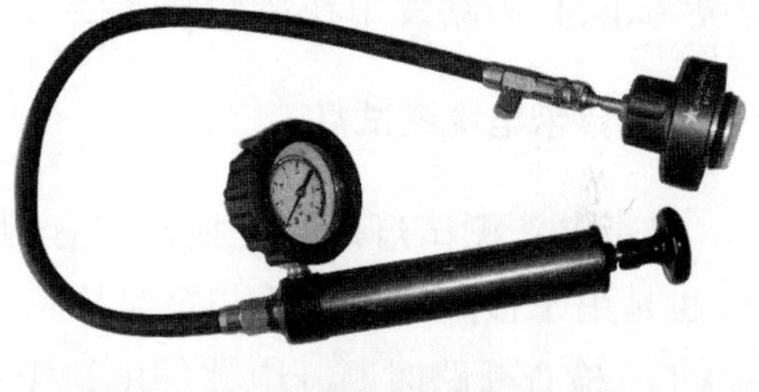

图 7-9　冷却系统压力检测仪

七 电路测试灯

测试灯实际就是带导线的“电笔”，主要用来检查电控元件电路的通、断。测试灯带有显示电路通、断的指示灯，对电路进行检测时，根据指示灯的亮度还可判断被测电路的电压高低。测试灯分为不带电源测试灯（12V 测试灯）和自带电源测试灯两种类型，如图 7-10 所示。

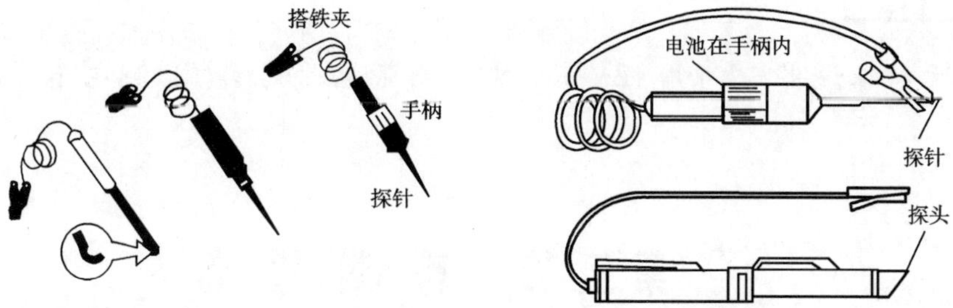

a) 不带电源测试灯（12V测试灯）　b) 自带电源测试灯

图 7-10　测试灯

1 不带电源测试灯(12V 测试灯)

不带电源测试灯以汽车电源作为电源,由 12V 测试灯、导线和各种不同的端头组成,主要用来检查系统内电源电路是否给电器各部件供电,举例如下:

(1)将 12V 测试灯一端搭铁,另一端接电器部件电源接头。如灯亮,说明该电器部件供电电源无故障。

(2)如果灯不亮,再将 12V 测试灯接电源的一端去接电源方向的第二个接点。如果灯亮,说明故障在第一接点和第二接点之间,电路出现断路故障。

(3)如果灯仍不亮,则去接第三个接点、第四个接点,使其越来越接近电源,直至灯亮为止,且断路发生在最后被测接头与前一个被测接头之间。

2 自带电源测试灯

自带电源测试灯以其手柄内装有的两节干电池作为电源,其余同 12V 测试灯一样,也是用于检查线路断路与短路故障。

(1)检查断路时断开电器的电源电路,将自带电源测试灯的一端连接在电路首端,将另一端一个一个地分别连接其他各接点。如果灯亮,说明测点与电路首端导通;如果灯不亮,则断路发生在测点与前一接点之间。

(2)检查短路时断开电器的电源电路,将自带电源测试灯一端搭铁,将另一端连接电器部件电路。如果灯亮,表示有短路故障。可一步一步地采取将电路接头脱开、开关打开或拆除部件等办法,直至使电源测试灯熄灭,则短路出现在最后开路与前一开路部件之间。

注意

如无特殊说明,不可用 12V 测试灯和自带电源测试灯检测电子控制单元(ECU)。

第二节 检测设备

随着汽车技术的快速发展,汽车检测设备在智能化、自动化、精密化、综合化等方面都有了新的发展,出现了许多具有全自动功能的汽车制动检测仪、发动机分析仪、发动机诊断仪、计算机四轮定位仪等检测设备。这些检测设备的出现为汽车维修行业带来了革命性的变化，目前人们已经能够依靠各种先进的检测设备，对汽车进行不解体检测，而且安全、快速、准确。

一 汽车解码器

解码器不仅具有读码、清码功能，而且还具有解码功能，使用非常方便，是汽车电控系统检测中不可缺少的检测设备之一。

1 解码器功能

(1)解码器功能如下：

①可以方便地直接读取诊断代码，而不必再通过发动机故障报警灯的闪烁读取。

②可以方便地直接清除诊断代码，使发动机故障报警灯熄灭，而不必再通过拆卸熔断丝或蓄电池负极的比较麻烦的方法达到清除诊断代码的目的。

③能与电子控制单元(ECU)中的微机直接进行交流，显示数据流。即显示电子控制单元(ECU)的工作状况和多种数据输入、输出的瞬时值，使电控系统的工作状况一目了然，为诊断故障提供依据。特别是当不产生诊断代码而又怀疑车辆有故障时，可以通过观察数据流中的参数来判断回路中是否确实存在故障。

④能在静态或动态下，向电控系统各执行器发出检修作业需要的动作指令，以便检查执行器的工作状况。

⑤行车时或路试中能监测并记录数据流和诊断代码，以便回到汽车修理厂后能够调出，进行分析和判断。

⑥有的还具有示波器功能、万用表功能和打印功能。

⑦有的还能显示系统控制电路图和维修指导，以供诊断时参考。

⑧可以和 PC 相连，进行资料的更新与升级。

⑨功能强大的专用解码器，还能对车上 ECU 进行某些数据的重新输入和更改。

(2)解码器有以下不足：

①自身不能思考，因而也不会分析、判断故障。

②在某些条件下，可能会显示错误的信息，而且也不会从所有被检测汽车上都能获取 ECU 中微机的数据信息。

③在诊断电控系统未设诊断代码的故障时，或诊断的电控系统无法提供数据或

数据无法取出时，解码器无能为力，特别是对于机械系统、真空系统、排气系统、电气系统和液压系统等，还需要采取传统的检测诊断方法。

2 解码器类型

一般地讲，带有数据流功能的解码器，可分为原厂专用型和通用型两大类型。原厂专用型解码器，一般是汽车制造厂为检测诊断本厂生产的汽车而专门设计制造的解码器。世界上一些大的汽车制造商，如通用公司、福特公司、克莱斯勒公司、奔驰公司、宝马公司、奥迪公司、日产公司等，都有专用型解码器（表7-2），只适用检测诊断本厂生产的汽车，一般配备在汽车特约维修站，以提供良好的售后服务。

汽车生产厂家及专用解码器 表7-2

汽车厂家	解码器名称	汽车厂家	解码器名称
宝马	ISID	大众	VAS 5052
丰田	IT-ⅱ	日产	CONSULT-3
通用	TEC-II	奥迪	VAS 5052
奔驰	STAR2000	福特	IDS
中华	元征 X431	雪铁龙	PP-2000

通用型解码器，一般是检测设备制造厂为适应检测诊断多车型而设计制造的。它往往存储有几十种甚至几百种不同厂牌、不同车型汽车电控系统的检测程序、标准数据和诊断代码等资料，并配备有各种车型的检测接头，可以检测诊断多种车型，因而适用综合性维修企业使用。目前国内维修企业使用最多的通用型解码器，有美国生产的MT2500红盒子解码器（图7-11）和OTC 4000型等，有国产的431ME电眼睛、仪表王、修车王、车博士等。

图7-11 美国MT2500红盒子解码器

不管是专用型解码器还是通用型解码器，大多都能对全车各部电控系统进行检测诊断和数据流分析。解码器与ECU相互交流信息的速度，决定于ECU中内置微机的性能，即决定于数据传输的波特率。波特率是每秒钟通过的数字式数据的字节或高、低电压信号的度量单位。波特率越高，则信息传输速度越快。它不仅表明了解码器与ECU相互交流信息的速度，而且决定了解码器对ECU反应的快慢和显示屏数据读数变化的速率。

3 解码器基本结构

以国产431ME电眼睛为例介绍解码器的基本结构。431ME电眼睛是汽车电控系统检测仪,不仅具有解码器功能,即具有读码、解码和清码功能,而且还具有读取在线数据流功能、传感器的模拟和测试功能、OBD-Ⅱ接口功能、中文显示功能、提示维修方法功能和打印功能等,能对亚洲、欧洲和美洲2000余种车型的电控系统(包括发动机系统、自动变速器系统、防抱死制动系统、安全气囊系统和定速巡航系统)进行检测诊断,其功能已超出一般解码器功能。

431ME电眼睛由主机、测试卡、测试主线、测试辅线和测试接头组成,并附带一个传感器模拟/测试仪。431ME电眼睛主机如图7-12所示。

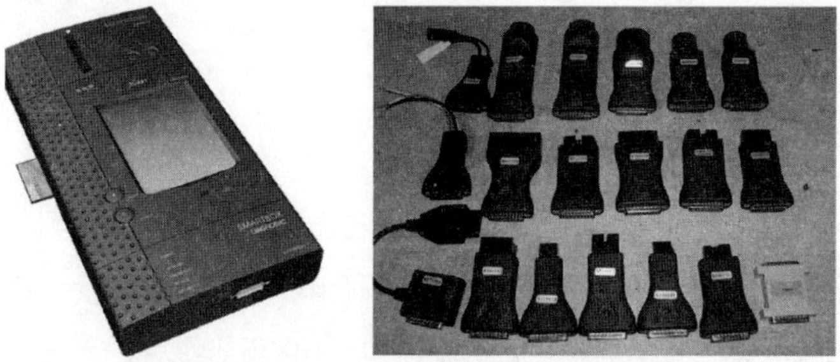

图7-12　431ME电眼睛主机和各种车型插接器

4 解码器使用方法

仍以国产431ME电眼睛为例,介绍解码器的使用方法。

(1)使用仪器需要注意事项:

①测试前应正确选择测试接头。这是因为各车型的诊断插座提供电源的形式不同,有的可能要接外接电源,有的可能不接外接电源。因此,要避免因选择接头不当而烧坏仪器。

②测试前应先将测试卡插入仪器主机的测试卡接口,然后再接通电源。

③仪器的额定电压为12V,汽车蓄电池电压应在11~14V之间。

④关闭汽车所有附属电气设备(如空调、前照灯、音响等)。

⑤发动机节气门应处于关闭状态,即怠速结合点闭合。

⑥点火正时和怠速应在规定范围,发动机水温和变速器油温应达到正常工作温度(水温90~110℃,油温50~80℃)。

⑦接通电源仪器屏幕闪烁后,若程序未运行或出现乱屏现象,可将仪器主机上的9PIN插头拔下再重插一次,即可继续操作。

⑧测试接头和诊断插座应良好接触,以保证信号传输不会中断。

⑨测试结束后,应先切断电源,再从主机上取出测试卡。

(2)使用步骤如下:

①选择合适的测试卡和合适的连接电缆插接器(专用故障诊断仪不需要此项)。

②连接故障诊断仪。电源电缆连接到车内点烟器或蓄电池上,测试电缆与汽车的故障诊断插座相连。

③开机后,选择测试地址和功能。选择测试地址是指选择想要测试的电控系统,如发动机控制系统、自动变速器控制系统、ABS、安全气囊系统等;功能选择是指根据测试目的的选择具体的测试项目,如读取系统数据流、调取系统数据流、调取故障码、清除故障码的项目。

二 汽车示波器

示波器主要用来显示控制系统中输入、输出信号的电压波形,以供维修人员根据波形分析判断电控系统故障。示波器比一般电子设备的显示速度快,是唯一能显示瞬时波形的检测仪器,是电控系统故障诊断中的重要设备。

示波器可分为模拟式示波器和数字式示波器,如图 7-13 所示。模拟式示波器显示速度快,但显示波形不稳定(抖动),且没有记忆功能,给对故障波形的分析判断带来困难。数字式示波器由微处理器控制,由于将模拟信号转换成数字信号需要一定时间,所以显示速度较模拟式示波器慢,但数字式示波器显示波形稳定,且具有记忆功能,可在测试结束后使故障波形重现,便于对故障波形进行进一步的分析判断。

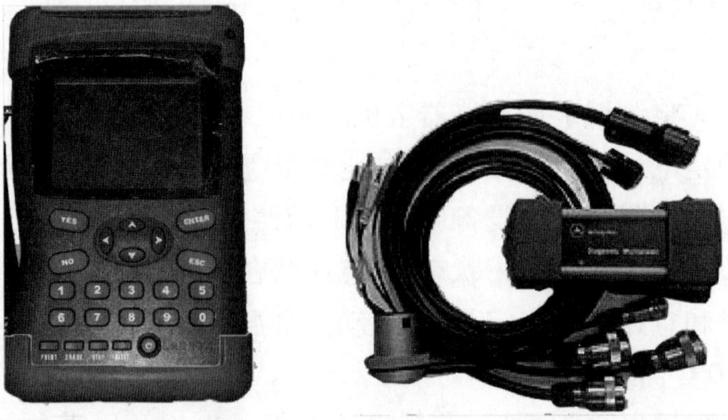

图 7-13　示波器的结构和连接线

模拟式示波器一般采用开关、按键和旋钮等实现对波形垂直幅度、水平幅度、垂直位置、水平位置和亮度等的调整。数字式示波器多采用自动式操作，只需在各级菜单上选择测试项目，无须任何设定和调整，可以直接观测波形，使用起来非常方便。

1 示波器的主要功能

(1)测试各种传感器、执行元件、电路和点火系统等电压波形。其连接线方法如图 7-14 所示。

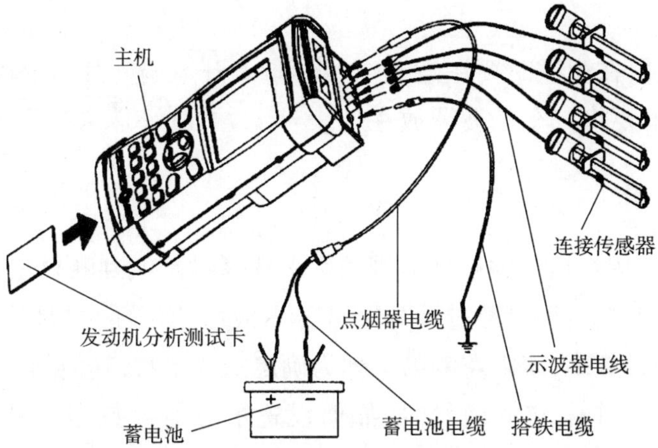

图 7-14　四通道示波器连接线方法

(2)数字式示波器具有汽车万用表功能，其连接线方法如图 7-15 所示，可测试电压、电阻、闭合角、喷油脉冲、喷油时间、点火电压等。有的示波器内部还存有汽车数据库和标准波形，使判断故障更为方便。

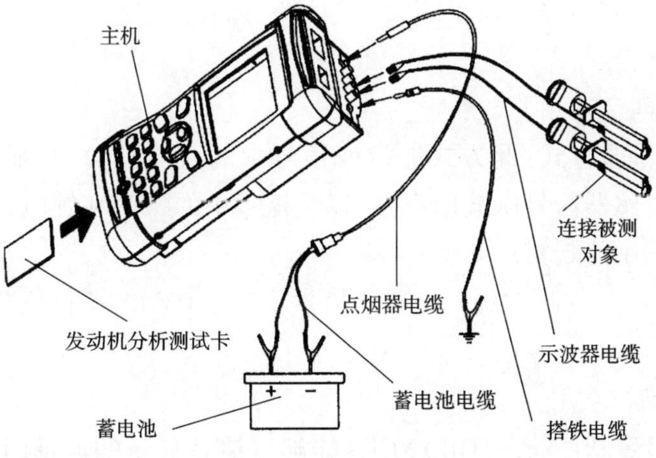

图 7-15　示波器的万用表功能连接线方法

(3)数字式示波器可对测试内容进行记录、回放。

(4)能提供在线帮助,包括提供系统工作原理、测试连接方法、接线颜色等。

2 使用汽车示波器的注意事项

(1)测试点火高压线时,必须使用专用的电容探头,不能将示波器探头直接接入点火次级电路。

(2)使用汽车示波器时,注意远离热源,例如排气管、催化器等,温度过高会损坏仪器。

(3)汽车示波器在测试时要注意测试线尽量离开风扇叶片、传动带等转动部件。

(4)路试中,不要将汽车示波器放在仪表台上方,最好是拿在手中测试。

3 时基/频率表

时基/频率表的用途是帮助根据信号频率来选择时基或判断显示波形的频率。其时基/频率表的使用方法:可以通过计算屏幕显示波形的循环次数(1 ~4)的方法用汽车示波器去判定信号频率,表内左侧第一列为确定的频率数,其他列为当前时基数。

用示波器测试一个未知的信号时,如何设置示波器参数是一件相当复杂的事,本部分说明用汽车示波器去捕捉波形时,设置示波器参数的基本方法,它可以帮助读者理解并掌握示波器设置的要领。

(1)为了显示一个波形,必须时要对示波器做如下设定:

①电压比例;

②时基;

③触发电平(也可以将触发模式置于"自动"挡);

④耦合方式:

a. 直流(DC)耦合方式。

b. 交流(AC)耦合方式:此方式能过滤信号中的直流部分,只显示交流分量,常用于两线磁电式传感器信号的波形观察,以及信号中的噪声和发电机电压(二极管)或其他较少的例子中的观察。

c. 搭铁(GND)方式:此方式用于判定搭铁位置或 0V 电压水平或显示示波器 0V 电压参考点。

(2)其各项设置要领为:

①当用自动设置功能(AUTORANGE)能够看清楚显示的波形时,可以用手动设置(MANUAL)来进一步微调。

②如果显示屏上仍不能看清晰的波形,可以根据推断,假设电压比例和触发电平,暂且先不设定时基。

③用数字式万用表测量信号电压,并根据测出的电压来设置电压挡比例。

④将触发电平设定在信号电压的一半以上,在设定电压比例和触发电平后,唯一未设定的就是时基了。

⑤这时手动设定时基,大多数信号应在1ms~1s。

⑥时基/频率表可以用来帮助选择时基,可以先用汽车示波器上的游动光标测量信号频率,然后确定所希望的显示波形的循环次数(个数),再从表中找到信号频率与循环次数(个数)的交点,这就是要确定时基数。

(3)当无法捕捉到波形时:

①确认触发模式是在"自动(AUTO)"模式下,如果在"自动"模式下汽车示波器有可能不触发。

②确认汽车示波器的屏幕显示并未处在冻结(HOLD)状态,若屏幕已被冻结,就按一下解除键。

③确认信号是否真的存在,可以用万用表先检查电压,如果确信信号是存在的,用汽车示波器和万用表不能够捕捉到,就检查测试线和接柱的连接情况。

④确认耦合方式不在搭铁(GND)方式,若在搭铁方式,任何信号都无法进入。

⑤确认触发源是定义在所选择的通道上。

示波器使用的常用术语及含义见表7-3。

示波器使用的常用术语及含义 表7-3

术　语	含　义
触发电平	示波器显示时的起始电压值
触发源	示波器的触发通道[通道(CH1)、通道(CH2)和外触发通道(EXT)]
触发沿	示波器显示时的波形上升或下降沿
电压比例	每格垂直高度代表的电压值
时基	每格水平长度代表的时间值
直流耦合	测量交流和直流信号
交流耦合	只允许信号的交流成分通过它滤掉了直流成分(电容用来过滤直流电压)
搭铁耦合	确认示波器显示的0V电压位置自动触发:如果没有手动设定,示波器就自动触发并显示信号波形

三 喷油器检测清洗仪

喷油器清洗仪可分便携式和固定式两种类型。

1 便携式喷油器清洗仪

便携式喷油器清洗仪无须拆卸喷油器，即可就车进行清洗，使用非常方便，如图7-16所示。便携式喷油器清洗仪主要由储液器、电动泵等组成，电动泵使用220V交流电源。便携式喷油器清洗仪使用方法如下：

（1）将储液器加满喷油器清洗液。

（2）安装喷油器清洗仪。首先释放燃油系统压力，将开关阀一侧的管路连接到燃油供给系统中的油压检测口处；从燃油压力调节器上拆开回油管，将清洗仪另一端的管路连接到压力调节器的回油管接头上。

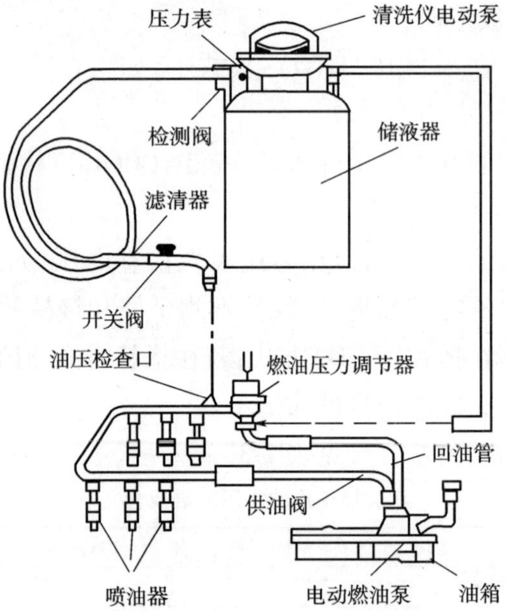

图7-16 便携式喷油器清洗仪

（3）拆开电动燃油泵线束插接器，接通清洗仪电动泵电源，起动发动机。

（4）使发动机以2000r/min的转速运转约10min后，使发动机熄火，即完成喷油器清洗。

（5）最后拆下喷油器清洗仪，恢复燃油供给系统。

注意

上述工作完成后，应预置燃油系统压力。

2 固定式喷油器清洗仪

固定式喷油器清洗仪如图 7-17 所示，此种清洗仪一般除用来清洗喷油器外，都具有喷油器滴漏检查和喷油量检查的功能。使用时需从车上拆下喷油器并安装到仪器上，较麻烦。不同厂家生产的固定式喷油器清洗仪，其使用方法也不完全相同，使用时应按使用说明书进行操作。

图 7-17　固定式喷油器清洗仪

四 汽车尾气分析检测仪

不分光红外线 CO 和 HC 气体分析仪，是一种能够从汽车排气管中采集气样，对其中 CO 和 HC 含量连续进行分析的仪器，外形图如图 7-18 所示。它由排气取样装置、排气分析装置、含量指示装置和校准装置等组成。汽车排气在分析仪内的流动路线如图 7-19 所示。

1 排气取样装置

排气取样装置由取样探头、滤清器、导管、水分离器和泵等组成。它通过取样探头、导管和泵从车辆排气管里采集排气，再用滤清器和水分离器把排气中的炭渣、灰尘和水分等除掉，只把排气送入分析装置。为了使取样探头具有耐热性和防止导管吸附 HC 气体，它们是用特殊材料制成的。

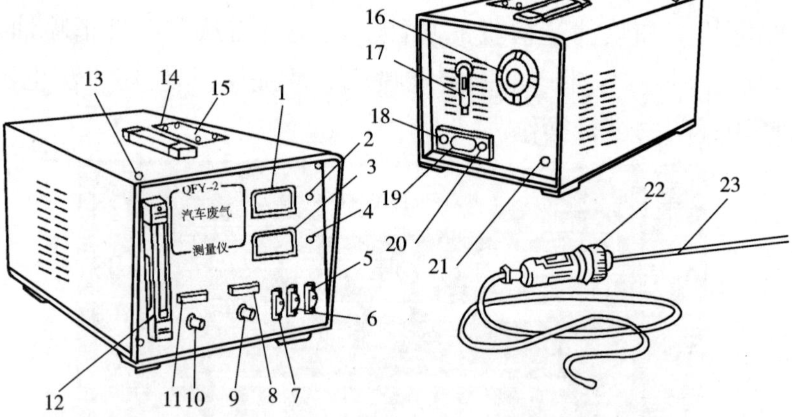

图 7-18　QFY-2 型汽车尾气分析仪

1-CO 显示器；2-CO 定标旋钮；3-HC 显示器；4-HC 定标旋钮；5-电源开关；6-风扇开关；7-取样泵开关；8-CO 量程切换开关；9-CO 调零开关；10-HC 调零旋钮；11-HC 量程切换开关；12-流量计；13-标准气体入口；14-拉手；15-上盖板；16-过滤器；17-水分离器；18-熔断丝座；19-电源线插座；20-进气口；21-出气口；22-前置过滤器；23-取样管

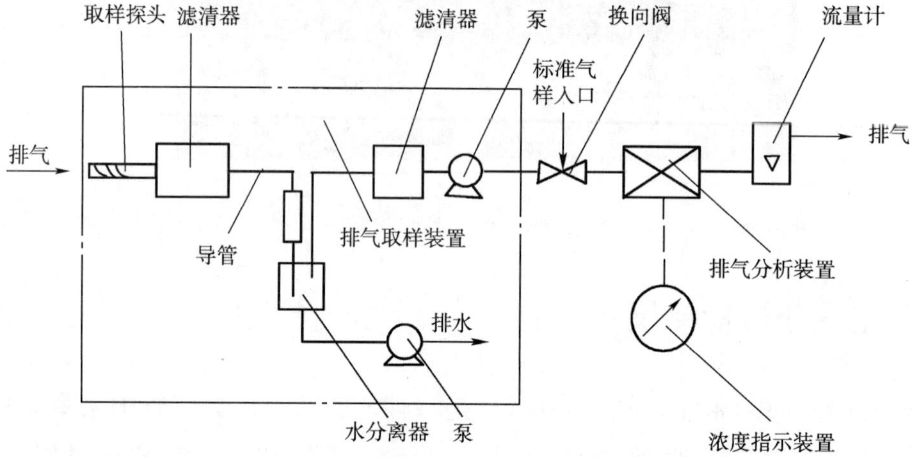

图 7-19　排气在分析仪内的流动路线

2 排气分析装置

排气分析装置由红外线光源、气样室、旋转扇轮（截光器）、测量室和传感器等组成。该装置按照不分光红外线分析法，从来自取样装置的混有多种成分的排气中，分析 CO、HC 的含量，并将含量转变成电信号输送给含量指示装置。按传感器形式不同，排气分析装置可分为电容微音器式和半导体式等不同形式；按功能不同，又可分为CO、HC等单项式和CO、HC等综合式两种形式。

3 含量指示装置

CO和HC综合式气体分析仪的含量指示装置主要由CO指示装置和HC指示装置组成，有指针式仪表和数字式显示器两种类型。从排气分析装置送来的电信号，在CO指示仪表上，CO的体积分数以百分数（%）表示；在HC指示仪表上：以前HC的体积分数曾以正己烷当量的百万分数表示；现在HC等气体的体积分数也应以正己烷当量的百分数（%）表示。指针式仪表的指示，可利用零点调整旋钮、标准调整旋钮和读数转换开关等进行控制。

气体分析仪内的滤清器脏污时，对测量值有影响，因此要经常观察流量计的指示情况，发现指针进入红区应及时更换滤清器滤芯。

4 校准装置

校准装置是一种为了保持分析仪的指示精度，使之能准确指示测量值的装置。在此装置中，往往既设置用加入标准气样进行校准的装置，也设置用机械方式简易校准的装置。

（1）标准气样校准装置。标准气样校准装置是把标准气样从分析仪上单设的一个专用注入口直接送到排气分析装置，再通过比较标准气样浓度值和仪表指示值的方法来进行校准的装置。

（2）简易校准装置。简易校准装置通常是用遮光板把排气分析装置中通过测量气样室的红外线遮挡住一部分，用减少一定量红外线能量的方法进行简单校准的装置。

五 发动机综合检测仪

发动机综检仪是发动机综合性能检验仪的简称，它能对发动机进行不解体综合测试，并配备有标准的数据及专家分析系统，可通过对测试结果与标准数据比较，判断发动机整机或部分系统工作好坏。常见的发动机综检仪有深圳元征EA-1000型、西安凌翔F22000型、石家庄华燕汽车检测设备厂HFZF2000型、济南无线电六厂QFC-SX型等国产品牌和HU-MAN（凯文）、BOSCH（博世）、BEAR（大熊）等进口品牌。不同型号的发动机综检仪在结构、使用方法等方面都存在一定的差异，使用时注意认真阅读使用说明书。图7-20所示为元征EA-1000型发动机综检仪外形。

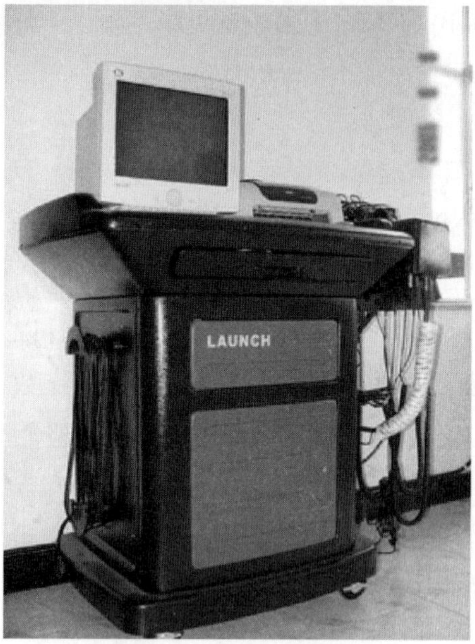

图 7-20　元征发动机综合检测仪

发动机综检仪一般都具有如下功能:

(1)汽油机检测功能。汽油机检测功能包括点火系统参数(如点火提前角、点火波形等)检测、无负荷测功、单缸动力性检测、转速稳定性分析、温度检测、进气管真空度检测、起动系统检测、充电系统检测、数字万用表功能和废气分析(需配备废气分析仪)等功能。

(2)柴油机检测功能。柴油机检测功能包括喷油压力及压力波形检测、喷油提前角检测、无负荷测功、转速稳定性分析、起动系统检测、充电系统检测、数字万用表功能和排气烟度检测(需配备烟度计)等功能。

(3)电控燃油喷射发动机检测功能。电控燃油喷射发动机检测功能包括进气量检测、转速检测、温度检测、进气管真空度检测、节气门位置检测、爆震信号检测、氧传感器信号检测、喷油信号检测、点火系统检测等。

(4)故障诊断分析功能。故障诊断分析功能包括故障查询、检测信号再现与分析、参数设定和显示数据或波形等。

六 四轮定位检测仪

四轮定位检测仪是在水平地面上设置转动调整仪,若用专用器具装设在各车轮上则能进行前轮外倾角主销后倾角及侧向角的测定,是属于综合定位测定器。通常为便于测定及测定后调整作业,该检测仪一般是和四轮升降器合并使用。该检测仪的一般测定项目有下列几项:前后轮外倾角、前轮主销后倾角、前后轮前束量和前轮主销内倾角等。

在前述汽车四轮定位机理的基础上,世界各汽车大国不断地在进行新型四轮定位仪具的研制,推动汽车四轮定位技术的发展。比如美国的战车(JBC)、太阳(SUN)、亨特(HUNTER)、大熊(BEAR)、汉尼诗(HENISY);意大利的科基(CORCHI)、天马(SPACE);德国的百世霸(BEISSBARTH);韩国的 UN-K 等厂家生产的四轮定位仪都已推向市场。

KDS 系列光学式微机四轮定位仪主要由微机主机、彩色显示器、键盘、控制箱、传感器、机壳、打印机和红外遥控器等组成，其系统框图如图 7-21 所示。四轮定位仪的使用方法和步骤如下：

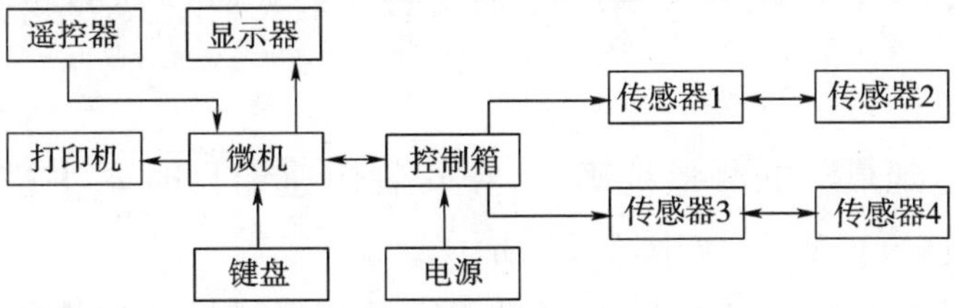

图 7-21　KDS 系列光学式微机四轮定位仪框图

1 对车辆进行检查

(1)检查轮辋和轮胎规格是否一致。

(2)检查轮胎的充气气压和轮胎花纹深度。

(3)检查弹簧减振装置的状态。

(4)检查方向杆、车轮轴承和导向拉杆活节的状态。

(5)将检验负载按要求放置在车辆里。

(6)检查车轮是否有轮辋偏位的情况。

2 快速安装卡具和传感器

(1)将制动踏板固定杆装上，如图 7-22 所示。

(2)在进行前轴前束调整工作时，要安装转向盘固定杆，如图 7-23 所示。

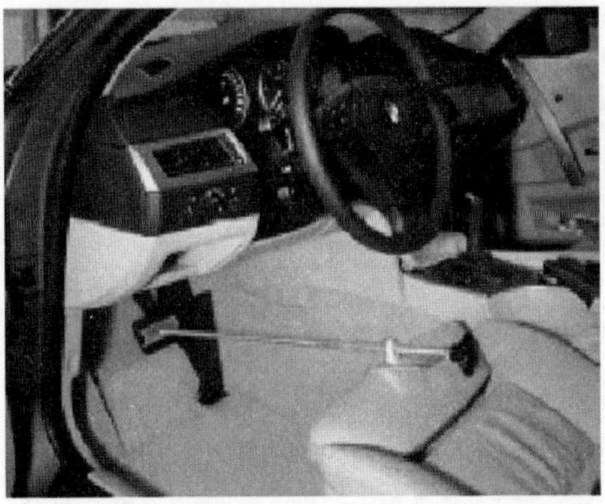

图 7-22　制动踏板固定杆安装位置

图 7-23　转向盘固定杆安装位置

相关提示

在安装快速卡具前，一定要将轮辋上用于安放触销的转接孔内的脏物清理干净！

(3)为了能达到最大的测量精确度，在安装快速卡具时要注意使绿色的翼形螺母(位置3)处于垂直位置上，如图7-24所示。

(4)将用于装螺栓的孔内的脏物清理干净并将触销插入轮辋的转接孔内。

(5)将两个夹紧杆尽量向车轮方向推，直到它们与车轮平行为止。把两个夹紧抓臂推压到轮胎花纹上并松开夹紧杆。调整夹紧抓臂上的可调整抓紧爪(位置2)，使它能很好地卡入轮胎的花纹里(图7-24)。

(6)在完成紧固工作后，将夹紧杆的可插入的手柄(位置1)从前轮上拔出(图7-24)。

(7)将传感器安装在被测车的四个车轮上，并注意安装顺序和安装牢固。

(8)连接电缆线到四个传感器的接线插座上，如图7-25所示。

图7-24　卡具的正确安装

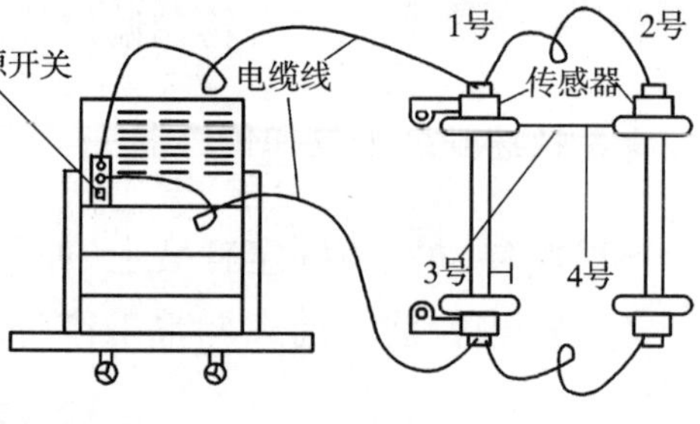

图7-25　传感器连接图

(9)调整传感器处于水平状态，使面板上的水平仪气泡处于中间位置。

(10)操纵举升机二次举升被测车辆，使车轮离开一次平台50mm的高度。

3 测量步骤

(1)开启主机面板上的电源开关，系统启动，30s后进入四轮定位测试系统。

(2)显示器显示检测界面。界面下方显示"F1：测定、F2：修整和F3：输入"的提示，使用主机键盘或遥控器即可操作。

(3)当单击F1按钮时,提示"请选择汽车生产国家"的界面出现。通过"↑""↓"方向键选择被检车的生产国家,然后按"ENTER"键,出现"请选择汽车公司"的界面。

(4)选择汽车公司后,提示"请选择车型"的界面出现。根据被检汽车厂牌、型号、年代等参数,通过"↑""↓"方向键和"ENTER"键可实现选择。

(5)按仪器使用说明书的要求,对固定在车轮上的传感器按1号→4号→3号→2号的顺序进行轮缘动态补偿操作,以消除轮辋变形对检测的影响。

(6)轮缘动态补偿操作结束后,按显示器上界面的提示,将驻车制动器拉紧,用制动杆将行车制动踏板压紧,二次举升复位,前轮落在转盘中心,将传感器水准仪气泡调整在中间位置上。

(7)根据显示器上界面的提示,如图7-26和图7-27所示,逐项进行检测和调整,详细步骤不再叙述。

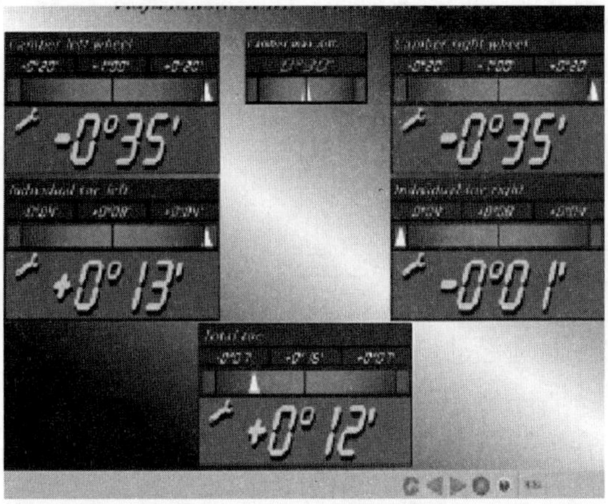

图7-26　前轴测量值显示情况

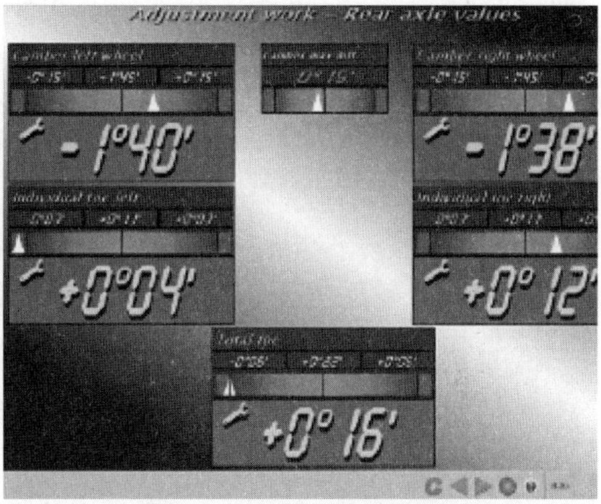

图7-27　后轴测量值显示情况

相关提示

测量值如其背景色为绿色＝这个数值在给定值所允许的公差范围之内。测量值如其背景色为红色＝这个数值超出了给定值的公差范围。在每个测量值的上方以标题栏图像的方式显示出给定值和公差范围。数字显示上方的白色箭头显示出目前的测量数值和给定值的对比情况。如果箭头在一个红色的边缘区里,则说明相关的测量值超出了公差范围。绿色的范围则表明公差范围,绿色范围内的中间位置显示的正好是标准值。

七 车轮动平衡机

离车式车轮动平衡机如图7-28所示。目前应用最多的是硬式二面测定车轮动平衡机。该动平衡机一般由驱动装置、转轴与支承装置、显示与控制装置、制动装置、机箱和车轮防护罩等组成。

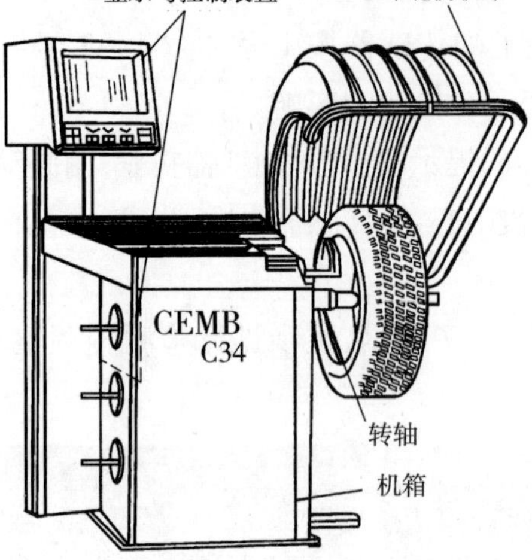

图7-28 离车式车轮动平衡机

驱动装置、转轴与支承装置等均装在机箱内，车轮防护罩可防止车轮旋转时其上的平衡块或花纹内夹杂物飞出伤人，制动装置可使车轮停转。近年来生产的车轮动平衡机多为微机控制式，具有自动判断和自动调校系统，能将传感器送来的电信号通过微机运算、分析、判断后显示出不平衡量及不平衡位置。

离车式车轮动平衡机使用方法如下：

(1)清除被测车轮上的泥土、石子和旧平衡块。

(2)检查轮胎气压，视必要充至汽车制造厂的规定值。

(3)根据轮辋中心孔的大小选择锥体，仔细地装上车轮，用大螺距螺母紧固。

(4)打开电源开关，检查指示与控制装置的面板是否指示正确。

(5)用卡尺测量轮辋宽度 b、轮辋直径 d(也可由胎侧读出)，用平衡机上的标尺测量轮辋边缘至机箱距离 a，再用键入或选择器旋钮对准测量值的方法，将 a、b、d 值输入到指示与控制装置中去。离车式车轮动平衡机的专用卡尺如图7-29所示，a、b、d 三尺寸如图7-30所示。为了适应不同计量制式，平衡机上的所有标尺一般都同时标有英制刻度和米制刻度。

(6)放下车轮防护罩，按下启动键，车轮旋转，平衡测试开始，微机自动采集数据。

(7)车轮自动停转或听到笛声按下停止键并操纵制动装置使车轮停转后，从指示装置读取车轮内、外两侧不平衡量和不平衡位置。

(8)抬起车轮防护罩，用手慢慢转动车轮。当指示装置发出指示(音响、指示灯亮、制动、显示点阵或显示检测数据等)时停止转动。在轮辋的内侧或外侧的上部(时钟12点位置)加装指示装置显示该侧平衡块质量。内、外侧要分别进行，平衡块装卡要牢固。

(9)安装平衡块后有可能产生新的不平衡,应重新进行平衡试验,直至不平衡量小于5g、指示装置显示"OO"或"OK"时才能满意。当不平衡量相差10g左右时,如能沿轮辋边缘左右移动平衡块一定角度,将可获得满意的效果。平衡过程中,实践经验越丰富,达到平衡状态速度越快。

(10)测试结束,关闭电源开关。

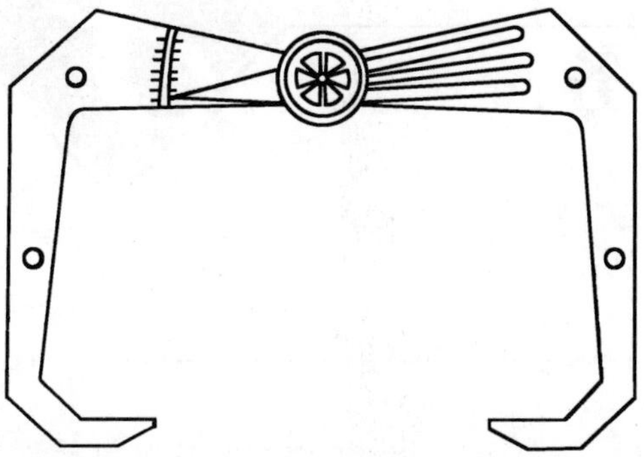

图7-29　动平衡机专用卡尺

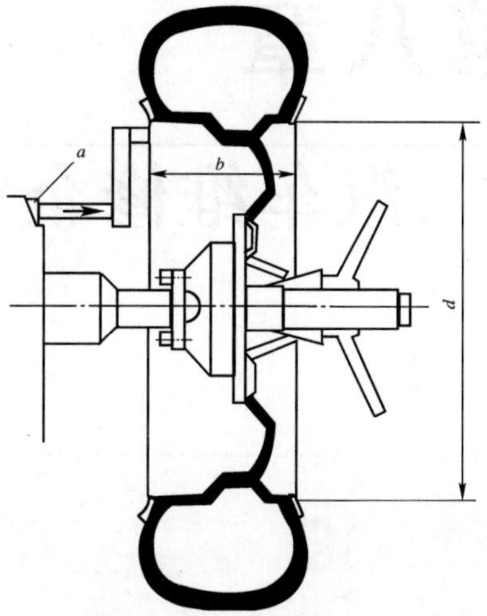

图7-30　车轮在平衡机上的安装

a-轮辋边缘至机箱距离;b-轮辋宽度;d-轮辋直径

第八章 Chapter 8

汽车维修企业实务

知识目标

1. 了解汽车维修企业的生产组织形式;
2. 了解汽车维修车间的具体业务流程;
3. 掌握汽车维修接待的业务流程;
4. 熟悉汽车维修车间管理岗位的人员分工

第一节　汽车维修企业的生产组织形式

汽车维修的作业组织,直接影响到维修的质量、维修的效率和维修的成本,因此,维修企业必须根据自身的生产规模、工艺装备条件、工人的技术水平、维修对象、配件和材料供应情况,合理地落实作业组织。

一　汽车维修作业的基本方法

汽车维修可以分为许多种工艺过程,按照规定顺序完成这些作业的过程称为汽车维修工艺过程。由于作业组织的形式不同,则汽车维修方法也不同,即汽车维修工艺过程各不相同。汽车维修方法通常有就车维修法和总成互换法。

1 就车维修法

就车维修法是指维修作业时，要求被修复的主要零件和总成装回原车的维修方法。这种方法的优点是能保持原车的技术状况，客户比较满意，不需要备用总成，对维修车型复杂、送修单位不一的中、小型维修厂比较适宜。这种方法的缺点是不容易组织流水作业，维修周期长，效率低。

2 总成互换维修法

总成互换维修法是指维修作业时，用储备完好的总成替换汽车上不可用总成的维修方法。这种维修方法，除了载货汽车的车架和客车的车身不能互换外，其他总成都可以用储备的完好的总成代替，替下来的总成则另行安排维修入库储备。这种方法最大的优点是便于组织流水作业，维修效率高，可以得到缩短维修车日，维修成本比较低，适合于维修车型单一、规模比较大的企业，缺点是不能保证原车的技术状况，需要一定的周转总成。

二 汽车维修的作业组织形式

1 定位作业

定位作业是指汽车在固定的工位上进行的维修方法。通常，汽车的拆装、主要总成的拆装及车架、驾驶室的维修等，一般在固定的维修工位上完成，而拆卸后的维修作业可以在专业组进行。这种方法的优点是占地面积小，不受时间限制，需要的维修设备简单，适合生产规模比较小的汽车维修厂，缺点是生产效率低。

2 流水作业

流水作业是指汽车在生产线上的各个工位上按确定的工艺顺序和节拍进行维修的方法。这种方法的优点是专业化程度高，生产效率高，适合于大型的维修厂，缺点是设备投资大，占地面积大。

3 混合作业

混合作业是指汽车的拆装在固定的工位上进行，而拆下部分总成的维修则在流水线上按流水作业维修。

三 汽车维修的劳动组织

1 综合作业法

综合作业法是指全部的维修作业由一个班组负责完成的组织形式。辅助工种,如机加工、钳工、焊工、缝工、轮胎工、钣金工、电工等专业性比较强工种由其他车间配合完成。这种方法的优点是工人技术全面,责任明确,便以组织;缺点是工人的劳动熟练程度低,技术难以提高,维修效率低,维修质量不稳定,不适合大规模生产。

2 专业分工作业法

专业分工作业法是指将汽车维修作业,按工种、部位、总成、组件或工序,划分成若干个作业单元,每个单元的维修工作由固定的一个或几个工人专门负责完成。作业单元划分越细,专业化程度越高。这种方法的优点是工人的劳动熟练程度高,生产效率高,有利于采用专用工艺装备和流水作业,便于组织各单元的平衡交叉作业,维修质量高。这种作业方法给生产组织、班组结算工资奖金带来困难。适合于生产规模大的维修厂。

四 汽车维修的工艺过程的组织

1 就车维修法的汽车维修工艺过程

就车维修法的工艺过程包括汽车接收和外部清洗、诊断检测、汽车解体、零件清洗、零件检验分类(将零件分为可用、可修和报废三类)、零件维修、总成及部件装配试验、汽车总装试车、出厂检验和交车等。就车维修法的工艺过程如图8-1所示。

2 采用总成互换维修法的汽车维修工艺过程

汽车接收后进行外部清洗,然后从车上拆下总成,进行总成维修。总成维修试验完成好后送入总成周转库;修竣车架进入汽车总装工位,然后从总成周转库中领取修竣的或新的总成和组件,进行汽车总装。汽车总装完成后进行试车交车,其工艺过程如图 8-2 所示。

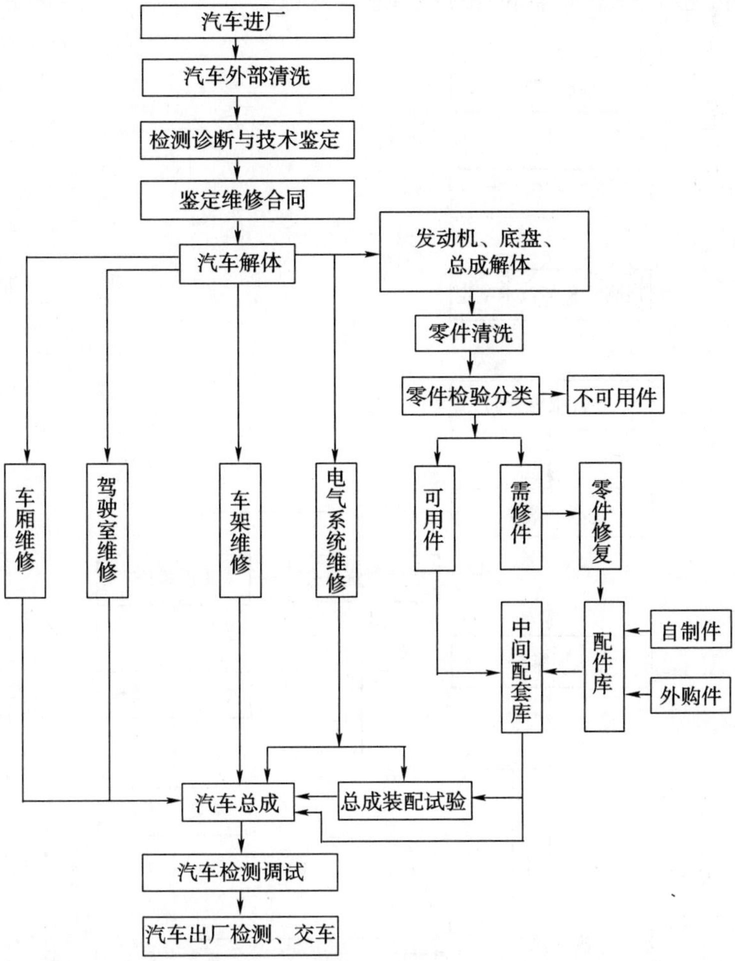

图 8-1　就车维修法的工艺过程

五 汽车维修工艺方法

汽车维修工艺是指利用生产工具按一定要求进行汽车维护和修理的方法,是在维修汽车过程中积累起来的,并经过总结的操作技术经验。

1 进厂检验

承修的汽车进厂必须经过检验,以便了解车型、维修项目及其技术状况,同时也为估算维修工时和维修费用提供必要的依据。进厂检验由汽车维修厂的专业人员负责进行。检验时,通过对汽车使用情况的调查、外部检测、测试,来了解汽车的技术状况。另外,还应核对车辆的装备状况。

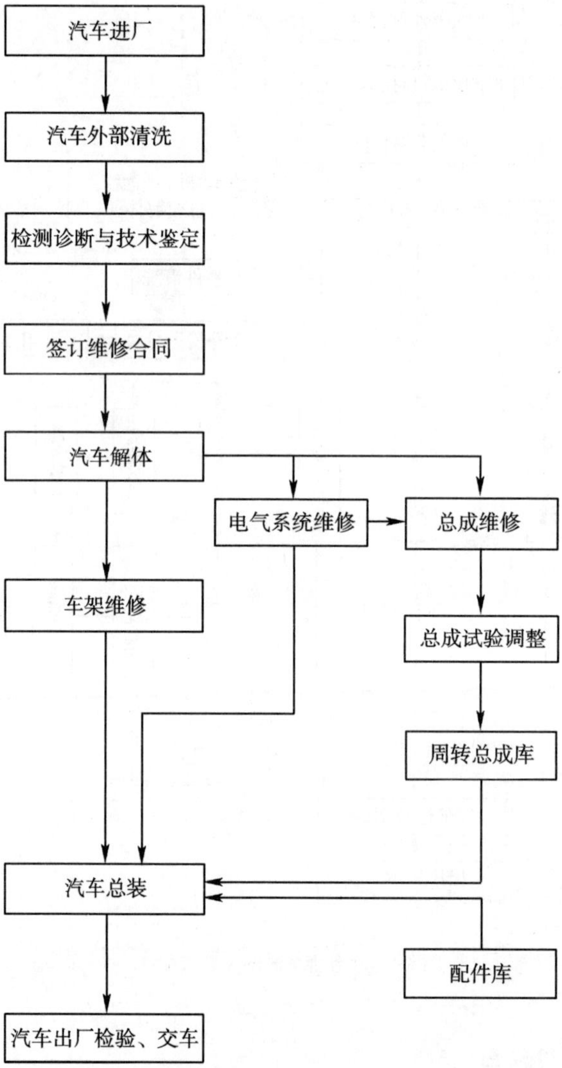

图 8-2　总成互换维修法的工艺过程

2 外部清洗

进厂维修的汽车在施工前视情况需要进行外部清洗,以便于拆卸修复工作的顺利进行。汽车外部清洗一般采用以下三种方法:在固定的外部清洗台上清洗;用可移动的清洗机喷射高压水清洗;用自来水清洗。

3 检测诊断

根据车主所述故障情况，运用先进的专用检测诊断设备对故障进行分析、判断，以检测车辆的技术状态。

4 拆卸分解

把汽车需要维修部位的总成、组件拆卸下来再分解成零件。拆卸分解是汽车维修施工的首道工序，具有一定的工艺和技术要求。拆卸分解不当会增加工作难度，贻误工期，损坏零件。

5 零件清洗

把拆下的零件集中，用适当的方法清洗，除去零件上的污垢，包括旧漆、油污、积炭、水垢、磨损物和其他杂物，为保证零件的检验质量、维修质量和装配质量作准备。

6 零件检验

对所有拆洗过的零件进行检验鉴定，根据零件的技术状况分为可用零件、需修零件和报废零件三类。可用零件指零件符合使用标准，可以继续使用；需修零件指零件已不符合使用标准，通过修复才可以继续使用；报废零件指既不符合使用标准又无法修复或无修复价值的零件。

7 零件修复

对于需修零件进行修复或更换，目前一般采用更换零件的方法。

8 装配调试

装配调试就是把可用零件、修复好的零件和更换的新零件再次清洗干净，按照规定的技术标准和工艺规程进行装配、调整和试验。

9 竣工验收

最后由专职检验人员负责竣工验收。若发现有不符合技术要求的地方由维修工负责返修。

第二节 汽车维修企业生产业务流程

汽车维修企业服务流程实际上就是汽车维修企业的维修业务管理流程。一个汽车维修企业是否有一套科学的服务流程，以及这种流程执行的是否全面和细致，直接体现企业的经营管理水平。

一 汽车维修部门团队合作

汽车维修部门包括四部分工作人员：业务接待、调度/维修经理、维修班组长/维修技师、维修工。

(1)业务接待在前台，负责预约、接待，做好初步维修准备工作后将后续工作转交调度或维修经理。

(2)调度/维修经理根据维修工作的技术水平等给维修班组长或维修技师下派任务，并监督每项工作的进程。

(3)维修班组长/维修技师组织维修工进行维修并检查每项工作的质量。

(4)维修工进行维护工作，并在维修班组长/维修技师的指导下进行必要的维修工作。

这四部分人员必须彼此理解各自的工作角色和职责，并相互协作，及时沟通，作为一个团队来工作，为客户提供最优质的服务，使客户满意。

二 汽车维修基本流程

汽车维修服务流程一般是从汽车进厂接待开始，经过预检(或初诊)、开具任务委托书、派工、维修作业、竣工检验、试车、结算、车辆交付出厂这样一个过程，这也是大多数汽车维修企业常见的传统的流程。

虽然各个汽车维修企业在流程处理上有一定的差别，各自有自己的特点，但是在内容上基本是一致的，归纳起来可以分为：客户招揽、预约、接车(含初诊)、维修作业、(含准备工作、派工、维修作业与过程检验)、竣工检验、结算、交车、跟踪回访等。汽车维修基本流程如图 8-3 所示。

1 预约

预约工作由业务接待完成，主要包括：询问客户及车辆基础信息（核对老客户数据、登记新客户数据）；询问行驶里程；确认客户的需求、车辆故障问题；确定接车时间；接收客户相关的资料（随车文件、防盗器密码、防盗螺栓钥匙、维修记录等）；通知有关人员（车间、备件、接待、资料、工具）作准备；根据维修项目的难易程度合理安排人员等。

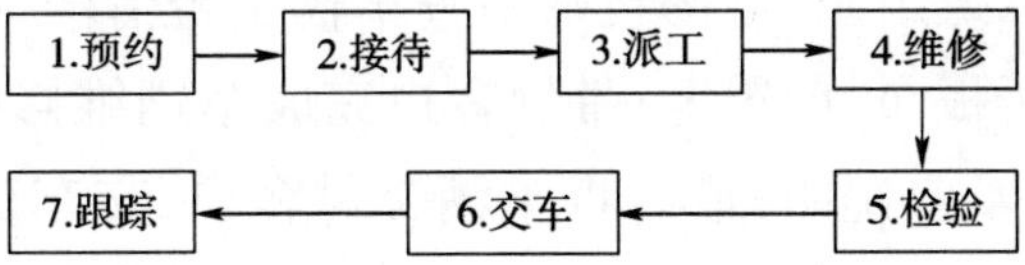

图 8-3　汽车维修基本流程

2 接待

接待工作主要包括：

(1)业务接待主要包括出迎问候客户、引导客户停车；记录客户陈述；明确客户的需求：定期维护（PM）、一般维修（CR）、钣金/喷漆（B/P）及其他；陪同客户前往停车场，当着客户面安装 CS 件（座椅套、转向盘套、地板垫）；检查车辆外观（损伤痕迹、凸陷等），一定要在客户陪同下进行，并加以确认等。

(2)调度/维修经理主要包括问诊，询问故障现象，故障再现确认，推测故障原因；对维修费用进行估算；明确预计完成时间。

3 派工

依照对客户承诺的时间安排，分配维修工作。正确的分配工作包括记录与跟踪每一个维修派工单。分配维修派工单时，要考虑时间、人员和设备三个主要标准。

4 维修

维修工作包括：维修班组长/维修技师接收、检查派工单，接收用于维修的零件；挑选合适的维修工，向其发出工作指令，并将维修派工单交给维修工；在预计的时间内完成工作，并向调度/维修经理提请确认工作完成等。如果有技术难题应及时向调度/维修经理寻求技术支持。

5 检验

检验工作包括:维修班组长/维修技师进行最后的验车,确认完成维修任务并向调度/维修经理提请确认工作完成;调度/维修经理向业务接待提请确认工作完成。

6 交车

交车工作包括维修班组长/维修技师检查车辆是否清洁,检查是否取下座椅套、地板垫、转向盘套、翼子板布、前罩等;带领客户完成车辆维修的结算,并为所有费用开出发票,提供详细的发票说明;最后将车辆交付客户,交车标准工作流程如图 8-4 所示。

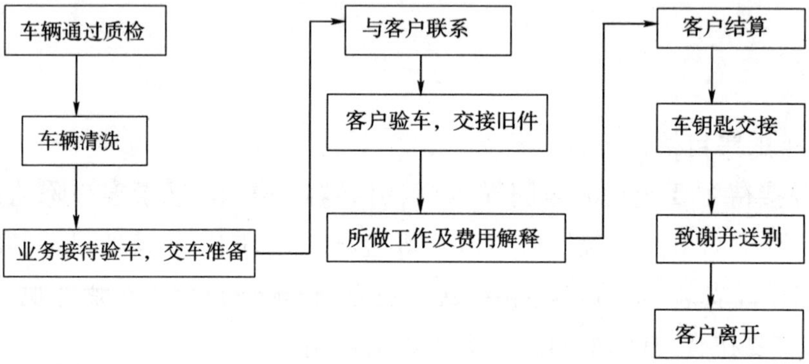

图 8-4　交车标准工作流程

7 跟踪

三日内与客户联系,确认汽车维修后车况是否良好。其目的:不但体现维修企业对客户的关心,更重要的是了解对维修质量、客户接待、收费情况和维修的时效性等方面的反馈意见,以利于维修企业发现不足,改进工作。

第三节　汽车维修企业维修车间管理

现代汽车维修企业管理方法是:管理思想现代化、管理人员专业化、管理方法科学化、管理对象标准化、管理技术电子化、管理模式特色化。结合起来说就是:现代化的维修企业管理需要运用先进的管理方法去组织生产和发展企业规模，扩大再生产，提高企业的社会效益和经济效益。

汽车维修企业的维修车间管理由计划、调度与统计管理，生产资料管理及劳动与安全管理三大部分组成。

一 计划、调度与统计管理

1 生产计划

汽车维修企业的生产计划是汽车维修企业中各项生产活动的行动计划，它通常根据市场经营管理部门按月或按周下达的《汽车维修合同》进行编制。主要内容包括：所维修的车型与台数、维修作业等级和生产进度要求等。

2 生产调度

生产调度是生产过程中组织者和作业计划的实施者。

1 对生产调度的基本要求

(1)生产过程的连续性。

(2)生产过程的协调性。

(3)生产过程的均衡性。

2 汽车维修企业的生产调度方式

目前国内汽车维修企业所采用的生产调度方式通常有以下两种形式：

(1)《派工单》传票制度，即生产调度人员通过《派工单》的方式，将维修项目及维修要求下达给车间及承修班组(或者将《派工单》悬挂于待修车辆上随车移动)，由承修班组根据《派工单》所列的作业内容与作业要求进行维修。专职检验人员也凭此《派工单》进行检验。

(2)《派工单》公示制度，即维修审检在接到《派工单》时，将《派工单》所列作业内容与作业要求集中公示于维修车间内的公示牌《车间在修车进度表》上，见表8-1，以公布当前所有在厂维修车辆的汽车编号、维修类别、派工单号、主要作业项目与附件作业项目、要求完工日期、主修人以及当前所存在的问题等。无论是《派工单》传票制度还是《派工单》公示制度，在具体执行生产调度时，为了保证维修车间内正常的生产秩序和生产节奏，应遵守以下原则：

①各工位应在保证其数量和进度的前提下,做好各工位的质量自检。

②各工序之间应该做好质量互检,即前工序必须保证在规定时间向后工序移交规定数量的合格产品。

③生产调度人员应该深入生产现场,以便随时掌握生产进度,若有脱节或误差应及时修正和调整。

车间在修车进度表　　表 8-1

序号	车型	车号	维修类别	派工单号	作业项目	附加项目	完工时间	主修班组	备注

3 生产统计

1 生产进度检查

生产过程中的生产检查及现场生产调度是生产现场管理中的重要工作,它要求生产管理部门经常性地巡视在修车辆的维修进度情况,并现场调度各维修班组及维修人员、现场调度维修车辆、维修配件材料供应及外加工等,以督促和检查生产进度,及时发现问题和解决问题。在检查生产进度以及在执行现场生产调度时,应侧重于以下三个方面:

(1)按生产作业计划,抓好竣工车辆的收尾。

(2)抓好生产工艺流程中明显影响生产作业计划的薄弱环节与关键环节(例如生产效率较低环节、质量不稳定环节等)。

(3)抓好先进生产劳动组织和计划管理的试点。

2 生产进度统计

生产进度统计的目的,不仅是为了统计劳动成果,而且也是为了掌握生产情况以及所存在的问题,因此对生产进度统计的基本要求是准确、及时、全面、系统。

当承修班组在车辆修竣并通过自检、互检及专职检验合格后,由主修人填写维修作业所实际消耗的工时数(并签字),然后将《派工单》交回生产统计人员,由生产统计人员负责,以车辆为户头做工时统计。其目的是为了对维修班组或主修人实施劳动报酬分配，以实现多劳多得。

二 生产物资管理

汽车维修企业的生产物资管理，可分为对内服务（即汽车维修）和对外服务（即配件销售）两部分。其中，对内服务在业务上应该归属于生产管理系统，这样可以由生产管理部门根据生产进度统一调度企业的生产物资，以充分体现生产供应为生产服务的原则；对外服务则可在业务上归属于汽车营销部门管理。

在汽车维修企业的生产物资管理中，工具类（如工具、量具、刃具、夹具、模具等）以及维修机具和维修设备类的日常使用维修应该归属于生产管理，但其选型购置、更新改造、折旧报废等的全过程管理等，仍归属于技术管理。

三 生产安全及劳动管理

1 生产安全管理

安全为了生产，生产必须安全。所谓安全生产，就是要防止在日常的生产劳动中出现事故，以保护职工的人身安全，保证机器设备及其他财产不受损失，保证企业生产过程的正常进行。

1 安全教育与安全责任制

（1）组织安全生产、开展安全教育：为了保证安全生产，必须开展安全教育（包括安全思想教育与安全技术教育），以教育职工遵章守纪、组织安全文明生产。安全生产是汽车维修企业中每个职工的职业责任和职业道德，而遵章守纪应作为汽车维修企业中每个职工的职业纪律。

（2）建立安全生产责任制度：在汽车维修企业的各级生产管理中，必须强调生产安全措施的检查和落实，即要强调在布置生产的同时实施安全教育，在检查生产的同时检查安全措施。为了抓好生产安全，应在各生产班组内设置业务安全员，以负责本班组的安全生产，进行各生产岗位的安全例检。安全责任应该由该岗位的责任人（如主车驾驶人、主修工或主操作人）负责；企业的生产安全工作（包括安全教育、安全设施、安全检查、安全事故处理等）应由主管生产的各级生产行政负责人负责（即生产责任人同时也为安全责任人）。由此分层负责、逐级管理，在汽车维修企业内部组建安全教育网及安全例行检查网（包括生产现场安全、设备使用安全等）。

(3)严格遵守安全技术操作规程:汽车维修企业要制定和实施各工种,各工序、各机具设备的安全技术操作规程。其中对于某些特殊工种(如电气设备、起重设备、锅炉、受压容器、电焊、汽车运输等操作人员)需要经过专门训练,严格考核后方能操作。

(4)机器设备必须加装安全防护装置和危险警示标识。

(5)要保证机器设备的正确安装,保持间距,车间内设置安全通道,并加强机器设备的使用维修管理。

(6)抓好车间的防火、防爆工作。例如严格规定防火要求,配置适当的消防器材和必要的防爆设施,厂房设计应符合防火标准等。

2 生产现场管理

汽车维修企业的现场管理,主要是管好维修车辆的厂内停放。

(1)停车场管理:生产车间只能停放在修车辆(即待修车辆及修竣车辆须移出生产车间),在修车辆的钥匙统一由生产调度人员保管。

对停车场的基本要求是:

①停车场地坚实平整,停车场内应有照明。

②车辆停放地点不准堆放易燃、易爆物品和火种。场内不得加注燃油,不准鸣放鞭炮及吸烟。

③停车场内应设“停车”“限速”“严禁高音喇叭”“严禁烟火”等禁令标志以及安全停放指示标志,并备有消防器材(如灭火器、沙箱沙袋、消防水龙等)。

④停车场内车辆应靠边停放、排列整齐并保持不少于0.6m的车距,车头向着通道,并留出安全通道而不阻塞,以保证每辆汽车都能顺利驶出。

⑤竣工车辆与待修车辆应分别摆放。其中凡能行驶的车辆都应保持在随时可开动状态(挂车与车头保持连接);封存、停驶车辆以及外单位临时停放车辆应另行集中停放;凡装有易燃、易爆物品的车辆应单独停放并应有专人看管。

⑥停车场内车速不得高于5km/h,场内不准试车。无驾驶证的人员一律不准动车。

⑦汽车维修厂的门口应安装栏杆和设置值班门卫。进出车辆都应接受门卫的清点和检查,门卫应对场内停放车辆负有安全保管的职责。

⑧厂内车辆均须由本厂专职驾驶人操作,出厂车辆驾驶人须持有生产调度室出具的放行条才可以开车出厂。

(2)汽车维修程序如下:

①所有维修人员在上班到岗后都应先报到,后就位,并做好开工前的技术准备

工作。

②由厂部或车间下达《派工单》或《返工单》，并由专人将待修车辆送至指定工位。

③各维修班组应根据《派工单》或《返工单》所规定的作业项目对车辆进行必要的检测诊断，以判断故障原因，确定维修范围（对于疑难故障，可委托技术检验人员会诊）；若发生超范围作业或设计更换重要机件贵重总成时，主修人应及时报请车间主管，并及时报告生产调度和车主，在获准后增补作业。

四 建立健全各项技术管理制度

建立健全汽车维修企业的各项技术管理制度是企业生产技术及其他经营活动正常有序进行的保证，也是不断提高汽车维修服务质量和企业管理水平的基本要求。技术管理部门应根据本企业的具体情况和国家及行业管理部门颁布的法律、法规的要求，制定一整套科学合理而又切实可行的本企业技术管理制度。

1 技术管理制度的种类

通常汽车维修企业的技术管理制度有：

(1)车辆维修制度；

(2)机具设备管理制度；

(3)材料配件管理制度；

(4)全面质量管理制度及质量检验制度；

(5)技术教育培训制度；

(6)技术经济定额管理制度；

(7)技术责任事故处理制度。

2 技术管理制度的完善

企业的各项技术管理制度是企业技术管理水平的标志，它不应一成不变，千篇一律，而应该随着企业的技术进步和管理水平的提高不断地充实、补充，有时还要适当修改。另外，随着我国交通运输业和汽车维修服务的发展，国家相关法律、法规也在不断完善和健全，有些条款会发生变化，有些标准也在不断更新。这一切变化都要及时地反映到企业的各项技术管理制度的条款之中。

参考文献

[1] 黄靖雄.汽车学Ⅰ(发动机篇)[M].台北:全华图书股份有限公司,1995.

[2] 细川武志.汽车构造图册[M].魏朗,译.北京:人民交通出版社,2009.

[3] 赖瑞海.汽车学Ⅱ(底盘篇)[M].台北:全华图书股份有限公司,2009.

[4] GP企画セソター.汽车发动机构造图册[M].董铁有,译.北京:人民交通出版社,2005.

[5] GP企画セソター.汽车底盘与电器构造图册[M].董铁有,译.北京:人民交通出版社,2007.

[6] 陈家瑞.汽车构造(下册)[M].北京:机械工业出版社,2009.

[7] 施托德.汽车机电技术(一)[M].华晨宝马汽车有限公司组译.北京:机械工业出版社,2008.

[8] D.威德尔.汽车发动机构造与维修[M].北京:机械工业出版社,2006.

[9] 朱军.汽车维修常用工具量具使用[M].北京:人民交通出版社,2010.

[10] Jack Erjavec.汽车维修基础知识与基本技能[M].司利增,译.北京:电子工业出版社,2006.

[11] 丰田汽车公司.汽车维护[M].北京:高等教育出版社,2008.

[12] 金加龙.汽车维修业务接待[M].北京:电子工业出版社,2010.

[13] 傅厚扬,冉广仁.汽车维修企业设计与管理[M].北京:人民交通出版社,2006.

[14] 刘仲国,何效平.汽车服务工程[M].北京:人民交通出版社,2004.

[15] 杨益明.汽车检测设备与维护[M].北京:人民交通出版社,2005.

[16] 金喜庆.汽车维护与保养[M].武汉:华中科技大学出版社,2008.